복음대로 삶 시리즈
Unity

연합
참된 그리스도인의 하나 됨

Unity: Striving Side by Side for the Gospel, Growing Gospel Integrity series
by Conrad Mbewe

Copyright © 2023 by Conrad Mbewe
Published by Crossway, a publishing ministry of Good News Publishers
Wheaton, Illinois 60187, U.S.A.

This Korean edition copyright © 2025 by Word of Life Press, Seoul, Republic of Korea.
Published by arrangement with Crossway through rMaeng2, Seoul, Republic of Korea.
All rights reserved.

이 한국어판의 저작권은 알맹2를 통하여 Crossway와 독점 계약한 생명의말씀사에 있습니다.
신저작권법에 의하여 한국 내에서 보호받는 저작물이므로 무단 전재와 무단 복제를 금합니다.

연합

ⓒ 생명의말씀사 2025

2025년 2월 24일 1판 1쇄 발행

펴낸이 ㅣ 김창영
펴낸곳 ㅣ 생명의말씀사

등록 ㅣ 1962. 1. 10. No.300-1962-1
주소 ㅣ 서울시 종로구 경희궁1길 6(03176)
전화 ㅣ 02)738-6555(본사) · 02)3159-7979(영업)
팩스 ㅣ 02)739-3824(본사) · 080-022-8585(영업)

기획편집 ㅣ 유영란, 정설아
디자인 ㅣ 박소정
인쇄 ㅣ 예원프린팅
제본 ㅣ 다온바인텍

ISBN 978-89-04-16911-5 (04230)
      978-89-04-70099-8 (세트)

저작권자의 허락 없이 이 책의 일부 또는 전체를
무단 복제, 전재, 발췌하면 저작권법에 의해 처벌을 받습니다.

연합

참된 그리스도인의 하나 됨

한마음 한뜻으로
복음을 위해
협력하는 길

콘래드 음베웨 지음 | 이재국 옮김

생명의말씀사

추천의 글

콘래드 음베웨는 단순함과 심오함을 결합하는 특별한 능력이 있다. 그는 이 은사를 사용해서 복음주의적 연합, 곧 복음적 연합을 고찰한다. 그리스도께서 이 연합을 확보하셨고 성령님이 이 연합을 이루셨다는 사실을 진술할 뿐 아니라, 어떻게 이 위대한 현실이 이러한 연합을 의도적으로 실천하도록 이끄는지, 이를 드러내는 하나님의 명령도 제시한다. 우리는 연합의 의무가 신자의 선택에 달린 부차적 일이 아니라, 단순히 삶에서 복음을 발현하는 것임을 깨닫게 된다.

D. A. 카슨(D. A. Carson)
복음연합(The Gospel Coalition) 신학자

신자들 사이에 불필요한 분열이 일어나거나 성경적 진리를 타협하는 이들과 거리를 두지 못해 복음 사역이 방해받는 경우가 너무나 많다. 콘래드 음베웨는 우리를 성경으로 돌아가게 하여, 지나치게 까다로운 분열과 지나치게 감상적인 타협 사이에서 균형을 잡는 데 필요한 지혜를 발견하게 한다. 이 유용한 책은 성경에 충실할 뿐 아니라 매우 실용적이다. 이 책의 토대는 교회에 대한 저자의 사랑, 그리고 하나님 나라가 확장됨에 따라 하나님이 영광 받으시는 것을 보고자 하는 그의 열정이다.

샤론 제임스(Sharon James)
크리스천 인스티튜트(The Christian Institute) 사회정책 분석가

오직 너희는

그리스도의 복음에

합당하게 생활하라

빌립보서 1장 27절

Unity
contents

추천의 글 _ 5
시리즈 서문 _ 11

서론: 그리스도인의 연합에 대한 극단적 견해를 피하라 _ 15

Part 1   그리스도인의 연합에 대한 선언

1. 그리스도 안에서 연합이 성취되었다 _ 31
2. 성령님이 연합을 적용하신다 _ 53

Part 2   그리스도인의 연합에 대한 명령

3. 신자들은 열정적으로 연합을 지켜야 한다 _ 75
4. 복음 사역 속에서 연합이 증거된다 _ 99

결론: 그리스도인의 연합은 추구하고 경축할 가치가 있다 _ 115

감사의 글 _ 127
주 _ 129

시리즈
서문

복음대로 사는 삶은 오늘날의 교회에 가장 중요한 필수 요건이다. 이 온전함은 진리의 복음에 우리의 머리와 가슴과 삶을 완전히 일치시키는 것으로, 도덕이나 정통 교리보다 더 필요하다.

사도 바울은 빌립보서 독자들에게 복음의 백성답게 살라고 호소하면서 복음대로 사는 삶이 무엇인지 그 네 가지 특징을 제시한다.

첫째, "너희는 그리스도의 복음에 합당하게 생활하라"(빌 1:27a). 즉, 복음의 백성은 복음에 **합당한** 삶을 살아야 한다.

둘째, "한마음으로 서서 한뜻으로 복음의 신앙을 위하여 협력"(빌 1:27b)하라. 달리 말하면, 복음대로 사는 삶은 함께 **연합하는** 신실한 태도를 요구한다.

이 두 가지 태도에는 "고난"과 "싸움"(빌 1:29-30)이 뒤따른다. 그래서 바울은 셋째로 "두려워하지 아니하"(빌 1:28a)도록 당부하면서 이런 **용기**가 분명한 "구원의 증거"(빌 1:28b)라고 설명한다.

마지막으로 넷째, 바울은 이렇게 말한다.

그러므로 그리스도 안에 무슨 권면이나 사랑의 무슨 위로나 성령의 무슨 교제나 긍휼이나 자비가 있거든 마음을 같이하여 같은 사랑을 가지고 뜻을 합하며 한마음을 품어 아무 일에든지 다툼이나 허영으로 하지 말고 오직 겸손한 마음으로 각각 자기보다 남을 낫게 여기고(빌 2:1-3).

이처럼 바울은 **겸손** 없이는 그리스도인의 진정한 온전함이 불가능하다고 분명히 밝힌다.

'복음대로 삶' 시리즈의 목적은 바울의 복음주의적 요청, 곧 복음에 **합당하게, 연합하여, 용기 있고, 겸손하게** 살아가라는 요청을 다시 되새기는 것이다. 하지만 우리는 이 네 가지 특징이 추상적인 도덕적 자질이나 덕목을 뜻하지 않는다는 사실을 기억해야 한다. 바울이 뜻하는 바는 **복음대로 사는 삶**의 매우 구체적인 특징과 모습들이다. 이처럼 이 시리즈의 책들은 어떻게 복음이 우리 안에 있는 이러한 자질을 북돋우고 형성하는지를 당신에게 보여 줄 것이다.

이 작은 시리즈를 통하여 하나님이 영광 받으시고 "주 예수 그리스도의 은혜가 여러분의 심령과 함께 있기를"(빌 4:23, 새번역 성경) 기도한다.

'복음대로 삶' 시리즈 기획자
마이클 리브스 (Michael Reeves)

서론

그리스도인의 연합에 대한 극단적 견해를 피하라

　인간은 삼위일체 하나님이 창조하신 사회적 피조물이다. 우리는 연합과 자비의 자세로 다른 이들과 관계를 맺도록 지음 받았다. 우리는 다른 이들과 함께할 때, 공동선을 위해 함께 일할 때 가장 잘 번성한다. "인간은 아무도 섬이 아니다."라는 유명한 말이 있듯이 평화로운 공존이야말로 인간성의 본질이다. 우리는 평화로운 환경에서 살고 싶어 한다. 평화와 연합이라는 주제는 우리 인간에게 매우 중요하다.
　우리는 모두 평화와 연합을 마땅히 갈망해야 한다. 그러나 죄가 세상에 들어오면서, 이 평화와 연합을 누리며 함께 살아갈 수 있는 능력은 인간의 실존에 있어 죄의 영향을 크게 받은 영역 중 하나가 되었다. 죄는 우리를 너무나 이기적으로 만들었다. 이에 따라, 조화롭게 살고자 하는 우리의 노력은 위기에 봉착했다. 앞으로 이 책에서 배우게 될 테지만, 그리스도께서는 우리를 하나님과 화목하게 만드실 뿐 아니라 우리도 서로 화목하게 만드시려고 오셨다. 그렇기에 교회는 사람들 간에 이러한 깊은 갈망이 이루어지는 장소가 되어야 한다. 참된 그리스도인들 사이에서는 연합이 상당 부분 실현된다. 하지만 이 연합을 실제 경험에서 더욱 충만히 이루려면 우리가 해야 할 일이 많다. 이 사실을 앞으로 살펴볼 것이다.

R. B. 카이퍼(R. B. Kuiper)는 그의 고전적 저서 『누가 그리스도의 영광을 탈취했는가?』(The Glorious Body of Christ)에서 이렇게 썼다.

> 교회의 처지는 세상만큼이나 안타깝다. 겉보기에 교회 역시 분열된 집과 다름없다. 마치 원래 자리에서 떨어져 산산조각이 난 아름다운 꽃병과 같다. 교회는 폭탄이 터져서 엉망이 되어 버린 웅장한 구조물과도 같다. 믿기 어렵겠지만, 예수 그리스도의 교회는 실제로 하나다.[1]

우리는 이 하나 됨을 추구해야 한다.

바울은 빌립보 교회에 편지를 썼을 때, 그 교회가 자신에게 어떤 의미인지 알았기에 기쁨이 충만했다. 빌립보 교회는 유럽으로 향하는 바울의 선교 사역을 후원했다. 심지어 바울이 감옥에 갇혔을 때도 빌립보 교회는 그에게 꼭 필요한 물품들을 보냈다. 게다가 이 편지가 쓰인 시기에 빌립보 교회 성도들은 유능한 에바브로디도를 보내 옥중에 있는 바울을 섬기게 했다(빌 2:25). 그러나 바울은 교회가 분열된다면 교회 사역이 방해받게 된다는 사실을 알고 있었다. 그래서 그는 빌립보 교회 성도들이 성도의 연합을 당연한 것으로 여기지 않기를 바랐다. 빌립보 교회에서는 바울이 소중히 여겼던 유오디아와 순두게가 서로 다투고 있었다. 이들은 복음을 위해 바울과 함께 수고한 여인들이었다. 이 다툼의 소식이 옥중에 있는 바울에게 전해지자, 바울은 그들에게 이렇게 호소했다.

내가 유오디아를 권하고 순두게를 권하노니 주 안에서 같은 마음을 품으라 또 참으로 나와 멍에를 같이한 네게 구하노니 복음에 나와 함께 힘쓰던 저 여인들을 돕고 또한 글레멘드와 그 외에 나의 동역자들을 도우라 그 이름들이 생명책에 있느니라(빌 4:2-3).

이 책의 핵심은 빌립보서 1장 27절이라고 할 수 있다. 이 말씀은 빌립보 교회에 교제와 사역 모든 면에서 하나 됨을 유지하라고 호소한다. 바울의 호소는 복음에 기초한다. 그는 빌립보 교회 성도들이 그들이 알게 된 복음에 합당한 삶을 살기를 원했다. 그는 이렇게 권면한다.

오직 너희는 그리스도의 복음에 합당하게 생활하라 이는 내가 너희에게 가 보나 떠나 있으나 너희가 한마음으로 서서 한뜻으로 복음의 신앙을 위하여 협력하는 것과.

빌립보 교회 성도들이 복음이 중심이 되는 삶을 유지한다면, 그들은 한마음으로 굳게 서서 같은 복음을 위해 서로 협력할 것이다. 이러한 일은 사도 바울이 그들과 함께 있든 그렇지 않든 일어날 것이다.

과거에 그랬던 것처럼 오늘날에도 이 복음 중심적 연합(또는 복음적 연합)은 그리스도인들 사이에서 강조되어야 한다. 교회에 오는 이들은 오래지 않아 성도의 연합에 대해 잘못되고 서로 반대되는 (심지어 위험한) 두 가지 견해를 마주하게 된다.

단지 조직적인 연합

어떤 이들은 단지 조직적인 차원의 연합에 주로 관심을 둔다. 이들은 그리스도인으로 자신을 정의하는 모든 사람과 교회가 함께 일종의 범세계적 교회를 이루기를 원한다. 이런 견해를 가진 이들은 종종 예수님이 대제사장으로서 기도하실 때 하신 말씀에 근거해서 호소한다. 그리스도께서는 성부 하나님께 "내가 비옵는 것은 이 사람들만 위함이 아니요 또 그들의 말로 말미암아 나를 믿는 사람들도 위함이니 … 그들도 다 하나가 되어 … 세상으로 아버지께서 나를 보내신 것을 믿게 하옵소서"(요 17:20-21)라고 기도하셨다. 주 예수 그리스도께서 이 기도에서 말씀하신 것처럼, 눈에 보이는 형태로 온 교회가 연합을 이루면 복음을 드러내는 매력을 갖게 된다는 주장은 종종 제기되었다. 누가 이를 원하지 않겠는가?

　이러한 호소를 하는 이들은 이 연합이 "그들의 말로 말미암아 나를 믿는 사람들"을 위한 것임을 쉽게 잊곤 한다. 즉, 이 하나 됨은 복음을 참으로 믿는 이들의 연합이다. 물론 믿음은 마음의 문제이며, 우리는 신앙이 있다고 말하는 이들을 받아들이고 싶겠지만, 이들이 말하는 신앙은 성경에 계시된 복음이 토대여야 한다. 이 복음은 사람의 행위가 아닌 하나님의 은혜에 의해 이루어진 것으로서 그리스도께서 성취하신 사역에 전적으로 기초한다. 그렇기에, 예를 들어 우리는 동정녀 마리아가 주 예수 그리스도와 함께 공동으로 우리 구속자가 되신다거나, 마리아에게 기도해서 아들인 그리스도께서 우리에게 자비를 베푸시도록 구해야 한다고 믿는 이들과는 연합할 수 없다. 그것은 구원을 주지 못하는 거짓 복음이다. 주님이 바라시는 연합은 사도들이 선포하는 복음을 기반으로 하며, 그 내용은 성경을 통해 얻게 된다.

요한복음 17장을 인용하면서 연합을 주장하는 이들이 종종 간과하는 점이 또 있다. 믿음은 마음의 문제이기에 우리가 볼 수 없지만, 이 믿음은 눈에 보이는 열매를 맺는다는 사실이다. 회심하는 이가 경험하는 영적 변화는 주변 사람들에게 명백히 감지된다. 예수님은 죄로부터 구원하신다. 이런 변화가 일어나지 않는다면 그리스도인이라고 아무리 진실하게 주장할지라도 이는 거짓이다. 사도 바울은 자기 제자인 디도에게 "모든 사람에게 구원을 주시는 하나님의 은혜가 나타나 우리를 양육하시되 경건하지 않은 것과 이 세상 정욕을 다 버리고 신중함과 의로움과 경건함으로 이 세상에 살고"(딛 2:11-12)라고 가르쳤다. 구원을 주시는 하나님의 은혜는 거룩함이라는 열매를 낳는다. 우리는 오랫동안 경건함을 저버린 이들과 교회를 성도의 교제에 포함할 권한이 없다. 사실 우리가 사도 바울의 가르침을 진지하게 대한다면, 죄를 완고하게 탐닉하는 이들은 교회에서 내보내야 마땅하다(고전 6:9-13 참조).

마지막으로, 단지 조직적인 연합을 지지하는 이들은 주 예수 그리스도께서 요한복음 17장의 기도에서 말씀하신 중요한 구절도 잊은 것이다. 20-21절 전체를 보자. 예수님은 "내가 비옵는 것은 이 사람들만 위함이 아니요 또 그들의 말로 말미암아 나를 믿는 사람들도 위함이니 아버지여, 아버지께서 내 안에, 내가 아버지 안에 있는 것같이 그들도 다 하나가 되어 우리 안에 있게 하사 세상으로 아버지께서 나를 보내신 것을 믿게 하옵소서"라고 기도하셨다. 주님은 본질적으로 조직적 연합이 아닌 영적 연합을 위해 기도하셨다. 이것이 바로 "아버지여, 아버지께서 내 안에, 내가 아버지 안에 있는 것같이"라는 기도가 의미하는 바다. 하나님의 위격들이 서로 가지시는 바로 그 영적 유대가 참된 신자들 사이의 연합의 선례다. 앞으로 더 보겠지만, 주 예수 그리스도께서 이 연합을 성취하셨고 성령님이 이를 신자들에게 적용하셨다. 그리스도 안에서 참된 신자들이 갖는 유대는 조직적 유대라기보다는 유기적(organic) 유대라고 할 수 있다. 우리에게는 이를 유지할 임무가 주어졌다.

우리는 그리스도인이라고 주장하는 모든 이와 연합을 취하는 극단으로 가지 않도록 주의해야 한다. 그들이 믿는다고 말하는 복음이 성경이 가르치는 복음인지 그리고 이를 통해 열매를 맺는지를 확실히 살펴야 한다. 요한복음 17장 21절을 해설하면서 존 칼빈(John Calvin)은 이렇게 말했다.

> 그러므로 우리는 그리스도께서 연합에 대해 말씀하실 때마다 세상이 그분으로부터 분리되었을 때 얼마나 천박하고 충격적으로 뿔뿔이 흩어지게 되었는지를 기억해야 한다. 그다음으로 우리는 복된 삶의 시작이란 우리 모두 오직 그리스도의 영의 다스림을 받으며 살아가는 것임을 배워야 한다.[2)]

전적 동의로서의 연합

그리스도인의 연합에 대한 또 다른 극단적 견해는 교리적으로든 실천적으로든 모든 면에서 서로 동의하는 이들과만 함께 일하려는 사람들에게서 나타난다. 그들은 종종 예배 형식, 정치 및 사회 이슈, 자녀 교육 및 훈육 방식, 교회 기관 및 운영, 소셜 미디어의 사용, 종말론에 대한 견해 등을 두고 서로 나뉜다. 이미 알아차렸겠지만, 이것들은 모두 복음과 관련된 문제가 아니다. 물론 교회 간에 얼마나 서로 협력해서 일할 수 있는지는 우리가 교리와 실천이라는 영역에서 얼마나 하나 되어 있는지에 달렸다. 그러나 우리가 같은 복음을 따르는 것이 분명하다면 서로 협력할 수 있는 부분이 여전히 있다. 같은 복음을 따르는 신자들 간에 모든 협력을 거부하는 것은 잘못이다. 이러한 분열이 허용되었다면 신약 시대 교회가 유대인과 이방인이라는 양측으로 진즉에 갈라졌을 것이다. 이 문제는 초기 기독교 시기에 교회의 연합을 크게 위협했기 때문이다.

사도 바울은 로마서나 고린도전서 등 자신의 서신에서 이 문제를 다루었다. 예를 들어, 그는 로마서에서 이렇게 말한다.

> 믿음이 연약한 자를 너희가 받되 그의 의견을 비판하지 말라 어떤 사람은 모든 것을 먹을 만한 믿음이 있고 믿음이 연약한 자는 채소만 먹느니라 …

어떤 사람은 이날을 저 날보다 낫게 여기고 어떤 사람은 모든 날을 같게 여기나니 각각 자기 마음으로 확정할지니라 … 네가 어찌하여 네 형제를 비판하느냐 어찌하여 네 형제를 업신여기느냐 … 이러므로 우리 각 사람이 자기 일을 하나님께 직고하리라(롬 14:1-2, 5, 10, 12).

바울은 로마 교회의 그리스도인들이 이러한 문제들에 대해 심지어 교리나 실천에 차이를 보일지라도 연합을 유지해야 한다고 호소했다. 서로 차이점이 있다고 해서 무조건 그것이 갈라질 만한 이유가 되지는 않는다. 어떤 문제에 있어서는 서로 다른 견해를 가진다는 점을 인정할 수 있다.

오래전 한 젊은 목사의 이야기를 들었다. 그는 결혼 생활에서 다툼이 일어난 한 가정으로부터 도움 요청을 받고 한밤중에 그 집을 찾아갔다. 그 목사는 이렇게 말했다. "그 집에 가서 거기를 전쟁터로 만든 문제가 무엇인지를 들었을 때, 저는 믿을 수 없었어요. 너무 사소한 문제였거든요." 더 연륜 있는 목사들은 곧바로 그 젊은 목사에게 사소한 문제로도 가정이 파괴되는 예가 자주 있다고 말해 주었다. 작은 차이로 인해 화목하게 지내지 못하는 그리스도인 부부들이 있다. 그들은 본질과 비본질을 구분하지 못한다. 안타깝게도 이러한 일은 가정에 국한되지 않는다. 교회 간에 일어나는 너무 많은 분열이 동일한 문제 때문에 발생한다.

내가 이 책에서 하고 싶은 말은 바로 이런 것이다. 우리는 복음과 관련 없는 문제로 분열하지 않도록 조심해야 한다. 이미 우리가 빌립보서 1장 27절에서 보았듯이, 이것이 사도 바울이 빌립보 교회 성도들에게 전한 메시지의 핵심이었다. 지역 교회 안에서의 연합은 당시 바울의 주된 관심사였지만, 지역 교회를 분열시킬 수 있는 바로 그 문제는 교회의 경계 밖에서도 경건한 이들 사이를 갈라놓을 수 있다. 역으로 말하자면, 지역 교회 안에서의 분열을 치유할 수 있는 원리는 교회 밖에서의 성도들 사이의 분열도 치유할 수 있다. 그러므로 이 책에서 나는 좀 더 넓은 범위에서 그리스도의 몸 안에서의 복음적 연합이라는 주제를 다룰 것이다. 마크 데버(Mark Dever)는 이렇게 말했다.

> 교회는 하나이며 하나가 되어야 한다. 하나님이 한 분이시기 때문이다. 그리스도인을 특징지었던 것은 바로 연합이었다(행 4:32). 교회에서 그리스도인의 연합은 교회의 속성이 되어야 하며, 하나님 자신의 하나 되심을 반영해서 세상에 보여 주는 표징이 되어야 한다. 그러므로 분열과 다툼은 특별히 심각한 걸림돌이다.[3]

이 책에서 나는 사도 바울이 전한 빌립보서 1장 27절 말씀을 통해 신약 전체의 관점을 풀어내려고 한다. 빌립보 교회에서는 교리 문제로 갈등이 일어나고 있었고 그중 일부는 빌립보서에서 암시된다. 그런 문제가 있더라도 바울은 빌립보 교회 성도들 사이에 건강한 연합이 이루어진다는 소식을 계속 들을 수 있기를 원했다. 빌립보 교회 성도들은 복음의 신앙을 위해 협력하기 위해서 서로 한마음과 한뜻으로 굳게 설 필요가 있었다. 바울은 이것이 그들의 삶의 태도에서 드러나기를 바랐다. 이것은 21세기를 살아가는 우리에게도 중요한 부르심이다. 우리 중 많은 이가 그리스도의 교회를 이끌기에 더욱 그렇다. 앞서 제시한 양극단으로 빠지기가 쉬우며, 양극단 모두 진정한 연합인 복음적[4] 연합을 드러내지 못한다. 우리는 이 두 극단을 거부하는 동시에 이 진정한 연합이 무엇인지를 명확히 할 필요가 있다. **성경적** 연합이란 무엇일까?

R. B. 카이퍼는 이 두 극단에 대해 경고할 때 이렇게 말했다.

> 극단적인 분파주의(denominationalism)는 [이는 자신의 교회만이 옳기에 다른 교회로부터 분리해야 한다고 보는 경향을 의미한다] 분열을 가속화하며, 그렇기에 교회의 연합을 그 어느 때보다 더 흐리게 만들지만, 결코 이 연합을 파괴할 수는 없다. 극단적인 연합주의(unionism)는 [이는 기독교라고 주장하는 모든 조직을 다 참 기독교라고 여기고 일종의 조직적 연합을 추구하려는 경향을 의미한다] 교회의 파괴를 가져오지만, 결코 교회나 교회의 순수성을 파괴하도록 실제로 허용되지는 않는다.[5]

교회의 지도자라면 모두 이 문제를 빠르게 직면하게 된다. 그리고 이 중 하나의 극단으로 이끌리게 된다는 사실을 알아차리게 될 것이다. 그래서 사역할 때 그리스도의 몸의 연합이란 주제에 대해 성경이 가르치는 균형 있고 참된 관점이 무엇인지를 확신함으로써 이 두 오류를 방지하는 것이 중요하다. 다시 말하지만, 지도자들이 자기 자신과 자신의 교회를 오류로부터 지키는 것만으로는 충분하지 않다. 그들은 참된 연합을 드러내도록 교회 내에서와 교회 사이에서 목적의식을 가지고 힘써 일해야 한다. 하나님의 백성이 복음의 신앙을 위해 협력하고 하나님을 영화롭게 하기 위해서는 무엇을 해야 하는가? 이 중 몇 가지를 이 책에서 이야기하려고 한다.

Unity

Part 1

그리스도인의
연합에 대한 선언

1. 그리스도 안에서 연합이 성취되었다
2. 성령님이 연합을 적용하신다

chapter 1

그리스도 안에서 연합이 성취되었다

그리스도인의 연합이라는 주제에서 먼저 핵심적으로 다루어야 할 단순한 사실이 있다. 바로 하나님이 이미 우리에게 연합을 보증하셨다는 사실이다. 엄격하게 말하자면, 우리의 역할은 연합하게 되는 것이 아니라 연합 안에 머무르는 것이며, 연합을 얻어 내는 것이 아니라 연합을 유지하는 것이다. 예수님은 이러한 연합의 특징에 대해 이렇게 말씀하셨다.

나는 선한 목자라 나는 내 양을 알고 양도 나를 아는 것이 아버지께서 나를 아시고 내가 아버지를 아는 것 같으니 나는 양을 위하여 목숨을 버리노라 또 이 우리에 들지 아니한 다른 양들이 내게 있어 내가 인도하여야 할 터이니 그들도 내 음성을 듣고 한 무리가 되어 한 목자에게 있으리라(요 10:14-16).

예수님의 관점에서 생각하면, 그분께는 오직 하나의 양 무리만이 있을 뿐이다. 이 책 1장과 2장에서 나는 하나님이 어떻게 성자와 성령을 통해 이를 이루셨는지를 이야기하려고 한다. 주님은 타락으로 인해 불가능해진 일을 성취하셨다.

그리스도께서 우리의 연합을 보증하시기 위해 죽으셨다

예수 그리스도께서 십자가에서 죽으셨을 때, 그분은 우리와 하나님만이 아니라 우리 서로를 화해시키고 계셨다. 이 사실은 바울이 에베소 교회 성도들에게 교회 내 유대인과 이방인의 연합에 관해 설명한 내용에서 잘 드러난다. 그리고 이것은 우리 인간들 사이에서 일어나는 모든 종류의 분열, 즉 성(性), 인종, 국적, 경제, 종족, 철학 등의 문제로 일어난 분열에 적용될 수 있다. 바울은 이렇게 말한다.

이제는 전에 멀리 있던 너희가 그리스도 예수 안에서 그리스도의 피로 가까워졌느니라 그는 우리의 화평이신지라 둘로 하나를 만드사 원수 된 것 곧 중간에 막힌 담을 자기 육체로 허시고 법조문으로 된 계명의 율법을 폐하셨으니 이는 이 둘로 자기 안에서 한 새사람을 지어 화평하게 하시고 또 십자가로 이 둘을 한 몸으로 하나님과 화목하게 하려 하심이라 원수 된 것을 십자가로 소멸하시고(엡 2:13-16).

13절의 "이제는"이라는 표현은 유대인과 이방인 사이에 있던 절망적인 분열에 대한 응답이다. 이들 사이의 분열은 그들의 타락한 상태 때문만이 아니라 그들이 교회 안에서 그룹을 나누었기 때문이기도 하다. 이방인들은 외부인이었다. 그들은 (일부 유대인들이 명명하듯이) 이방의 개들로 여겨졌다. 이는 그들이 "이스라엘 나라 밖의 사람"이자 "약속의 언약들에 대하여는 외인이요 세상에서 소망이 없고 하나님도 없는 자"였기 때문이다(엡 2:12). 그러나 이제는 모든 것이 바뀌었다. 그리스도 예수와의 연합 안에서, 그리고 그분의 십자가의 죽으심을 통해서 말이다. 이전에는 유대교로 개종한 이방인은 성전의 바깥뜰까지만 올 수 있도록 허락되었다. 그러나 바울은 이제는 그들이 "외인도 아니요 나그네도 아니요 오직 성도들과 동일한 시민이요 하나님의 권속"이라고 선언한다(엡 2:19). 한때 있었던 분열은 이제 더는 존재하지 않는다.

존 스토트(John Stott)는 이 본문을 해설하면서 이렇게 설명한다.

이것이 바로 그리스도께서 십자가로 이루신 성취였다. 첫째, 그리스도께서는 율법(즉, 의식과 관련된 규정과 도덕적 정죄)을 폐하셨다. 이 율법은 하나님과 사람들을 분리하고 유대인과 이방인을 나누는 분열의 도구로 역할을 했다. 둘째, 그리스도께서는 이전에는 철저히 분열되었던 두 부류 사이에 평화를 이루시어 새로운 하나의 인류를 만드셨다. 셋째, 그리스도께서는 이렇게 새롭게 연합한 인류를, 십자가를 통해 우리 사이에 존재하는 모든 적개심을 없앰으로써 하나님과 화해시키셨다. 그러므로 십자가에 달리신 그리스도께서는 하나의 새로운, 연합된 인류를 탄생시키셨다. 이 인류는 서로 연합했을 뿐 아니라 또한 그들의 창조주와 연합되었다.[1]

사도 바울은 예수 그리스도를 우리의 평화라고 표현한다. 이는 그분이 사라졌던 평화를 얻어 내셨기 때문이다. 타락으로 인해 이 땅에서의 삶은 적개심, 대립, 침략, 증오, 원수 됨으로 가득하다. 순전한 사랑, 신뢰, 평화란 이 사회에서 쉽게 찾아보기 힘들다. 메시아의 오심을 선언하는 여러 예언은 그분이 우리 인간들에게 평화를 가져다주신다고 강조했다. 예를 들어, 이사야는 이렇게 전한다.

이는 한 아기가 우리에게 났고 한 아들을 우리에게 주신 바 되었는데 그의 어깨에는 정사를 메었고 그의 이름은 기묘자라, 모사라, 전능하신 하나님이라, 영존하시는 아버지라, 평강의 왕이라 할 것임이라(사 9:6).

이미 언급했듯이, 우리에게는 하나님과의 평화라는 약속뿐 아니라 우리 서로에게 이루어지는 평화의 약속도 주어졌다. 이사야 9장 6절 이전에 나오는 구절들이 이에 대해 분명하게 보여 준다. 이사야는 주님이 압제자의 막대기를 꺾으시고 군인들의 신과 피 묻은 겉옷을 불태우신다고 선언한다(사 9:4-5). 이것은 사람들 사이에 있는 적개심의 종식을 가리킨다.

세례 요한이 태어날 때 그의 아버지 사가랴는 메시아가 오셔서 행하실 모든 일에 대해 다음과 같이 예언했다.

이는 우리 하나님의 긍휼로 인함이라 이로써 돋는 해가 위로부터 우리에게 임하여 어둠과 죽음의 그늘에 앉은 자에게 비치고 우리 발을 평강의 길로 인도하시리로다 하니라(눅 1:78-79).

사가랴는 오실 메시아가 자기 백성을 평강의 길로 인도하실 분이라고 말했다. 예수님이 태어나셨을 때 천사들은 이렇게 노래했다.

지극히 높은 곳에서는 하나님께 영광이요 땅에서는 하나님이 기뻐하신 사람들 중에 평화로다(눅 2:14).

여기서 동일하게 반복되는 메시지를 놓칠 수 없을 것이다. 메시아는 이 땅에 평화를 가져오고 계셨다.

사도 바울이 에베소 교회 성도들에게 쓴 내용은 명령이 아닌 선언이라는 점에 주목하자. 이것은 이루어진 일에 대해 묘사하고 있다. 예수님은 "둘로 하나를 만드사 원수 된 것 곧 중간에 막힌 담을 자기 육체로" 헐어 버리셨다(엡 2:14). 이것은 미래에 있을 일을 희망하는 진술이 아니다. 과거에 이미 성취된 사실에 대한 진술이다. 이 세상에 다양하게 무리 지은 이들 사이에 분열이 존재함에도 불구하고 교회는 연합되었다. 그리스도께서는 자신의 죽으심 안에서 우리를 분열시키는 근원을 제거하셨다.

유대인과 이방인의 경우, "법조문으로 된 계명의 율법"이라는 "막힌 담"이 그들을 분열시켰다(엡 2:14-15). 모세오경은 이 율법과 법조문이 무엇이었는지 보여 준다. 바로 여러 의식법 및 시민법이었다. 의식법 중에는 속죄제, 속건제, 화목제, 소제가 있었다. 이들 중 일부는 음식을 드리는 제사나 번제, 요제, 위임식 제사였다. 이스라엘 사람들은 나병 환자의 정결, 속죄일, 안식일, 희년 등에 관한 법도 있었다. 그들에게는 또한 그들 공동체의 삶을 규정하는 법과 다양한 범죄에 관한 형법 체계가 있었다. 이러한 삶의 일부가 되기를 원하는 이방인들은 누구든 이러한 수많은 장애물을 넘어야 했다.

예수님은 그분의 삶과 죽음을 통해 이 모든 율법을 성취하셨다. 바울은 골로새 교회 성도들에게 이렇게 말할 수 있었다. "그러므로 먹고 마시는 것과 절기나 초하루나 안식일을 이유로 누구든지 너희를 비판하지 못하게 하라 이것들은 장래 일의 그림자이나 몸은 그리스도의 것이니라"(골 2:16-17).

예수님이 이런 방식으로 율법을 성취하신 한 가지 이유는, 이 둘로부터 하나의 새로운 사람을 창조하시고 그들 사이에 평화를 이루시기 위해서였다. 이방인이 종교적으로 유대인의 일부가 된다거나 반대로 유대인이 이방인의 일부가 된다는 말이 아니다. 예수님은 '교회'라고 불리는 새로운 몸을 창조하셨고, 모든 이는 하나님께 대한 회개와 주 예수 그리스도께 대한 믿음이라는 동일한 조건으로 이에 참여하게 된다(행 20:20-21). 예수님 외에 당신이 속한 무리가 가진 특별한 무언가를 요구하지 않는다. 오직 예수님만 요구된다. 오직 그리스도(Solus Christus)! 우리는 아우구스투스 토플레디(Augustus Toplady)의 말을 따라 이렇게 고백해야 한다.

내 손에 있는 어떤 것을 가져가는 것이 아니라,
오직 주의 십자가를 붙듭니다.[2]

여기서 사도 바울이 말하는 화해는 우리가 하나님과 화해함으로써만 시작된다는 점을 놓쳐서는 안 된다. 당연하게도 우리는 서로를 향한 적개심에 대해 아주 잘 알고 있다. 그러나 이보다 더 강력한 적개심이 있다. 바로 우리를 향한 하나님의 적개심이다. 이는 우리가 그분께 대적해서 죄를 지었기 때문이다. 성경은 "하나님의 진노가 불의로 진리를 막는 사람들의 모든 경건하지 않음과 불의에 대하여 하늘로부터 나타나나니"(롬 1:18)라고 가르친다. 우리에게 가장 필요한 것은 사람들 사이에서의 평화가 아니다. 하나님과 우리 사이의 평화가 제일 우선이다. 우리에게는 수평적 화해보다 수직적 화해가 훨씬 더 필요하다. 예수님은 십자가에서 바로 이 화해를 이루셨다. 이 화해로부터 사람들 사이에 이루어지는 우리의 화해가 흘러나왔다. 이것이 바로 그분이 이루신 이중의 사명이었다.

예수님은 십자가에서 우리 자리를 대신하시고 우리 죄의 형벌의 값을 완전히 치르셨다. 그분은 우리를 대신해서 하나님의 진노를 당하시고 우리의 채무를 해결하셨다. 우리 죄는 그분께로 전가되었고 그분이 그 값을 감당하셨다. 그분의 의로움은 주님을 믿는 모든 이에게 전가되었다. 이러한 거래는 나무에 달린 그분의 몸을 통해 온전히 성취되었다. 유대인이나 이방인, 노예나 자유인, 배운 사람이나 그렇지 못한 사람을 막론하고 모두가 이 길을 통해 하나님께로 나아가기 때문에 우리는 그분 안에서 하나다. 우리는 서로의 피상적인 차이점들을 잊어버리게 되며, 그리하여 적대감은 사라지게 된다. 피터 제프리(Peter Jeffery)는 이 점에 대해 다음과 같이 생생하게 설명한다.

예수님은 유대인 그리스도인과 이방인 그리스도인이 각각 존재하도록 죽으시지 않았다. 그들 모두가 단순하게 그리스도인이 되도록 죽으셨다. 이제 국적이라는 꼬리표는 완전히 무의미하다. 이와 마찬가지로 우리가 젊은 그리스도인인지 나이 든 그리스도인인지도 무의미하다. 나이라는 장벽은 국적이라는 장벽과 마찬가지로 그리스도 안에서 사라진다. 만약 어떤 사람이 그리스도인이라면, 그는 단지 이론상으로만이 아니라 실제로 나의 형제다.[3]

마침내 사도 바울은 (그리스도께서) "또 오셔서 먼 데 있는 너희에게 평안을 전하시고 가까운 데 있는 자들에게 평안을 전하셨으니 이는 그로 말미암아 우리 둘이 한 성령 안에서 아버지께 나아감을 얻게 하려 하심이라"(엡 2:17-18)라고 주장했다. 여기서 바울의 요점은 그리스도께서 이 연합을 주도하셨다는 것이다. 주님이 십자가 위에서 이를 이루심으로써만이 아니라 이 연합에 참여하도록 우리 모두를 초대하심으로써 그렇게 하신다. 브라이언 채플(Bryan Chapell)은 사도 바울이 전한 이 말씀에 대해 이렇게 해설한다.

어떤 면에서, 모든 믿는 자들은 인종 간의 평화와 하나님과의 평화가 언제 오게 되는지 내면 깊이 이해하고 있다. 이 평화는 그리스도의 희생제사로 말미암아 우리가 자신을 하늘에 계신 아버지의 무릎 위에 있는 자녀로 보게 되고 또한 다른 자녀들도 우리와 함께 그분의 품에 안겨 있는 것을 보게 될 때 이루어진다. 붉은, 노란, 검은, 흰 피부 모두 그분 보시기에 귀하다.[4]

예수님은 멀리 있는 이(이방인)와 가까이 있는 이(유대인) 모두에게 가셔서 우리가 하나님과의 평화 및 서로와의 평화를 누리도록 초대하신다. 예수님을 통해 우리는 이제 모두 같은 방식으로 성부 하나님께 나아가게 되었다. 이는 성령님의 역사로 가능하게 된다. 이에 대해서는 다음 장에서 살펴볼 것이다.

예수님은 우리의 연합을 위해 기도하셨다

예수님은 마치 십자가에서의 이 화해의 사역이 충분하지 않다는 듯이 교회의 연합을 위해 기도하셨고 지금도 계속 기도하신다. 우리가 예수님의 대제사장적 기도라고 명명하는 요한복음 17장의 기도에서 예수님은 성부 하나님께 이렇게 말씀하신다.

> 내가 비옵는 것은 이 사람들만 위함이 아니요 또 그들의 말로 말미암아 나를 믿는 사람들도 위함이니 아버지여, 아버지께서 내 안에, 내가 아버지 안에 있는 것같이 그들도 다 하나가 되어 우리 안에 있게 하사 세상으로 아버지께서 나를 보내신 것을 믿게

하옵소서 내게 주신 영광을 내가 그들에게 주었사오니 이는 우리가 하나가 된 것같이 그들도 하나가 되게 하려 함이니이다 곧 내가 그들 안에 있고 아버지께서 내 안에 계시어 그들로 온전함을 이루어 하나가 되게 하려 함은 아버지께서 나를 보내신 것과 또 나를 사랑하심같이 그들도 사랑하신 것을 세상으로 알게 하려 함이로소이다(요 17:20-23).

이러한 우리 주 예수 그리스도의 대제사장으로서의 기도는 그분의 죽음과 지상 사역의 마침을 전제로 한다. 시간 순서상으로는 죽으시기 전에 이 기도를 하셨지만, 마치 곧 천상으로 올라갈 것처럼 기도하셨다. 자신이 맡으신 사명과 자신을 따르는 이들의 미래를 고려하시면서, 주님은 자신을 위해 기도하셨고(1-5절) 또한 사도들을 위해 기도하셨다(6-19절). 그다음으로 전투하는 교회에 속한 우리 나머지를 위해 기도하셨는데, 여기서 전투하는 교회란 그리스도의 재림 전에 영적 전쟁에 참여하는 교회를 의미한다(20-26절). 주님이 전투하는 교회와 관련하여 기도하신 첫 번째 주제가 교회의 연합이라는 사실은 매우 놀랍다. 그분은 사도들을 위해 기도하실 때 이미 이를 언급하셨다. "나는 세상에 더 있지 아니하오나 그들은 세상에 있사옵고 나는 아버지께로 가옵나니 거룩하신 아버지여 내게 주신 아버지의 이름으로 그들을 보전하사 우리와 같이 그들도 하나가 되게 하옵소서"(11절). 나는 교회의 연합이 예수님께 이렇게 높은 우선순위를 차지한다는 사실이 놀랍다고 생각한다!

예수님은 신자들을 위해 항상 중보하신다고 성경이 가르치기에(히 7:25), 우리는 그리스도인의 연합이 항상 이 땅의 교회를 위한 그분의 기도 제목이라고 여길 수 있다. 예수님은 재림, 즉 자신이 역사를 마무리하러 돌아오실 때까지 이렇게 기도를 지속하실 것이다. 이 사실이 주는 또 하나의 위로는 바로 우리 기도는 우리 죄 때문에 항상 효과적이지는 않지만, 예수 그리스도의 기도는 총체적인 효력을 갖는다는 것이다. 그분의 기도는 십자가에서 그분이 이루신 사역에 기초한다. 성부 하나님은 기꺼이 그분의 기도를 들으시고 그분이 구하는 대로 내어주신다.

예수님은 무엇보다 조직적 연합을 위해서가 아니라 유기적인 하나 됨을 위해 기도하신다. 물론 이 유기적 연합은 우리가 그리스도인으로서 그리고 교회로서 실제적으로 함께 협력하는 방식으로 가시적으로 드러나겠지만 말이다. 이 연합은 또한 가족 구성원들이 순전한 사랑 속에서 서로를 향해 친밀함을 가지는 방식으로 이를 드러낸다. 형제자매로서의 사랑이 교회 분위기를 가득 채워야 한다. 진정한 교회의 DNA는 불화와 적개심의 반대가 되어야 한다. 바울이 고린도 교회 성도들에게 말했듯이 "오직 하나님이 몸을 고르게 하여 부족한 지체에게 귀중함을 더하사 몸 가운데서 분쟁이 없고 오직 여러 지체가 서로 같이 돌보게 하셨"다

(고전 12:24-25). 이것이 그리스도께서 기도하셨던 내용이며, 또한 자신의 죽으심과 천상에서의 중보 사역을 통해 이루신 일이다.

　이러한 유기적 연합은 성부 하나님과 성자 하나님 사이의 신적 연합을 본떠서 만들어졌으며, 이에 대해 예수님이 대제사장으로서 하신 기도에서 언급하셨다. 세 위격이 하나이면서도 서로 구별되는 삼위의 연합을 생각해 보자. 성부 하나님은 성자 하나님이나 성령 하나님이 아니시지만, 여전히 이 두 위격과 하나이시다. 마찬가지로 성자 하나님도 성부 하나님이나 성령 하나님이 아니시고, 성령 하나님도 성부 하나님이나 성자 하나님이 아니시다. 그러나 삼위일체 하나님의 각 위격은 다른 두 위격과 하나이시다. 세 위격은 하나 안에 셋이시고 셋 안에 하나이시다. 이러한 유기적 연합으로부터 그분들의 조직적 연합이 흘러나온다. 하나님의 세 위격은 창조, 섭리, 구속 사역을 완벽하게 함께 행하신다. 구속 사역의 경우 성부 하나님은 구원할 이들을 택하시고, 성자 하나님은 자기 죽음으로 그들을 구속하신다. 성령 하나님은 그들을 거듭나게 하시고 하나님 나라로 이끄신다. 이 협력 사역은 완전하다.

　우리 주 예수 그리스도께서 요한복음 17장에서 하신 기도가 역사 속에서 부분적으로 응답되었으며 우리가 영화에 이를 때 완전히 응답되리라는 것은 분명한 사실이다. 이 부분적인 응답에 대해서는 다음 장에서 성령님이 어떻게 사람 마음 안에서 일하셔서 그리스도께서 이 땅에서 삶과 죽음으로 무엇을 행하셨는지를 깨닫게 하시는지 이야기할 때 살펴볼 것이다. R. C. 스프로울(R. C. Sproul)은 요한복음 17장을 해설하는 자신의 주석에서 이렇게 말한다.

> 이 간구는 매우 실제적인 의미에서 이미 성취되었다고 볼 수 있다. 그리스도인이 된 모든 이는 그리스도 안에 있다. 당신이 그리스도 안에 있고 내가 그리스도 안에 있다면, 우리가 공동으로 누리는 그분과의 연합으로 인해 실제적 연합이 우리 사이에 존재하는 것이다. 이는 모든 진실한 신자에게 참되다. 비록 우리가 몇몇 지점에서 서로 의견이 다르다고 할지라도, 우리를 하나로 묶어 주는 참된 연합이 있다. 그리고 이 연합은 세상에 분명히 드러나야 한다.[5]

예수님은 그분이 간구하신 이 연합이 복음적 영향력을 가지리라고 여기셨다. 이는 개인의 이익을 위해 관계를 파괴하는 이기심 가득한 죄악 된 세상에서 복음의 영향이 드러나기 때문이다. 이 세상은 부부간의 다툼, 가족 간의 불화, 종족 및 인종 사이의 전쟁, 내전, 국제 분쟁으로 가득하다. 사람이 있는 곳 어디에나 갈등이 존재한다. 그러나 예수님은 복음이 인간 사회에 전해지고 교회가 생길 때 이를 바라보는 이들이 놀라게 될 것이라고 말씀하신다. 바로 다양한 배경의 사람들이 진실한 사랑으로 서로를 대하는 모습을 볼 것이기 때문이다. 그들은 교회에 있는 사람들이 서로 다른 종족, 민족, 나라에서 왔음에도 하나로 연합되는 모습을 보게 될 것이다. 또한 이 사람들이 기쁘게 예배하고 하나의 대의를 품고 함께 일하는 모습도 보게 될 것이다. 그리하여 무언가 비범한 일이 일어나고 있음을 인정하게 될 것이며, 그리스도의 외침에 주의를 기울일 수밖에 없게 될 것이다. 교회를 바라보는 사람들이 하나님의 백성 간의 이 연합을 달리 어떻게 설명할 수 있겠는가? 이 사랑은 어디서 오는 것일까?

예수님은 우리에게 연합을 위한 동기를 주신다

인간인 우리는 논리와 증거에 의해 설득되어야 일을 가장 잘하게 된다. 우리는 어떤 행동으로 인한 유익이 희생을 감수할 가치가 있다고 논리적으로 확신하게 되면 기꺼이 희생한다. 그리스도인의 연합에 있어서, 우리는 눈에 보이는 연합을 추구하도록 만드는 몇 가지 동기를 그리스도의 구원 사역으로부터 얻을 수 있다. 이를 통해 이 연합을 실천하기를 갈망하게 될 것이다. 사도 바울은 이에 대해 에베소서에서 이렇게 말한다.

그러므로 주 안에서 갇힌 내가 너희를 권하노니 너희가 부르심

을 받은 일에 합당하게 행하여 … 평안의 매는 줄로 성령이 하나
되게 하신 것을 힘써 지키라 몸이 하나요 성령도 한 분이시니 이
와 같이 너희가 부르심의 한 소망 안에서 부르심을 받았느니라
주도 한 분이시요 믿음도 하나요 세례도 하나요 하나님도 한 분
이시니 곧 만유의 아버지시라 만유 위에 계시고 만유를 통일하
시고 만유 가운데 계시도다(엡 4:1-6).

비록 이것이 성령님이 이루시는 일임을 다음 장에서 이야기하
겠지만, 이 모든 것이 그리스도에 의해 보장된다는 사실을 안다
면 우리는 일상에서 이를 적극적으로 실현할 동기를 얻게 된다.
바울은 그리스도 안에서 우리의 연합을 의식적으로 이루어 갈 수
있게 하는 일곱 가지 신학적 기초를 제시한다. 이에 대해 간략하
게 살펴보자.

1. "몸이 하나"다. 즉, 그리스도의 사역으로 인해 하나의 몸이
있는 것이다. 바울은 교회를 그리스도의 몸이라고 표현하기를 선
호했다. 구원받게 된 모든 이는 그리스도와 연합하게 되며 또한
이 한 몸 안에서 다른 신자들과도 연합하게 된다. 일부는 이미 천
국에 있지만 우리는 여전히 이 한 몸에 속해 있다. 우리는 이 세
상에서 서로 다른 지역에 살고 서로에 대해 알지 못하지만 이 한
몸 안에서 함께한다.

2. "성령도 한 분"이시다. 즉, 그리스도의 사역으로 인해 우리는 한 성령님을 갖는다. 우리는 모든 참된 신자 안에 거하시고 일하시는 이 성령님이 어떻게 우리에게 힘을 주시고, 우리 모두를 이 한 몸 안에서 교제하게 하시며, 우리가 주님의 일을 행하면서 우정을 나누도록 하시는지에 대해 보게 될 것이다.

3. 그리스도로 인해 우리는 마지막 부활과 영광스럽게 그분과 영원을 누리게 되는 "한 소망"으로 부르심을 받았다. 그래서 에베소서 앞부분에서 바울은 "그의 부르심의 소망"과 "성도 안에서 그 기업의 영광의 풍성함"에 대해 이야기했다(엡 1:18).

4. "주도 한 분"이시다. 우리는 모든 복음 사역을 행할 때 예수님을 섬긴다. 예수님은 자신의 피로 우리를 사신 분이시다. 우리는 그분의 소유다. 예수님은 이제 높임을 받으셨고 우리에게 지상 명령을 주셨다. 예수님은 그분을 위한 우리의 거룩한 수고를 보상하시기 위해 다시 오실 것이다.

5. "믿음도 하나요"라는 말씀대로 주님은 우리를 한 믿음으로 부르셨다. 이는 복음이 중심이 되는 교리들을 가리키며 우리의 모든 행동을 규정한다. 예수님이 하늘로 올라가시기 전 "내가 너희에게 분부한 모든 것을 가르쳐 지키게 하라"라고 사도들에게

말씀하셨듯이(마 28:20), 제자가 되는 이들은 그리스도께서 분부하신 모든 것을 배워야 한다.

6. 우리는 모두 주 예수 그리스도의 이름으로 세례를 받는다. 이는 한편으로는 우리가 그리스도께 접붙여질 때 경험하는 세례를 가리킨다. 또한 다른 한편으로는 우리가 어디에 있든 어떤 사회적 지위에 있든 상관없이 그분과 하나가 된다는 사실을 공개적으로 보여 주는 물세례도 가리킨다.

7. 마지막으로, 예수님은 우리를 "만유의 아버지"이시자 "만유 위에 계시고 만유를 통일하시고 만유 가운데 계시"는 한 분 하나님을 예배하도록 하셨다. 이는 우리의 존재 목적이다. 이는 우리가 구원받게 된 이유 그 자체다. 우리는 모든 민족, 모든 언어, 모든 나라로부터 이 하나님께로 나아온다.

주 예수 그리스도의 인격과 사역을 통해 우리를 위해 보장된 이 일곱 가지 진리를 묵상해 보라. 그러면 우리가 그분을 위해 함께 힘써 일해야 한다는 당연한 결론에 도달할 것이다. 지성과 이성을 가진 피조물로서 우리는 위대하신 우리 하나님의 영광과 우리 구원자 예수 그리스도를 위해 함께 일할 수밖에 없도록 이끄는 이 논리적 귀결에 이르러야 한다.

결론

우리가 그리스도와 그분이 십자가 위에서 우리를 위해 행하신 일만을 바라본다면, 역사 속에서 현재까지 교회를 괴롭혀 온 분열의 원인이 줄어들 것이다. 이것이 바로 바울이 고린도 교회 성도들에게 무리 지어 불화를 일으킨 일에 대해 도전했을 때 마음에 품은 것이다. 그는 "내가 이것을 말하거니와 너희가 각각 이르되 나는 바울에게, 나는 아볼로에게, 나는 게바에게, 나는 그리스도에게 속한 자라 한다는 것이니 그리스도께서 어찌 나뉘었느냐 바울이 너희를 위하여 십자가에 못 박혔으며 바울의 이름으로 너희가 세례를 받았느냐"(고전 1:12-13)라고 되물었다. 바울은 그들이 자신의 질문에 대해 그렇지 않노라고 답하길 기대했다. 왜냐하면 오직 그리스도께서 그들을 위해 십자가에 달리셨으며 그들은 모두 그리스도의 이름으로 세례를 받았기 때문이다. 이에 비춰 볼 때, 그들이 당파를 지어 초래한 분열은 매우 우스꽝스러운 것이었다. 고린도 교회 성도들은 그리스도께, 오직 그리스도께만 집중해야 했다. 그분은 교회의 유일한 기초이시다.

바로 이것이 우리가 다음과 같이 노래하는 이유나.

교회의 참된 기초는
예수 그리스도, 교회의 주님이시다;
교회는 그분의 새 피조물,

물과 말씀으로 지음 받았네.
하늘에서 그분이 오시어 교회를 찾으셨고
그의 거룩한 신부가 되게 하시니;
자기 피로 교회를 사셨고,
교회의 생명을 위해 그분 죽으셨네.

모든 민족에서 선택되었지만
온 땅 위에 하나이며,
교회의 구원의 헌장은:
한 주님, 한 믿음, 하나의 탄생이라.
하나의 거룩한 이름을 교회가 찬양하고,
하나의 거룩한 양식을 나누며,
한 소망을 향해 전진하니,
모든 은혜로 옷 입었도다.[6)]

chapter 2

성령님이 연합을 적용하신다

성부 하나님은 성자 하나님의 위격과 사역을 통해서만이 아니라 성령 하나님의 위격과 사역을 통해서도 우리의 연합이 이루어지도록 하셨다. 성자 하나님이 이 연합을 확보하셨다면, 성령 하나님은 이를 서로 연결된 각각의 그리스도인들과 지역 교회에 적용하신다. 하나님이 성자 하나님과 성령 하나님을 통해 이를 어떻게 행하시는지 알게 될 때마 우리는 그리스도인의 연합을 이해하고 실천할 단단한 토대를 얻게 된다. 이전 장에서는 하나님이 어떻게 우리 주 예수 그리스도의 인격과 사역을 통해 우리의 연합을 성취하셨는지를 이야기했다. 이제 하나님이 어떻게 그리스도의 사역을 우리에게 적용하셔서 우리가 성부 하나님의 영광을 위해 이 연합을 분명하게 나타낼 수 있게 하시는지 살펴보자.

에베소서에서 사도 바울은 "그러므로 주 안에서 갇힌 내가 너희를 권하노니 너희가 부르심을 받은 일에 합당하게 행하여 … 평안의 매는 줄로 성령이 하나 되게 하신 것을 힘써 지키라"라고 권면한다(엡 4:1, 3). 이미 살펴봤듯이 바울은 에베소 교회 성도들에게 연합을 얻어 내라고 말하지 않고 지켜 내라고 권한다. 이는 성령님이 이미 개개인의 신자들 사이에서 그리고 지역 교회 사이에서 이 연합을 세우셨기 때문이다. 어떻게 그분이 이를 이루셨는가? 이 장에서 이 질문을 탐구하려 한다. 기본적으로 성령님은 예수 그리스도께서 우리를 위해 하신 일을 가져다가 우리 마음에 적용하신다. 1804년 한 사역자가 동료 사역자들에게 다음과 같이 선언했던 것처럼 말이다. "그리스도인의 연합은 한마음을 갖는 일에 달렸다. 동일한 성령님께 의해 새롭게 되고, 인도받고, 성화된 마음 말이다. 획일성(uniformity)은 필요 없다."[1]

성령님은 우리를 그리스도의 몸에 연합시키신다

성령님은 구원을 위해 우리를 그리스도께로 이끌어 가실 때 많은 일을 하신다. 우리를 거듭나게 하시고 회개와 믿음으로 그리스도께 나아갈 수 있게 해 주시는 일이 그중 하나다. 다른 하나로, 성령님은 멀어 버린 우리의 영적 눈을 열어 주셔서 복음을 깨

닮게 하신다. 그러나 내가 구원이라는 꽃에서 집중하고 싶은 꽃잎 하나가 있다. 바로 성령님이 우리가 회심할 때 우리를 그리스도와 그분의 몸에 연합시키시고 그리하여 우리의 연합을 보증하신 그 방식이다. 사도 바울은 로마서에서 이에 대해 이렇게 말한다. "우리가 한 몸에 많은 지체를 가졌으나 모든 지체가 같은 기능을 가진 것이 아니니 이와 같이 우리 많은 사람이 그리스도 안에서 한 몸이 되어 서로 지체가 되었느니라"(롬 12:4-5). 여기서 바울이 자기 자신을 로마 교회 성도들과 함께 취급했다는 점을 주목해야 한다. 이는 지역에 제한받지 않는 보편적인 몸을 말하는 것이기 때문이다. 바울은 고린도 교회 성도들에게도 동일한 이야기를 다음과 같이 한다.

몸은 하나인데 많은 지체가 있고 몸의 지체가 많으나 한 몸임과 같이 그리스도도 그러하니라 우리가 유대인이나 헬라인이나 종이나 자유인이나 다 한 성령으로 세례를 받아 한 몸이 되었고 또 다 한 성령을 마시게 하셨느니라(고전 12:12-13).

고린도 교회는 수많은 인위적 장벽으로 인해 분열되어 있었다. 고린도 교회 성도들은 그들의 지도자를 두고 누가 으뜸이냐는 문제로 싸우고 있었다. 또한 이방인과 유대인들이 각각의 양심으로 인해 교회에서 무엇을 준수해야 하는지를 두고 다투고 있었다. 그들은 어떤 영적 은사가 으뜸이며 어떤 은사를 예배 때 가장 중요하게 여겨야 하는지를 두고도 분쟁하고 있었다. 특히 방언의 은사를 가진 이들과 예언의 은사를 가진 이들 사이에 갈등이 있었다. 그렇기에 고린도전서 12장에서 사도 바울은 이 은사들이 모두의 유익을 위해 동일한 성령님에 의해 주어졌다고 주장함으로써 이 분열이 얼마나 터무니없는 일인지를 이야기한다. 이 은사들은 연합을 위해 주어졌지, 분열하도록 주어지지 않았다! 바울은 이렇게 말한다.

> 은사는 여러 가지나 성령은 같고 … 각 사람에게 성령을 나타내심은 유익하게 하려 하심이라 어떤 사람에게는 성령으로 말미암아 지혜의 말씀을, 어떤 사람에게는 같은 성령을 따라 지식의 말씀을, … 이 모든 일은 같은 한 성령이 행하사 그의 뜻대로 각 사람에게 나누어 주시는 것이니라(고전 12:4, 7-8, 11).

성령님은 어떻게 이를 이루시는가? 성령님은 사람들에게 그리스도의 몸에 참여하도록 세례를 베푸셔서 그들이 그리스도 안에서 연합하게 하신다. 그리하여 성령님은 그들에게 은사를 주시어 그 몸 안에서 서로에게 사역을 행하게 하신다. 이 첫 부분, 그리스도께 참여하게 하는 세례와 어떻게 이 세례가 연합과 연관되는지가 바로 내가 관심을 두는 주제다.

사도 바울은 인간의 몸이 손, 발, 눈, 귀 등을 가졌지만 하나의 몸인 것처럼 그리스도의 몸도 마찬가지라고 설명한다. 우리는 서로 많이 다르고 서로 다른 은사를 가지고 있으나 모두 이 한 몸 안에 있다. 우리가 어떻게 인간의 몸처럼 하나일 수 있는가? 바울은 "우리가 유대인이나 헬라인이나 종이나 자유인이나 다 한 성령으로 세례를 받아 한 몸이 되었"기 때문이라고 말한다(고전 12:13). 우리가 회심할 때 성령님은 우리를 그리스도 안으로 잠기게 하여 우리 모두 그분과 연합되게 하신다. 그리스도는 우리의 머리이시며 우리는 (집합적으로) 그분의 몸이다. 이것은 물리적이라기보다는 영적인 연합이다.

성령님은 우리 안에 거하신다

더 나아가 사도 바울은 성령님이 우리에게 그리스도의 몸에 접붙여지도록 세례를 베푸실 뿐 아니라 우리의 회심의 때부터 우리 안에 거하신다고 이야기한다. 바울이 고린도전서에 기록한 말씀을 빌려 표현하자면, 하나님은 우리가 "다 한 성령을 마시게 하셨"다(고전 12:13). 이것은 물질적으로 마시는 것이 아니다. 성령님이 오셔서 우리 안에 처소를 취하심으로 모든 그리스도인이 마땅히 "성령의 전"(고전 6:19)이라고 불리게 됨을 가리킨다. 이렇게 성령님은 우리를 내면부터 바깥까지 사용하시어 자기 뜻을 수행하실 수 있다. 이는 예수님이 새 언약이라는 선물의 일부로서 제자들에게 약속하신 것이다. 예수님은 십자가로 향하시기 전에 다락방에서 제자들에게 이렇게 말씀하셨다.

> 내가 아버지께 구하겠으니 그가 또 다른 보혜사를 너희에게 주사 영원토록 너희와 함께 있게 하리니 그는 진리의 영이라 세상은 능히 그를 받지 못하나니 이는 그를 보지도 못하고 알지도 못함이라 그러나 너희는 그를 아나니 그는 너희와 함께 거하심이요 또 너희 속에 계시겠음이라(요 14:16-17).

성령님이 우리 안에 거하심으로써 행하시는 일은, 신자들인 우리가 서로 간에 연합을 경험하게 되는 결과를 낳는다. 이 결과가 무엇인지 더 살펴보자.

성령님은 기독교 진리를 알도록 우리 눈을 뜨게 하신다

성령님은 우리 눈을 뜨게 하셔서 기독교 진리를 인식하게 하시고 거부할 수 없는 세계관을 갖도록 하신다. 사도 바울은 고린도교회 성도들에게 그들의 지도자들과 설교자들을 대하는 태도에 있어서 왜 그들이 주변 문화와 달라야 하는지를 설명할 때 이를 언급했다. 그는 "우리가 세상의 영을 받지 아니하고 오직 하나님으로부터 온 영을 받았으니 이는 우리로 하여금 하나님께서 우리에게 은혜로 주신 것들을 알게 하려 하심이라"(고전 2:12)라고 말했다. 창세기부터 요한계시록까지 성경이 가르치는 이 진리들은 우리에게 진정한 실재가 된다. 우리는 이 진리들을 이해하고 알아가는 데서 계속 자라 간다. 이는 선지자들과 사도들에게 성경의 여러 책을 저술하도록 영감을 불어넣으신 바로 그 동일한 성령님이 지금 우리 안에 거하시기 때문이다. 우리는 목회자들과 하나님의 말씀을 가르치는 다른 교사들로부터 유익을 얻는다. 그러나 그들은 우리와 하나님 말씀 사이의 중개자들이 아니다. 우리는 우리 마음에 거하시는 성령님 덕분에 성경을 읽고 우리 스스로 대부분의 내용을 이해할 수 있다.

성경의 진리를 이해하는 데 이러한 하나 됨은 그리스도인의 연합의 토대가 된다. 우리가 성경의 모든 세세한 부분에 대해 의견이 일치할 수는 없겠지만, 참된 그리스도인들은 성경의 핵심 진리를 이해하는 데 하나 됨을 이룬다. 이는 복음에 대한 이해에 있어 특히 더 그러한데, 이것이 우리 구원의 진정한 기초이기 때문이다. 우리는 죄로 인해 지옥에 떨어져 마땅한 죄인으로 태어났다. 이 사실에 대해서 우리 모두 동의한다. 우리는 오직 하나의 구원자가 계시며 그분이 바로 삼위 하나님의 제2위격이신 주 예수 그리스도시라는 사실에 동의한다. 우리는 모두 그분이 자신의 생명과 죽으심과 죽음에서의 부활로 말미암아 우리를 구원하신다는 사실에 동의한다. 우리는 모두 우리가 하나님께 용서를 얻도록 그리스도께서 완성하신 사역에 어떤 것도 더할 수 없으며 이것이 다 은혜라는 사실에 동의한다. 우리는 회개와 믿음 가운데 그리스도께 나아가며, 그분은 우리를 자신의 의로 옷 입히신다. 이를 기초로 하나님은 우리를 용서하신다. 오직 이를 토대로 그분은 우리를 영광 가운데 받아들여 주실 것이다.

구원의 방식에 대한 이러한 이해는 창세기부터 요한계시록까지 성경이 직접적으로 그리고 간접적으로 가르친다. 내주하시는 성령님에 의해 열린 영적 시야로 우리는 이를 인지하고 그 안에서 기뻐할 수 있다. 우리는 동일한 성령님의 내주하심으로 이 진리들을 기뻐하는 다른 이들을 발견한다. 그리고 이것이 우리 마음을 그들과 연합시킨다.

성령님은 우리에게 다른 신자들에 대한 사랑을 주신다

우리 안에 거하시는 성령님은 다른 신자들을 만날 때마다 우리에게 그들을 향한 사랑을 주신다. 갈라디아 교회 성도들에게 편지를 쓰면서 사도 바울은 성령의 열매에 관해 이야기했다(갈 5:22). 이 중 가장 첫 열매는 사랑이다. 만약 성령님이 당신 안에 거하신다면, 그분은 당신을 사랑하는 이로 만드실 것이다. 그분은 당신을 내면에서부터 다른 이들을 돌보도록 힘을 주실 것이다. 이를 잘 드러내는 것 중 하나가 바로 동료 그리스도인들을 향한 사랑이다. 성경은 이를 형제 사랑(필라델피아, *philadelphia*)이라고 부른다.

이는 부모와 자녀들이 가족이 아닌 사람들보다는 서로를 더 깊이 돌보는 것과 같은, 자연적 가족 안에서 누리는 사랑이다.

이 사랑은 우리가 서로를 받아들이게 한다. 우리 서로가 다르고 단점이 있음에도 말이다. 바로 이것이 사도 바울이 염두에 둔 내용이다. 그는 "그러므로 주 안에서 갇힌 내가 너희를 권하노니 너희가 부르심을 받은 일에 합당하게 행하여 모든 겸손과 온유로 하고 오래 참음으로 사랑 가운데서 서로 용납하고"(엡 4:1-2)라고 권면한다. 그리스도인으로서 우리는 교리와 실천에 있어 우리의 무감각한 마음과 실수로 인해 종종 서로를 괴롭게 만들 수 있다. 우리 마음속에 품은 서로를 향한 사랑은 이러한 서로의 잘못을 인내하고 함께 연합을 유지하게 해 준다. 바울이 골로새 교회 성도들에게 다음과 같이 말하는 것은 놀랄 일이 아니다.

그러므로 너희는 하나님이 택하사 거룩하고 사랑받는 자처럼 긍휼과 자비와 겸손과 온유와 오래 참음을 옷 입고 누가 누구에게 불만이 있거든 서로 용납하여 피차 용서하되 주께서 너희를 용서하신 것같이 너희도 그리하고 이 모든 것 위에 사랑을 더하라 이는 온전하게 매는 띠니라(골 3:12-14).

성령님은 우리를 더욱 경건해지게 하신다

성령님이 우리 마음에 거하실 때 그분은 성화의 작업을 시작하신다. 우리는 이 단어를 일상생활에서 자주 말하지는 않는다. 성령님은 우리 주 예수 그리스도를 닮도록 우리를 더 거룩하고 경건하게 하신다. 비록 죄가 가진 힘과 우리에 대한 지배는 회심의 순간 부서졌지만, 죄는 여전히 우리 삶에서 현존하여 우리 마음으로부터 악을 행하도록 유혹한다. 성령님은 우리가 이 죄에 대해 죽고 하나님께 대해서는 살도록 하신다. 이것은 평생 이루어지는 일이다. 이 땅에서 이를 완성할 수는 없다. 육신의 악행을 적극적으로 억제하고 소멸시키는 일은 우리의 책임이지만, 내주하시는 성령님이 우리가 이를 점점 더 행할 수 있게 해 주신다. 우리는 이에 대해 하나님께 늘 감사해야 한다. 성령님의 도우심이 없다면 우리에게는 비참한 실패만이 기다릴 뿐이기 때문이다. 이것이 바로 사도 바울이 빌립보 교회 성도들에게 다음과 같이 말한 이유다. "그러므로 나의 사랑하는 자들아 … 두렵고 떨림으로 너희 구원을 이루라 너희 안에서 행하시는 이는 하나님이시니 자기의 기쁘신 뜻을 위하여 너희에게 소원을 두고 행하게 하시나니"(빌 2:12-13). 그렇다. 성령님이 우리 안에서 일하시기 때문에 우리는 거룩함에 있어 진보와 승리를 보장받을 수 있다.

그리스도인의 연합을 적대하고 막는 죄는 이기심과 교만에서 비롯된다. 야고보는 이렇게 말했다. "너희 중에 싸움이 어디로부터 다툼이 어디로부터 나느냐 너희 지체 중에서 싸우는 정욕으로부터 나는 것이 아니냐 너희는 욕심을 내어도 얻지 못하여 살인하며 시기하여도 능히 취하지 못하므로 다투고 싸우는도다"(약 4:1-2). 이것이 믿지 않는 이들의 세상에서 참된 연합이 불가능한 이유다. 죄는 우리를 이기적이고 교만하게 만들기에, 우리는 다른 이들의 이익을 먼저 생각하지 못한다. 성화에는 이러한 죄의 원천을 없애고 진정으로 경건한 연합을 촉진하는 환경을 조성하는 과정이 포함된다. 바울은 이 사실을 염두에 두고 다음과 같이 말했다.

하나님의 성령을 근심하게 하지 말라 그 안에서 너희가 구원의 날까지 인치심을 받았느니라 너희는 모든 악독과 노함과 분냄과 떠드는 것과 비방하는 것을 모든 악의와 함께 버리고 서로 친절하게 하며 불쌍히 여기며 서로 용서하기를 하나님이 그리스도 안에서 너희를 용서하심과 같이 하라(엡 4:30-32).

우리가 속한 지역 교회의 범주를 넘어서는 연합에 있어서 이는 매우 중요하다. 성령님이 이기심과 교만에 의해 빚어진 경쟁심을 없애도록 노우시기 때문에 우리는 복음을 위한 여러 가지 일에 함께 참여할 수 있다. 우리에게는 아브라함이 보여 준 겸손함이 필요하다. 그는 조카 롯에게 이렇게 말했다.

우리는 한 친족이라 나나 너나 내 목자나 네 목자나 서로 다투게 하지 말자 네 앞에 온 땅이 있지 아니하냐 나를 떠나가라 네가 좌하면 나는 우하고 네가 우하면 나는 좌하리라(창 13:8-9).

우리는 형제자매다. 왜 우리가 다투어야 하는가?

성령님은 상호 의존적인 은사들을 주신다

성령님은 우리에게 은사를 나눠 주신다. 이를 통해 우리는 함께 일하여 그리스도의 몸에 영양분을 공급하고 세상을 향해 나아갈 수 있다. 우리는 고린도전서 12장에서 사도 바울이 한 분 동일한 성령님이 영적 은사들을 교회에 선물로 주셨다는 사실을 어떻게 가르쳤는지 살펴봤다. 그는 이 은사들이 모두에게 "유익하게 하려"고 주어졌다고 말했다(7절). 은사를 받은 개개인들에 의해 그리스도의 몸 전체가 유익을 얻도록 의도되었다. 이것이 바로 은사를 수여하신 목적이다. 고린도전서 12장 후반부에서 바울은 성령님이 주신 은사의 상호 의존성에 관해 이야기한다. 여기서도 그는 몸의 비유를 사용한다.

몸은 한 지체뿐만 아니요 여럿이니 … 또 귀가 이르되 나는 눈이 아니니 몸에 붙지 아니하였다 할지라도 이로써 몸에 붙지 아니한 것이 아니니 만일 온몸이 눈이면 듣는 곳은 어디며 온몸이 듣는 곳이면 냄새 맡는 곳은 어디냐 그러나 이제 하나님이 그 원하시는 대로 지체를 각각 몸에 두셨으니 만일 다 한 지체뿐이면 몸은 어디냐 이제 지체는 많으나 몸은 하나라(고전 12:14, 16-20).

사도 바울의 요점은 이렇다. 성령님은 이런 방식으로 자신의 교회에 은사를 주셔서 서로서로 의존하게 하신다. 어떤 그리스도인도 지상 사명을 수행하는 데 필요한 모든 은사를 전부 갖고 있지 않다. 또한 어떤 하나의 개별 교회도 이를 위한 모든 은사를 다 가질 수 없다. 우리는 모두 서로를 필요로 한다. 성령님은 지역 교회와 이 지구상의 교회에 은사를 나눠 주시는 방식을 통해서 이를 확증하신다. 심지어 이것은 사도들에게도 해당하는 일이었음이 명백하다. 바울은 이렇게 증거한다.

도리어 그들은 내가 무할례자에게 복음 전함을 맡은 것이 베드로가 할례자에게 맡음과 같은 것을 보았고 … 또 기둥같이 여기는 야고보와 게바와 요한도 내게 주신 은혜를 알므로 나와 바나바에게 친교의 악수를 하였으니 우리는 이방인에게로, 그들은 할례자에게로 가게 하려 함이라(갈 2:7, 9).

성령님이 은사를 다르게 주신 것을 인식하고 이들은 사역을 분담했다. 그래서 그들의 사역 전체를 더 효과적으로 행할 수 있었다. 세상을 향해 사역하길 원한다면, 오늘날 우리도 이 사실을 직시해야 한다. 하나의 교회나 하나의 나라가 온 세상을 향한 복음 사역을 감당할 수는 없다. 우리는 함께 일해야 한다.

커티스 C. 토마스(Curtis C. Thomas)는 자기 자신을 고립시키는 목회자나 교회를 향해 이렇게 경고한다.

이 고립은 틀림없이 그 특정 지역에서의 복음의 성장을 가로막을 것이다. 이것은 그리스도의 몸의 연합을 모호하게 한다. 또한 그리스도인들이 한마음이 아니라고 선언하는 일이 되어 버린다. 그리스도 안에서의 다른 형제자매들과 교제하지 않고 그들에게 배우지도 않는다면 그 목회자와 회중의 영적 성장은 저해된다.[2]

성령님은 복음 사역을 하도록 우리에게 힘을 주신다

성령님은 우리에게 은사를 주셔서 그리스도의 몸의 지체로서 맡겨진 각자의 역할을 할 수 있게 하실 뿐 아니라 우리에게 힘을 주셔서 이 역할을 전심으로 할 수밖에 없게 해 주신다. 이것은 하나님의 교회에 동력을 불어넣는 엔진이라고 할 수 있다. 우리 주 예수님은 오순절에 성령님이 강림하셔서 베푸실 효력에 대해 이렇게 단언하셨다. "오직 성령이 너희에게 임하시면 너희가 권능을 받고 예루살렘과 온 유대와 사마리아와 땅끝까지 이르러 내 증인이 되리라 하시니라"(행 1:8). 성령님의 강림 목적은 힘을 주시는 것이었다. 우리는 오순절 때 베드로가 어떤 영향을 받았는지 보았다. 그는 담대한 설교자가 되었다. 마찬가지로, 성령님은 비범한 방식으로 빌립을 에디오피아 여왕의 내시에게 보내시고(행 8:29) 베드로는 고넬료의 집으로 보내셔서(행 10:19) 복음을 전하게 하셨다. 또한 성령님은 바나바와 바울이 교회 개척 사역을 지속하도록 따로 세우라고 안디옥 교회에 말씀하셨다(행 13:2). 지금 우리가 귀에 들리는 음성으로 이런 지도를 받지는 않지만, 우리는 성령님이 마음에 감동을 주셔서 복음 사역을 위해 하나님이 원하시는 일이 무엇인지 인식하게 해 주신다고 증거할 수 있다.

복음 사역을 위해 성령님이 힘을 주시는 방법 하나는 이렇다. 성령님은 우리를 구원과 성화를 베푸시는 그분의 은혜에 대한 직접적인 증인으로 만들어 주신다. 우리 마음에 그분이 함께하심으로써 우리는 우리가 하나님의 자녀임을 알게 된다. 그래서 바울은 로마서에서 이렇게 말한다.

> 너희는 다시 무서워하는 종의 영을 받지 아니하고 양자의 영을 받았으므로 우리가 아빠 아버지라고 부르짖느니라 성령이 친히 우리의 영과 더불어 우리가 하나님의 자녀인 것을 증언하시나니 자녀이면 또한 상속자 곧 하나님의 상속자요 그리스도와 함께한 상속자니 우리가 그와 함께 영광을 받기 위하여 고난도 함께 받아야 할 것이니라(롬 8:15-17).

이것은 영광스러운 현실이다. 하나님은 단순히 우리 스스로가 하나님의 자녀임을 논리적으로 추론하도록 우리를 내버려두지 않으셨다. 우리가 하나님의 자녀라는 사실을 확신하게 만드는 따스한 실재가 우리 안에 있다.

이 증언은 우리가 필요로 할 때, 특히 우리가 고난을 겪을 때 특별히 강력하다. 하나님은 특별한 방식으로 우리를 그분 가까이 끌어안으신다. 어두운 구름이 우리 머리 위를 뒤덮을 때, 우리는 평소에는 경험하지 못하는 하나님의 사랑을 경험한다. 이렇게 힘을 불어넣는 사랑은 우리 마음에 거하시는 성령님을 통해 우리에게 전달된다. 사도 바울은 로마서 초반부에서 바로 이 점을 언급했다.

> 다만 이뿐 아니라 우리가 환난 중에도 즐거워하나니 이는 환난은 인내를, 인내는 연단을, 연단은 소망을 이루는 줄 앎이로다 소망이 우리를 부끄럽게 하지 아니함은 우리에게 주신 성령으로 말미암아 하나님의 사랑이 우리 마음에 부은 바 됨이니(롬 5:3-5).

고난 중에서도 우리를 향한 하나님의 사랑을 느끼기 때문에 기뻐할 수 있게 하는 이 능력이 우리에게 주어졌다. 그리고 이 능력은 하나님의 구원하시는 은혜에 대한 복된 소식을 우리 혼자만 간직할 수는 없도록 만든다. 우리는 이 복음을 우리 주변 세상에 나누기를 원한다. 이 세상은 전능하신 하나님의 진노 아래 비참한 상태에 빠져 있다. 이 일은 혼자 할 수 없다. 그래서 우리는 다른 신자들과 힘을 모아 함께 예수님의 구원을 세상에 전한다.

결론

우리는 우리 삶 가운데 성령님이 하시는 일에 대해 하나님께 감사해야 한다. 예수님이 다락방에서 제자들에게 말씀하셨듯이, 성령님은 예수님이 이루신 일들이 우리에게 실재가 되도록 해 주신다(요 16:14-15). 이것은 바로 성령님이 교회가 연합을 경험할 수 있게 하신 일을 말한다. 예수님이 우리의 연합을 확보하셨고 성령님은 그것을 여러 가지 방식으로 우리에게 적용하고 계신다. 우리는 성령님이 우리를 그리스도의 한 몸으로 세례를 주심으로써, 그리고 하나님의 자녀들 모두 안에 내주하심으로써 이를 이루셨음을 보았다. 또한 성령님은 우리 안에 내주하심으로써 우리에게 공통된 경험과 소망을 갖도록 축복하셨다. 이에 따라 우리는 서로 함께하고 하나님 이름의 영광을 위해 같이 섬기기를 원하게 된다.

그렇기에 사도 바울의 유명한 축도가 "성령의 교통하심이 너희 무리와 함께 있을지어다"(고후 13:13)로 마무리된다는 사실은 전혀 놀라운 일이 아니다. 이 교통하심, 즉 교제는 우리를 하나로 묶어 준다. 그래서 바울은 빌립보서에서 이렇게 말한다.

그러므로 그리스도 안에 무슨 권면이나 사랑의 무슨 위로나 성령의 무슨 교제나 긍휼이나 자비가 있거든 마음을 같이하여 같은 사랑을 가지고 뜻을 합하며 한마음을 품어(빌 2:1-2).

마틴 로이드 존스(Martyn Lloyd-Jones)는 이 진리를 다음과 같이 간결하게 요약한다.

그리스도인의 연합은 피할 수 없다. 이는 각자와 모두에게 참된 것이 있기 때문이다. 때때로 나는 이것이 가장 중요한 원칙이라고 생각한다. 연합에 대한 이 모든 대화 속에서 우리는 가장 중요한 사실을 잊고 있는 것 같다. 그것은 바로 연합을 사람이 이루거나 결정하는 것이 아니라는 점이다. 그리스도인 사이의 진정한 연합은 피할 수 없는 것이다. 이는 인간의 창조물이 아니다. 우리가 분명히 보았듯 이는 성령님 자신의 창조물이다. 이 순간에도 참된 그리스도인들 사이에 이러한 연합이 존재한다고 나는 주장한다. 그들에게 어떤 꼬리표가 붙어 있든 상관없다. 이 연합은 불가피하다. 그들은 이를 피할 수 없다. 이는 모든 개별 그리스도인에게 참되게 된 것 때문이다.[3]

Unity

Part 2

그리스도인의
연합에 대한 명령

3. 신자들은 열정적으로 연합을 지켜야 한다
4. 복음 사역 속에서 연합이 증거된다

chapter 3

신자들은 열정적으로 연합을 지켜야 한다

　빌립보서 1장 27절에서 사도 바울은 그가 듣기 원하는 것에 관해 이야기한다. 바로 빌립보 교회 신자들이 "한마음으로 서서" 연합하는 것이었다. 이 책 1장과 2장에서 우리는 왜 이것이 무리한 갈망이 아닌지 살펴봤다. 예수 그리스도께서 이러한 연합을 확보하셨고 성령님이 이를 하나님 백성의 마음에 적용하신다. 그들에게 연합을 이루어 내라고 요구하시지 않는다. 그들은 이미 연합되어 있다. 그들이 요구받는 것은 그리스도 안에서 그들의 소유로 주어진 이 연합을 유지하라는 것이다. 이것은 지역 교회 안에서만이 아니라 그 이상의 범위에서도 우리에게 해당하는 내용이다. 순전한 신자들은 그리스도 안에서 한 몸이며, 오직 시간과 공간에 의해 나뉘어 있을 뿐이다. 지리적으로 가까워서 거리 문제가 없거나 기술의 발달로 멀더라도 쉽게 서로 교제할 수 있는 상황이라면, 우리는 "한마음으로 서서" 연합해야 한다. 이 연합을 열정적으로 지키는 것이 우리의 책무다.

복음적 연합에 받아들여서는 안 되는 이들

이 말은 자신을 그리스도인이라고 말하는 그 누구든지, 자신들을 교회로 지칭하는 어떤 무리든지 받아들여야 한다고 제안하는 에큐메니즘(ecumenism)을 주의해야 한다는 의미도 포함한다. 잘못된 견해이기 때문이다. 그리스도께서 그리스도인의 연합을 확보하셨고 성령님이 이를 적용하신다는 사실은, 오직 순전한 회개와 믿음으로 복음에 반응한 참된 그리스도인들만이 이 연합으로 받아들여져야 함을 의미한다. 즉, 복음이 이 연합의 경계선이 되어야 한다는 말이다. 복음에 대한 이해가 심각하게 결여된 곳에서 우리는 양심상 연합을 추구할 수가 없다. 이것은 기독교 신앙을 아예 부인하는 행위다. 몇몇 교회는 "사탄의 회당"이다(계 3:9). 우리는 그들과 손잡아서는 안 된다. 그들은 동역자가 아니라 선교 대상에 가깝다.

마틴 로이드 존스는 이 주제에 대해 설득력 있게 웅변한다.

우리는 단지 사랑스럽게 말하거나 단순히 친절하고 좋은 사람이 되려는 것이 아니다. 우리는 사랑 안에서 **진리**를 말해야 한다. 진리가 항상 먼저 와야 한다. 그렇기에 그리스도의 신성을 부인하는 사람과 연합을 논하는 것은 불가능하다. 그가 자신을 그리스도인이라고 부르더라도 나는 그 사람과 동의하는 내용이 전혀 없다. 그가 동정녀에게서 나시고, 기적을 행하시고, 대속의 죽음을 맞으시고, 문자 그대로 육신을 가지고 무덤에서 다시 일어나신 유일하신 주님을 인정하지 않는다면, 나는 그와 교회의 연합에 대해 논할 수가 없다. 연합을 논할 어떠한 토대도 존재하지 않는다.[1]

우리는 또한 죄 가운데 살아가고 교회의 훈육을 거절하는 사람들과 조화와 일치를 이루라는 압박을 경계해야 한다. 우리 하나님은 거룩하신 하나님이시다. 거룩함은 기독교 신앙에서 협상의 대상이 아니다. A. W. 토저(A. W. Tozer)는 『하나님을 바로 알자: 하나님의 거룩하심에 대한 재발견』(The Knowledge of the Holy)에서 이렇게 경고했다.

하나님은 거룩하시며, 그분은 거룩함을 자기 세계의 건강에 필수적인 도덕 조건으로 삼으셨다. 일시적으로 이 세상에 죄가 존재하는 것은 다만 이를 강조할 뿐이다. 무엇이든 거룩한 것은

건강하다. 악은 궁극적으로 죽음으로 끝나게 되는 도덕적 병듦이다.[2]

분명히 우리는 그리스도인의 연합이라는 이름 아래 이를 간과해서는 안 된다. 이를 간과한다면 하나님의 심판이 임할 것이다.

거룩함을 소홀히 하는 사람들에 대한 성경의 가르침은 우리에게 그들과 연관되지 말아야 함을 알려 준다. 사도 바울이 고린도 교회 성도들에게 이렇게 말했듯이 말이다. "이제 내가 너희에게 쓴 것은 만일 어떤 형제라 일컫는 자가 음행하거나 탐욕을 부리거나 우상 숭배를 하거나 모욕하거나 술 취하거나 속여 빼앗거든 사귀지도 말고 그런 자와는 함께 먹지도 말라 함이라"(고전 5:11). 우리가 그러한 사람들과 함께한다면 세상을 향한 우리의 증언이 무뎌지게 될 뿐 아니라 우리에 대한 하나님의 징계를 이 땅에서 초래하게 된다. 그래서 예수님은 이렇게 말씀하셨다. "너희는 세상의 소금이니 소금이 만일 그 맛을 잃으면 무엇으로 짜게 하리요 후에는 아무 쓸데 없어 다만 밖에 버려져 사람에게 밟힐 뿐이니라"(마 5:13). 실용적인 이유로 연합이라는 제단 위에 교회가 가진 좋은 것과 하나님의 영광을 희생시키지 말자. 우리의 연합에는 "여호와께 성결"(Holy to the Lord)이라는 문구가 새겨져야 한다.

부차적인 차이점을 극복하는 복음적 연합

우리가 참된 복음과 거짓 복음, 거룩함과 불경함의 구분을 지켜야 하지만, 우리는 동시에 계급을 나누는 종류의 '기독교'를 피해야 한다. 우리는 부자와 가난한 자, 유식한 자와 무식한 자를 무리별로 나누는 '기독교'를 받아들여서는 안 된다. 우리는 단순히 피부색 때문에 백인끼리만 예배하거나 흑인끼리만 예배하는 것에 대항해야 한다. 이러한 분열이 우리 사회에 관철되더라도 교회에서 이런 일이 일어나게 해서는 안 된다. 복음은 이론만이 아니라 실천에서도 우리를 연합시켜야 한다. 우리의 교제는 이러한 모든 사회적 경계선을 제거해야 한다. 우리는 그리스도 안에서 하나이기 때문이다. 이 세상은 우리가 다르다는 것과 복음이 우리 사회에서 볼 수 있는 이 모든 적개심의 장벽을 허물어 버렸다는 사실을 봐야 한다. 이것이 우리가 실현하기 위해 힘써야 하는 연합이다.

우리는 종종 이러한 종류의 연합을 저버리는데, 이는 복음이 우리에게 제시하는 그리스도인의 교제의 경계선을 따르기를 실패하기 때문이다. 우리는 종종 '부족과 같은'(더 나은 표현을 찾기 어렵다) 우리만의 경계선을 만들어 낸다. 우리는 복음적이지 않은 행동 강령들을 제시한다. 교리 안에서 더 연합되면 우리가 서로 더 교제하게 될 것임은 사실이다. 그러나 다른 신자들이 교리적으로 우리와 정확하게 같은 입장을 갖지 않는다고 그들과 교제하지 않는다면 우리는 잘못된 울타리를 쌓는 것이다. 이것은 컬트적 종파를 만드는 것에 불과하다. 누구도 진리를 독점하지 못한다. 우리는 다른 신자들과 공통된 부분이 많다. 우리 구원자도 동일한 분이시면 내주하시는 성령님도 동일한 분이시기에 그렇다. 진리의 덜 중요한 부분에 의견이 일치하지 않는다고 해서 우리가 이 모든 것을 내던져 버릴 수는 없다. 우리는 밝은 빛 아래에서 손을 맞잡아야 한다. 우리 입장이 서로 대조되는 부분과 조화를 이루는 부분을 명확히 하면서 말이다. 우리는 서로의 유익과 하나님의 영광을 위해 그 공통점을 크게 강조해야 한다.

나는 무엇이 우리의 공통점인지를 소개하는 커티스 C. 토마스의 목록을 좋아한다. 그는 이렇게 말한다.

보수적인, 복음주의 교회들은 기본적인 것들을 많이 공유한다. 예를 들어, 다음과 같은 것들에 대해 헌신한다. 영감 되고 무오한 하나님의 말씀, 그리스도의 신성, 오직 믿음으로 말미암아 은혜로 받는 구원, 천국과 지옥의 실재, 영적 성장의 필요성과 경건함 등 말이다. 이러한 원리들에 동료 신자들이 헌신할 때 더욱 풍성한 교제를 누리게 된다. 우리가 서로 다른 교회나 교파에 속하더라도 말이다.[3]

남침례신학교의 앨버트 몰러(Albert Molher)는 '신학적 우선순위 분류'(theological triage)라는 개념을 제시했다. 이는 그리스도인의 연합을 어떻게 추구할지 생각해 볼 때 교리적 차이를 평가하는 데 도움을 주는 개념이다. 이 '우선순위 분류'로 진리를 세 단계로 구분한다.

첫 단계에 속하는 신학적 주제들은 기독교 신앙의 가장 중심에 속하고 핵심적인 교리들로 구성된다. 이렇게 가장 중요한 교리들에 포함된 것들로는 삼위일체, 예수 그리스도의 완전한 신성과 인성, 믿음으로 말미암는 칭의, 성경의 권위 등이 있다. …
두 번째 단계의 교리들은 다음과 같은 이유로 첫 단계의 교리들과 구분된다. 믿음을 가진 그리스도인들이 이 두 번째 단계의 교리들에 대해 서로 동의하지 않을 수 있다. 비록 이 불일치가 신자들 사이에 중대한 경계선들을 만들어 낼 수 있지만 말이다. …
두 번째 단계의 주제들은 세례의 의미와 방식을 포함할 것이다. 예를 들어, 침례교도들과 장로교도들은 기독교 세례의 가장 기초적인 이해에 있어 강렬한 의견 차이를 보인다. …
세 번째 단계의 주제들은 그리스도인들이 의견이 갈리더라도 친밀한 교제를 유지할 수 있는 종류의 교리들이다. 이는 지역 교회 내에서도 발생한다. 예를 들어, 나는 종말론에 대한 대부분의 논쟁을 이 범주에 넣을 것이다.[4]

신학적 우선순위 분류를 통해 얻는 큰 유익은 그리스도인의 교제에 있어 선을 그어야만 하는 부분에 선을 긋도록 도와준다는 점이다. 기독교의 근본적인 진리들은 타협할 수 없는데, 이는 이것들을 믿지 않는다면 지옥으로 향하게 되기 때문이다. 우리는 거기에 교제의 경계선을 그어야 한다. 그리스도인의 삶과 실천에 충분히 중요한 진리들은 우리를 서로 다른 교파로 구분되게 만들겠지만, 그리스도의 복음을 위해 서로 함께 일할 많은 기회를 허용할 것이다. 이것이 바로 몰러의 요점이며, 나는 그의 견해가 좋다고 생각한다.

부차적인 문제로 서로 갈라지는 경향을 보이는 그리스도인들에 대해 안타까워하면서, R. B. 카이퍼는 이렇게 말한다.

> 개신교 교회들은 교회 회원들이 십계명이 아니라 11개 또는 12개의 계명들을 지키며 살아야 한다고 진지하게 요구하는 그리스도인들에 의해 분열되었다. 이 점에서 경건의 미덕이 가식적인 경건이라는 악덕으로 악화해 버린다. 동일한 지점에서 분파주의의 죄는 자주 그 얼굴을 드러내곤 했다. 하나님의 말씀에 비춰 '비본질적인' 문제들에 있어 교회를 분열시키는 것이 바로 분파주의의 본질이다. 이 비본질적인 문제들이란 하나님이 정죄하시지도, 명령하시지도 않은 실천을 의미한다. 더 나아가 성경의 여러 가르침을 서로 균형 있게 지키기를 실패하고 그 결과로 이 가르침

중 하나 또는 일부만을 다른 사람들에게 강조하는 행위는 그리스도의 교회의 가시적인 연합을 자주 파괴했다. 신학적 취미로 장난을 치는 것은 결코 무죄한 여흥이 아니다. 이러한 종류의 죄에 대해 교회는 회개해야 하며 이를 중단해야 한다.[5]

복음적 분열의 다른 이유

참된 신자들이 공유하는 부분이 많음에도 종종 서로 함께하기를 거부하는 이유는, **그들의 지도자들이 가진 개성의 차이가 강하기** 때문이다. 역사는 이런 예로 가득하다. 제임스 더럼(James Durham, 1622-1658)은 이를 인식하고 이렇게 말했다.

> 종종 분열은 몇몇 사람들 사이에 감정이 소원해지면서 시작된다. … 그리고 실제로 자주 문제의 핵심이 여기 있다. 사람들이 정서적으로 서로에게 만족하지 못하고, 그들이 서로를 신뢰하지 않게 된다는 점 말이다.[6]

좋은 사람들이 부차적인 문제에서 서로 의견이 갈린다. 이 부차적 문제란 그들의 강력한 감정으로, 그들이 서로에 대해 개인적으로 가진 지식이 이 감정에 연료를 공급한다. 그 결과, 그들은 자신을 따르는 그리스도인들을 그들 뒤에 세워서 싸우게 하는데,

엄격하게 말해서 이것은 그들을 따르는 이들은 관심을 두지 않는 문제들이다. 몇몇 하찮은 문제가 왜 죽고 사는 문제로 변해 버려서 뜨거운 논쟁거리가 되는지에 대한 설명은 지도자들에 대한 충성에서 찾을 수 있다. 이 지도자들이 천국에 가고 그들에게 충성을 다하지 않는 새로운 세대가 일어나면, 모두가 왜 그런 문제가 좋은 사람들 사이에 분열을 일으켰을지 궁금해하게 된다.

우리는 바울이 고린도 교회 성도들이 자신을 성찰하도록 질문함으로써 전하고자 했던 교훈을 배워야 한다. 그는 이렇게 묻는다. "내가 이것을 말하거니와 너희가 각각 이르되 나는 바울에게, 나는 아볼로에게, 나는 게바에게, 나는 그리스도에게 속한 자라 한다는 것이니 그리스도께서 어찌 나뉘었느냐 바울이 너희를 위하여 십자가에 못 박혔으며 바울의 이름으로 너희가 세례를 받았느냐"(고전 1:12-13). 이후 바울은 이렇게 요약해서 말한다. "나는 심었고 아볼로는 물을 주었으되 오직 하나님께서 자라나게 하셨나니 그런즉 심는 이나 물 주는 이는 아무것도 아니로되 오직 자라게 하시는 이는 하나님뿐이니라"(고전 3:6-7). 우리는 눈을 더 높이 들어서 인간 지도자들이 아니라 진정으로 중요한 분이신 하나님을 인지해야 한다. 우리 지도자들은 그저 그분 손안에 있는 종들일 뿐이다. 지도자들은 잠깐 있다 사라지지만, 하나님과 그분의 말씀과 그분의 나라는 변함없고 흔들리지 않는다. 우리는 무엇보다 이 하나님께 시선을 맞춰야 한다.

신자들 사이에 일어나는 분열의 또 다른 중요한 이유는 우리가 **서로 다른 전통문화** 속에서 교회 생활을 한다는 점이다. 우리는 백지상태로 교회에 오지 않는다. 우리가 과거에 겪은 사회적이고 종교적인 경험들은 우리의 기대와 판단에 영향을 미친다. "어떤 사람의 음식이 다른 사람에게는 독이다."라는 표현은 참으로 옳다. 바로 이 문제가 유대인과 이방인이 함께 모인 초대 교회를 위협했다. 그래서 사도 바울은 이렇게 말했다.

> 믿음이 연약한 자를 너희가 받되 그의 의견을 비판하지 말라 어떤 사람은 모든 것을 먹을 만한 믿음이 있고 믿음이 연약한 자는 채소만 먹느니라 먹는 자는 먹지 않는 자를 업신여기지 말고 먹지 않는 자는 먹는 자를 비판하지 말라 이는 하나님이 그를 받으셨음이라(롬 14:1-3).

바울 또한 절기를 지키는 문제에 대한 차이를 다루었다. 이 논쟁적인 주제들은 로마 교회를 분열시킬 위협이었다.

이는 우리 시대에도 동일하다. 존 맥아더(John MacArthur)는 이 구절들에 대해 이렇게 해설한다.

> 명백한 죄만이 교회의 영적 건강과 연합을 위협하는 유일한 위험인 것은 아니다. 특정 태도나 행동은 그 자체로는 죄가 아니더

라도 교회사 속에서 친교와 열매 맺음을 파괴하고 셀 수 없이 많은 교회의 사역, 증언, 연합을 망가뜨렸다. 이 문제들은 그리스도인들 사이에서 성경이 명령하지도 금지하지도 않은 문제들에 대한 견해 차이로 인해 발생한다. 이는 개인의 선호나 역사적 전통의 문제로 다른 이에게 요구되면 혼란, 갈등, 악감정, 상처받은 양심, 불화를 낳을 수밖에 없다.[7]

우리가 가진 서로 다른 사회적 배경은 정치적 입장, 예배 형식, 의복 스타일 등에 있어 매우 강한 편견을 낳는다. 우리가 가진 양심의 가책과 거리낌이 서로 다르며, 결국 서로 다투고 경멸하고 정죄하게 된다. 우리는 다른 견해를 가진 이들을 향해 무정하고 거칠고 경멸적인 언어를 사용한다. 이런 언어는 상처를 주고 관계를 파괴한다. 그러나 하나님은 자신의 교회가 다문화가 되도록 의도하셨다. 존 파이퍼(John Piper)는 이에 대한 근거를 이야기한다. "이 세상의 모든 민족 집단에 초점을 맞춤으로써 하나님은 민족 중심적 교만을 무너뜨리시고 모든 민족을 그들 자신의 어떤 특징이 아닌 하나님의 값없는 은혜 위에 다시 세우신다."[8]

복음주의자들 사이에 일어나는 불화의 또 다른 원인은 **용서하지 못하는 마음**이다. 우리는 완전할 수 없고 여전히 그리스도 안에서 믿음으로 성화하고 있어서 서로를 잘못된 방식으로 대할 수 있다. 아프리카에는 다음과 같은 속담이 있다. "서로 가까이 있는 나무들은 가지들이 부딪치게 될 것이다." 이것은 피할 수 없는 일이다. 우리는 서로에게 좋게 봐줘도 현명하지 못하고 심하게는 명백히 죄가 되는 말과 행동을 할 것이다. 이는 형제자매들에게 상처를 줄 것이다. 어떤 상처는 다른 것들보다 치유하는 데 더 오래 걸린다. 상처받은 이들은 종종 원한을 품고 다니다가 결국 형제의 머리 위에 앉은 파리를 잡기 위해 4.5킬로그램짜리 망치를 휘두르려 한다. 해결되지 않은 문제로 인해 상처받은 자존심을 간직한 이들에 의해 교제가 파괴된다. 사람들은 자신들에게 상처를 준 이들과 대화로 문제를 해결하기를 거부한다. 그래서 그들은 어디를 가든 자신들을 공격한 사람들을 향한 쓴 뿌리를 계속 퍼뜨린다.

이것이 바로 바울이 빌립보서 4장 2-3절에서 "참으로 나와 멍에를 같이한" 사람이라고 표현한 대상에게 다음과 같이 호소했던 중요한 이유다.

> 내가 유오디아를 권하고 순두게를 권하노니 주 안에서 같은 마음을 품으라 또 참으로 나와 멍에를 같이한 네게 구하노니 복음에 나와 함께 힘쓰던 저 여인들을 돕고 또한 글레멘드와 그 외에 나의 동역자들을 도우라 그 이름들이 생명책에 있느니라(빌 4:2-3).

바울은 단호하게 말하고 있다. 우리는 개인적 다툼의 싹을 초기에 잘라 내도록 도울 필요가 있다. 이러한 불화는 종종 두 개인을 넘어 쉽게 교회 전체를 휩쓸어 버린다. 그리고 그 회중으로부터 시작된 서로 간의 다름이라는 동심원이 점점 커지면서 성도들 사이에 분열을 일으킨다. 다른 곳에서는 이를 "쓴 뿌리"라고 부른다. 히브리서는 이에 대해 이렇게 경고한다. "너희는 하나님의 은혜에 이르지 못하는 자가 없도록 하고 또 쓴 뿌리가 나서 괴롭게 하여 많은 사람이 이로 말미암아 더럽게 되지 않게 하며"(히 12:15). 우리는 종종 이것의 영향을 과소평가하기에 그에 걸맞은 주의를 기울이지 않는다.

너무 많은 그리스도인이 그들과 별 상관없는 문제로 싸운다. 그들은 단지 친분이 있는 사람들이 **교회에서 적이라고 여기는 이들**에게 앙갚음하려고 할 때, 의리 때문에 그렇게 한다. 이러한 적대감은 어떤 문제가 반드시 다뤄져야 하며, 그렇지 않으면 기독교 신앙이 치명적인 타격을 받을 것이라는 주장 아래 가려져 있다. 하지만 이에 따라 발생하는 소동의 정도와 해당 문제 자체의 중요성을 비교해 본다면, 누구나 더 깊이 내재하는 다른 문제가 있음을 금방 깨닫게 된다. 촉발되는 다툼의 뜨거움은 당면한 문제에 비례하지 않는다. 종종 개인적 원한이 기차 전체를 협곡으로 몰아간다. 이것은 반드시 멈춰야 한다.

비방이라는 죄는 이러한 불화를 종종 악화시키는 쐐기가 된다. 이는 단순한 험담이나 소문 퍼뜨리기를 넘어선다. 비방은 다른 사람의 명성을 손상하기 위해 거짓되거나 확인되지 않은 정보를 전달하려는 내적 욕망에 이끌려 행해진다. 이는 악의의 열매다. 사람들은 진영을 갈라 서로 다툴 때, 문제가 된 지점에 대해 싸울 뿐 아니라 적으로 여기는 이들에게 타격을 입힐 정보를 찾아 헤매거나 그 정보를 기꺼이 손에 쥐려 한다. 그들은 자신들의 적대자들이 얼마나 위선적이거나 무분별하거나 도덕적으로 타락했는지를 보여 준다고 여겨지는 이야기를 환영한다. 이러한 무기를 손에 넣는 즉시 그들은 재빠르게 그것에 날개를 달아 퍼뜨린다. 그 이야기가 진실인지 확인하려는 노력은 전혀 없다. 그런 소식이 상대방의 사역에 어떤 영향을 미칠지도 신경 쓰지 않는다. 사실, 정보 제공자가 확신하지 못하는 듯한 표현('아마도', '혹시')을 사용한 경우라고 할지라도, 이를 다시 말할 때 그런 소극적인 단어들은 생략되며 이제 소문은 진실인 것으로 전해지게 된다.

비방은 다른 이들의 죄에 대한 고발이지만 그 자체로 회개해야 하는 죄다. 하나님의 자녀의 입술로 해서는 결코 안 되는 추한 행동이다. 비방하는 이 중 으뜸은 사탄이다. 찰스 해돈 스펄전(Charles Haddon Spurgeon)은 사탄에 대해 이렇게 경고한다.

사탄은 늘 그리스도인의 교제를 미워한다. 그리스도인들을 분리하는 것이 그의 전략이다. 그는 성도들을 분열시키는 일이라면 무엇이든 기뻐한다. 그는 우리보다 더 경건한 이들의 교제가 중

요하다고 여긴다. 연합이 강력하여 그는 최선을 다해 분열을 조장한다.[9]

우리는 결코 사탄과 뜻을 같이하거나 그의 지침을 따라서는 안 된다. 사도 바울은 이렇게 말했다. "너희는 모든 악독과 노함과 분냄과 떠드는 것과 비방하는 것을 모든 악의와 함께 버리고 서로 친절하게 하며 불쌍히 여기며 서로 용서하기를 하나님이 그리스도 안에서 너희를 용서하심과 같이 하라"(엡 4:31-32).

비방은 사라져야 한다. 비방의 뿌리는 용서하지 못하는 마음이다. 이것은 우리가 그리스도의 몸 안에서 추구해야 하는 연합에 아주 큰 타격을 입힌다. 그러므로 이를 빠르게 회개할수록 우리 모두에게 유익하다. 야고보는 이에 대해 "형제들아 서로 비방하지 말라"(약 4:11)라고 명료하게 말했다. 이보다 더 명확한 사실은 없다.

복음적 연합을 유지하는 데 유익한 활동

우리는 하나님의 백성으로서 연합을 유지하기 위한 몇 가지 실천 방법에 대해 고찰해야 한다. 다음과 같은 것들이 있다.

1. 우리는 복음 및 기독교 진리 일반을 아는 지식에서 자라 가

야 한다. 믿음 안에서의 연합은 멋진 느낌, 좋은 음악, 모호한 말을 토대로는 깊어질 수가 없다. 이런 것들은 세상 어디서나 얻을 수 있다. 이것들은 피상적이기에 풍성하고 영속적인 연합을 유지할 수 없다. 그리스도인의 연합은 진리에 기초한다. 더 많은 진리를 공유할수록 서로를 향한 친밀함도 깊어진다. 이것이 1장과 2장에서 하나님이 우리의 연합을 보증하기 위해 무엇을 하셨는지를 먼저 살펴보는 방식으로 이 책을 시작한 이유다. 이것은 그리스도인의 연합이 세워지기 위한 교리적 기반이다. 이 토대가 없다면 신자들 사이의 어떤 형태의 연합도 불안정하다. 오래 버틸 수 없을 것이다. 우리가 깊이 있고 영속적인 연합을 경험하려고 한다면, 그리스도인이 이런 교리적 진리에 대해 깊이 숙고하도록 해야 한다.

  이것이 바로 하나님이 말씀과 교리에 힘쓰는 교회 장로들을 주신 이유다. 이를 통해 신자들은 기독교 진리를 아는 지식에서 자라 갈 수 있게 된다. 이런 일을 통해 사탄의 공격에 저항할 수 있게 하는 연합을 이루어 서로와 세상을 향해 사역하게 된다. 사도 바울은 이를 염두에 두고 다음과 같이 말했다.

그가 어떤 사람은 사도로, 어떤 사람은 선지자로, 어떤 사람은 복음 전하는 자로, 어떤 사람은 목사와 교사로 삼으셨으니 이는 성도를 온전하게 하여 봉사의 일을 하게 하며 그리스도의 몸을 세우려 하심이라 우리가 다 하나님의 아들을 믿는 것과 아는 일에 하나가 되어 온전한 사람을 이루어 그리스도의 장성한 분량이 충만한 데까지 이르리니(엡 4:11-13).

이 믿음의 연합은 교리적 연합이다. 이것은 신자들이 그들의 목자들에게 정기적으로 가르침을 받을 때 이루어진다. 이 부분에서 열매를 맺는 것이 사역에 필요하다. 이를 통해 그리스도의 몸이 양적인 동시에 질적으로 성장하게 된다.

"교리는 분열을 일으키지만, 사랑은 연합시킨다."라는 말은 사람들이 교만하고 알력 다툼을 조장할 때만 해당한다. 즉, **사람들이** 교리를 잘못 사용해서 스스로 분열되는 것이다. 때때로 교리는 구원에 이르는 진리를 추구하는 이들과 심각한 오류에 빠진 이들 사이에 분열을 일으킨다. 교리는 참 복음을 믿는 이들과 이단을 조장하는 이들 사이를 분열시키기도 한다. 이러한 종류의 분열은 비록 안타까운 일이지만 받아들여야 한다. 이렇게 두 집단으로 나뉠 때 한 집단은 선교사들로 구성되고 다른 한 집단은 선교 대상이 되기에 그렇다. 왜 이 둘이 어둠 속에서 손을 잡고 있어야 하는가? 성령의 열매는 사람들이 진정으로 겸손해지게 하며, 배우기를 진심으로 원하는 이들을 오래 참게 해 준다. 분열 대신 하나님의 진리를 중심으로 삼아 아름다운 친교가 늘 자라가게 된다. 성령으로 충만한 이는 교회 안에 있는 이단에 대해 무관심하지 않다. 오히려 그들은 이단적인 교사들에 의해 일어나는 분열이 끝나도록 끊임없이 기도한다.

2. 우리는 다른 신자들을 향한 사랑과 염려에 있어서 자라 가야 한다. 사도 바울은 상상할 수 있는 온갖 장애물(지도자들의 개성, 우상에게 바쳐진 음식, 성만찬, 영적 은사 등)로 인해 고린도 교회 내에 분열이 일어난 것을 알게 되었을 때, 이러한 장애물을 극복할 원리를 성도들에게 제시했다. 그중에서도 특히 영적 은사를 두고 다투는 데 대한 원리를 가르쳤다. 바울은 이렇게 말한다.

> 너희는 더욱 큰 은사를 사모하라 내가 또한 가장 좋은 길을 너희에게 보이리라 …
> 내가 사람의 방언과 천사의 말을 할지라도 사랑이 없으면 소리 나는 구리와 울리는 꽹과리가 되고 …
> 사랑은 오래 참고 사랑은 온유하며 시기하지 아니하며 사랑은 자랑하지 아니하며 교만하지 아니하며 무례히 행하지 아니하며 자기의 유익을 구하지 아니하며 성내지 아니하며 악한 것을 생각하지 아니하며 불의를 기뻐하지 아니하며 진리와 함께 기뻐하고 모든 것을 참으며 모든 것을 믿으며 모든 것을 바라며 모든 것을 견디느니라 사랑은 언제까지나 떨어지지 아니하되 …
> 그런즉 믿음, 소망, 사랑, 이 세 가지는 항상 있을 것인데 그중의

제일은 사랑이라(고전 12:31; 13:1, 4-8, 13).

교회의 분열을 예방하는 열쇠는 성경적 사랑이다.

사람들이 서로에게 상처를 입힐 때, "사랑은 허다한 죄를 덮느니라"(벧전 4:8)라는 말씀을 기억해야 한다. 참된 기독교적 사랑이 있다면 형제자매를 다툼의 길로 이끄는 악덕을 하나님께 영광 돌리는 은혜의 분위기 속에서 해결할 수 있다. 하나님은 우리가 서로 사랑하라고 명하셨다. 이 사랑을 통해 우리는 서로를 높이고, 화목하게 살아가며, 서로를 받아 주고, 서로의 의견에 동의를 표하고, 서로를 섬기고, 인내하고, 친절을 베풀고, 용서하고, 서로에게 복종하고, 격려하고, 자신의 죄를 고백하고, 서로를 위해 기도하고, 서로를 환대하는 등의 실천을 하게 된다. 이것들은 그리스도인의 연합의 깊이를 보여 주는 태도와 행동이다. 이 연합은 깊다. 우리가 신자로서 서로의 연합을 추구한다면 우리는 의도적으로 서로 사랑하려고 노력할 필요가 있다.

이것을 완전하게 보여 주는 예를 우리 주 예수 그리스도로부터 발견할 수 있다. 바울은 빌립보 교회 성도들에게 이렇게 말했다.

그러므로 그리스도 안에 무슨 권면이나 사랑의 무슨 위로나 성령의 무슨 교제나 긍휼이나 자비가 있거든 마음을 같이하여 같은 사랑을 가지고 뜻을 합하며 한마음을 품어 아무 일에든지 다툼이나 허영으로 하지 말고 오직 겸손한 마음으로 각각 자기보다 남을 낫게 여기고 각각 자기 일을 돌볼뿐더러 또한 각각 다른 사람들의 일을 돌보아 나의 기쁨을 충만하게 하라 너희 안에 이 마음을 품으라 곧 그리스도 예수의 마음이니(빌 2:1-5).

바울은 이어서 낮아지셨다가 다시 높아지신 그리스도에 관해 설명한다. 그분은 우리의 구원자인 동시에 본보기가 되신다. 우리가 그분의 발걸음을 따라간다면 그리스도인의 연합이 꽃피우게 되는 환경을 조성하게 될 것이다.

3. 우리는 하나님의 백성을 만날 기회를 무시해서는 안 된다.
그리스도인이 서로를 당연하게 여기고 함께하려는 노력을 특별히 하지 않는다면 친교가 사라지게 된다. 과학 기술이 소통의 장벽을 놀라운 방법으로 넘어서게 해 주었지만, 이것은 같은 장소와 시간에서 동료 신자들과 함께하는 것을 결코 대체하지 못한다. 예루살렘에 있던 초대 교회는 다음과 같이 묘사된다는 점을 주목하지.

> 그들이 사도의 가르침을 받아 서로 교제하고 떡을 떼며 오로지 기도하기를 힘쓰니라 … 믿는 사람이 다 함께 있어 모든 물건을 서로 통용하고 … 날마다 마음을 같이하여 성전에 모이기를 힘

쓰고 집에서 떡을 떼며 기쁨과 순전한 마음으로 음식을 먹고(행 2:42, 44, 46).

이러한 모임 가운데 당신은 동료 신자들을 알게 되고 그들도 당신에 대해 알게 된다. 당신은 그들의 필요가 뭔지 보게 되고 그들의 필요를 채우기 위해 행동할 수 있다. 초대 교회에서 그랬듯이 말이다. 우리가 서로를 알아 가면 다른 이들이 비방과 고발을 통해 우리 사이에 균열을 일으키기 어려워진다. 우리가 서로 함께 시간을 보내지 않는다면 그들이 우리 사이에 분열을 일으키기가 더 쉬워진다.

비록 우리 친교의 주된 장은 지역 교회지만, 우리는 지역 교회 너머 다른 신자들과 대면하고 친교를 누려야 한다. 목회자들은 그들 지역의 다른 목회자들을 만나 친교의 시간을 만들기 위해 노력해야 한다. 커티스 C. 토마스가 이렇게 말했듯이 말이다.

각 지역에 목회자들이 서로 알아 갈 수 있는 복음주의 사역 연합들이 있어야 한다. 이러한 모임으로부터 교회가 함께 일하도록 돕고 그리스도의 보편적 몸이 연합하게 될 방책들이 나타나게 된다. 분열되어 갈수록 우리는 세상의 구경거리가 되어 버린다. 우리가 사랑 안에 연합할수록 세상은 더욱더 그리스도를 보게 된다.[10]

그리스도인들은 지역 콘퍼런스와 캠프를 찾아보고 거기에 참석할 시간을 내야 한다. 우리가 다른 교회, 심지어 다른 교파의 신자들과 얼마나 많은 공통점이 있는지 발견하는 것은 놀라운 일이다! 이러한 깨달음은 그리스도인의 연합을 더욱 깊게 만든다. 우리는 다음과 같은 히브리서의 호소에 주의를 기울여야 한다. "서로 돌아보아 사랑과 선행을 격려하며 모이기를 폐하는 어떤 사람들의 습관과 같이 하지 말고 오직 권하여 그날이 가까움을 볼수록 더욱 그리하자"(히 10:24-25). 여기서 우리가 서로 격려하는 "선행"이 바로 다음 장의 주제다. 우리는 복음의 대의를 위해 함께 힘쓰는 이들이기 때문이다.

chapter 4

복음 사역 속에서 연합이 증거된다

우리가 그리스도인으로서 굳건하게 한마음이 될 때 추구하는 목적이 있다. 바로 주 예수 그리스도의 복음을 함께 알리는 것이다. 우리가 친교 속에서 이루는 연합은 영적 전쟁에 있어 서로를 단결시킨다. 이것이 바로 이 책에 영감을 준 말씀을 기록한 바울이 염두에 두었던 원리다. 바로 이 말씀이다. "오직 너희는 그리스도의 복음에 합당하게 생활하라 이는 내가 너희에게 가 보나 떠나 있으나 너희가 한마음으로 서서 한뜻으로 복음의 신앙을 위하여 협력하는 것과"(빌 1:27). 빌립보 교회 성도들이 한마음 한뜻으로 서 있을 때 그들은 신앙을 위해 나란히 힘쓰게 될 것이다. 궁극적으로 이것은 우리의 목표가 되어야 한다. 존 S. 해밋(John S.

Hammett)은 이를 이렇게 설명한다.

> 지역 교회들은 그들이 보편 교회의 한 주님과 한 신앙을 붙드는 정도에 따라 보편 교회의 하나 됨에 참여한다. … 이러한 연합은 한 지역 교회가 복음의 신앙을 고백하는 다른 지역 교회들, 즉 하나 되었다고 볼 수 있는 그 교회들과 어떻게 상호 작용을 하는지를 통해 표현되어야 한다.[1]

성도들의 모임과 완전함을 위한 연합

웨스트민스터 신앙고백서의 저자들은 복음 사역에 있어 연합이 필요하다는 점을 그들이 교회에 대한 교리를 진술할 때 다뤘다. 그들은 보편 교회가 무엇인지 정의했을 뿐 아니라, 그리스도께서 이 보편 교회에 복음을 전파할 책임을 주셨다고 명시했다. 신앙고백서 25장에서는 다음과 같이 말한다.

> 2. 복음 아래 공교회(catholic)적이거나 보편적인 가시적 교회(율법 아래 있던 때처럼 한 나라에 제한되지 않는다)는 온 세상에 퍼져 참 신앙을 고백하는 모든 사람과 그들의 자녀들로 구성된다. 이 교회는 주 예수 그리스도의 왕국, 하나님의 집이자 가족이다. 이 교회 밖에서는 통상적으로 어떠한 구원의 가능성도 없다.

3. 그리스도께서는 이 가시적 공교회[2]에 하나님의 사역, 계시, 규례를 주셨다. 이는 이 땅에서 세상 끝 날까지 성도들을 모으고 완전케 하기 위함이다. 그리고 그리스도께서는 자신의 약속대로, 자신의 임재와 성령으로 이것들을 효력 있게 만드신다.[3]

우리는 자녀들이 교회에 포함되어야 하는지를 두고 의견 차이가 있을지 모른다. 그러나 모든 참된 그리스도인들은 이 신앙고백서의 저자들이 "그리스도께서는 이 가시적 공교회에 하나님의 사역, 계시, 규례를 주셨다. 이는 이 땅에서 세상 끝 날까지 성도들을 모으고 완전케 하기 위함이다."라고 가르친 것에 대해 쉽게 동의할 것이다. 그렇기에 단순하게 우리 사이의 친교를 보존하는 정도로는 충분하지 않다. 우리는 주 예수 그리스도께서 역사의 끝에 다시 오실 때까지 이 땅에서의 하나님 나라의 확장을 목표로 하나님의 사역을 함께 해 나가야 한다.

몇 가지 필수적 전제

우리가 복음 사역에 힘쓰기 위해 함께 일하려면 복음에 대한 공통된 이해가 있어야 함이 당연하다. 이것은 최소한으로 요구되는 필수적 기초다. 그래서 이전 장에서 이를 강조했다. 오직 은혜로만, 오직 믿음으로만, 오직 그리스도 안에서만 구원받는다고 믿는 이들은 우리의 선행이 구원에 있어 하나님의 호의를 공로로 얻을 수 있다고 생각하는 이들과 복음 사역을 함께 할 수가 없다. 이 두 견해는 완전히 상반된다. 첫 번째 견해를 가진 이들에게 있어 선행으로 쌓는 공로가 하나님의 구원하시는 은혜를 얻는 방법이라고 제시하는 이들은 사실 선교 대상이다. 우리는 그들이 구원에 이르도록 돕기를 원한다. 그렇기에 우리는 그들과 함께 사역할 수 없다. 이것이 바로 우리가 자신을 '그리스도인' 또는 '교회'라고 주장한다고 해서 다 손잡고 협력하지는 않는 이유다. 우리는 신앙을 고백하는 그리스도인이 예수 그리스도의 복음을 어떻게 이해하고 있는지 알아야 한다.

복음 사역에서 팀워크는 교회와 그리스도인들이 정기적으로 친교를 나누고 있음을 전제로 한다. 나는 이미 이러한 친교가 섬김과 사역에서 우리가 함께할 수 있는 토대가 된다고 주장했다. 이러한 친교 안에서 서로 강력한 연대를 형성할 수 있으며 복음을 위해 풍성히 힘쓸 수 있도록 서로 도움이 되는 각자의 은사와 재능을 발견할 수 있다. 당신은 교제를 나눌 때 다른 이들이 주님을 향해 갖는 사랑과 주님을 따르고자 하는 그들의 열정을 느끼게 된다. 모든 면에서 의견이 일치하지는 않을 수 있지만, 그들과 마음이 맞는다는 점을 보게 되고 그들과 함께 섬기고 싶어 하게 된다. 그들을 존경하게 된다. 함께 섬기면서 그들로부터 배우고 싶어 하게 된다. 그들이 당신의 삶을 영적으로나 다른 많은 면에서 풍성하게 만들어 줄 수 있음을 깨닫게 될 것이다. 성도들과의 정기적인 친교가 당신에게 이런 것들을 가져다줄 것이다.

같은 교회의 일원들 사이에서 이러한 친교는 정기적으로 만날 것을 전제로 한다. 다른 교회에 있는 그리스도인들과 함께 시간을 보내는 것은 의도적인 노력이 필요하다. 우리에게는 다른 교회의 성도들과의 친교가 종종 부족하고, 이것은 서로의 삶을 풍성하게 할 기회를 앗아간다. 개별 교회 밖의 그리스도인들을 의미 있는 방식으로 알아 가려면 우리가 속한 지역 교회들의 범위를 넘어서는 기독교 콘퍼런스나 세미나에 참여할 시간을 낼 필요가 있다. 사실 이런 장소가 우리가 함께 노력할 수 있는 곳이다. 우리는 다른 교회의 그리스도인들과 콘퍼런스나 복음주의 캠페인을 조직할 수 있다.

나는 대학 시절 캠퍼스에서 국제복음주의학생회(International Fellowship of Evangelical Students, IFES) 모임에 속한 다른 교파 신자들과 정기적인 친교를 나누는 가운데 얼마나 내 영적 삶이 풍성해졌는지를 결코 잊을 수 없다. 우리는 종종 교리 문제로 논쟁했고, 때로는 현명하지 못한 방식으로 그렇게 했지만, 그 시절 형성된 유대감은 거의 반세기 동안 지속되었다. 우리는 성경 공부와 기도를 위해 모였을 뿐 아니라 복음주의 캠페인을 함께 조직했다. 우리는 그 당시 많은 동료 학생이 그리스도 안에서의 회개와 믿음으로 나아오는 것을 목격했다. 우리는 우리가 동일한 복음을 믿고 있음을 알았고 그리스도를 알고 그분을 전하기 위해 함께 힘썼다. 이로 인한 한 가지 열매는 학생 시절이 지난 지 한참 후에도 우리가 서로를 불러 전국의 다양한 기독교 사역에 함께 참여했다는 것이다. 대학 시절에 이러한 깊은 영적 유대를 형성하지 않았다면 이런 일은 결코 없었을 것이다. 우리가 그리스도인의 교류를 우리 교회나 교단 내의 사람들로만 제한하면 우리는 자신을 빈곤하게 만들 수밖에 없다.

찰스 해돈 스펄전은 교회 연합의 결핍에 대해 한탄했다. 그 결과 그리스도를 위해 이룬 것이 너무 적게 되었기 때문이다. 그는 한 설교에서 이렇게 말했다.

> 그리스도의 교회는 항상 다투고 있다. 하지만 당신은 사탄과 그의 동료들이 다투는 것을 들어 본 적이 있는가? … 그들은 너무나 단결되어 있어서, 만약 어느 특별한 순간에 거대한 … 지옥의 군주가 자기 군대의 모든 병력을 한 특정 지점에 집중하게 하고자 한다면, 그것은 시계 초침이 움직이는 순간 이루어지고, 그가 승리할 가능성이 가장 크다고 판단되는 바로 그 순간에 유혹이 최대의 힘으로 다가온다. 아, 우리가 하나님의 교회에서 이와 같은 일치됨을 가졌다면, 우리 모두 그리스도께서 인도하시는 손가락을 따라 움직였다면, 모든 교회가 … 어떤 특정한 악을 공격하기 위해 하나의 거대한 병력을 움직일 수 있다면, … 우리가

얼마나 더 쉽게 승리할 수 있을까! 하지만, 아아, … 지옥의 세력은 일치단결에 있어서 우리를 훨씬 능가한다.[4]

그리스도를 위해 함께 일할 영역

우리가 우리 왕이신 주 예수 그리스도께 마땅히 드려야 할 노력을 함께할 수 있는 영역이 있다. 몇 가지를 나열해 보겠다.

1. **책 출판.** 매우 적은 교회만이 내부 출판 사역을 시작할 재정적 능력과 문학적 은사를 갖고 있다. 만일 우리가 오늘날 명확한 사고와 건전한 신학을 지닌 이에 의해 저술된 좋고 탄탄한 책들을 출판하려면, 우리는 지역 교회의 경계를 넘어서 재정적, 인적 자원을 함께 모아야 한다. 이는 종교개혁 이후 역사 속에서 일어난 일이다. 인쇄기의 도움으로 그리스도인들은 자신들의 재능을 모아 출판사를 세우고 가능한 한 많은 가정에 말씀, 특히 성경 자체를 전달했다. 이를 위해 히브리어와 헬라어 전문가들, 그리고 성경이 번역되는 언어의 전문가들을 모으는 일이 필요해졌다. 또한 하나님의 말씀을 사랑하고 이 말씀이 이를 간절히 읽을 필요가 있는 사람들에게로 전해지기를 원하는 후원자들이 필요해졌다. 이것은 그리스도인들이 그들의 작은 차이를 제쳐 두고 더 큰 공동선을 위해 함께 노력하려고 했기에 이루어질 수 있었다.

2. **신학적 훈련.** 교회는 지도자들이 어떠하냐에 따라 세워지기도 하고 무너지기도 한다. 그러므로 어느 교회든 간에 목회자나 다른 교회 지도자들을 훈련하기 위한 좋은 기반을 마련해 두는 것은 매우 중요하다. 일부 교회들은 자체적으로 그러한 훈련 기회를 제공할 재정적 능력과 전문적인 지식을 갖추고 있지만, 이는 매우 드문 경우다. 대부분은 교회가 서로 자원을 모아야 이것이 가능해진다. 목회 및 신학 훈련의 특성상 교리적으로 더 하나 될수록 함께 일할 가능성이 더 커진다. 그러나 공동 훈련 기구를 만들 수는 없더라도 여전히 성경 원어와 같이 의견이 일치하는 과목에 있어서는 강사를 공유할 수 있다. 각 분야의 전문가가 되려면 수년이 걸린다. 어떤 이들은 저술 활동을 통해 멀리서도 우리를 가르칠 수 있다. 또 어떤 이들은 우리 교회를 방문할 수 있는 가까운 거리에 있기도 하다. 그들을 강의하도록 초청해서 당신 교회 성도들과 다른 교회들에 유익을 끼쳐야 하지 않겠는가? 우리는 모두 이를 통해 더 풍성해질 수 있다.

3. **의료 및 교육 기관.** 복음이 전 세계에 전파된 곳마다 의료 및 교육 기관을 통해 사람들의 생활이 풍요로워졌다. 이런 의미에서 사람들이 반드시 그리스도인이 되지 않더라도 기독교 신앙은 그들의 삶의 질을 향상했다. 이러한 기관들은 기독교에 대해 회의적인 많은 사람에게 하나님의 사랑을 확신시켜 주었다. 기독

교인들이 연민 어린 마음으로 봉사하는 모습을 보았기 때문이다. 심지어 기독교 신앙에 반대하는 국가 정부들도 자신들의 국민이 이로부터 혜택을 받는다는 것을 알았기에 이러한 기관들을 허용했다.

선교지에서 이러한 기관들을 세워 나가려면 건물을 짓고 다양한 교회 배경을 가진 인력을 고용해야 한다. 또한 의료용품과 같은 소모품의 지속적인 공급도 필요하다. 기독교인들은 이러한 기관들을 지원하고 동역하는 데 함께 힘써야 한다. 출판 및 신학 교육과 마찬가지로 매우 소수의 교회만이 이러한 일들을 독자적으로 해낼 수 있다. 그렇기에 개별 교회를 넘어 여러 신자가 함께 협력해야 이러한 일들을 성공적으로 수행할 수 있다.

4. **사회적 병폐에 맞서기.** 우리는 죄가 사회 구조 안에 스며든 타락한 세상에서 살아간다. 죄악 된 길을 걷는 이들은 대중의 마음을 장악하기 위해 자신들의 생각을 고집스럽게 타인에게 강요하곤 한다. 교회는 복음을 전파하고 이를 통해 삶의 변화를 일으키도록 부름 받았지만, 다양한 교파의 그리스도인들은 지역 사회의 사회적 병폐를 해결하기 위해 함께 일해야 한다는 사실을 금방 깨닫게 된다. 포르노그래피와 도박 업소가 허가되어 사회의 도덕적 타락을 초래한다. 마약 밀매 업자들은 순진한 젊은이들을 속여 중독되게 만든다. 태아들이 낙태된다. 정부 관료들은 권력

을 유지하기 위해 기본적 인권을 짓밟는다. 이를 보고 양심에 찔린 그리스도인들은 사회에 나서서 명백히 잘못된 것에 맞서 목소리를 내게 된다.

이러한 상황에서 그리스도인들은 하나님의 말씀과 복음에 대한 동일한 이해를 토대로 공동의 가치관이 있으므로 사회에서 서로 연대해야 한다. 그들은 조직을 만들고 캠페인을 통해 함께 일할 수 있다. 이것이 바로 수 세기에 걸쳐 노예 제도와 노예 무역을 폐지한 방법이다. 이는 그리스도인들의 수가 늘어나면서 그들이 지역 교회의 경계를 넘어 오랫동안 합심하여 노력한 결과였다. 이 세상의 정부 기관들이 유대-기독교 가치관에 대해 점점 더 비관용적이 되어 가는 상황에서, 우리는 앞으로 더욱 협력해야 할 필요성을 느끼게 될 것이다.

커티스 C. 토마스는 이러한 기회들에 대해 다음과 같이 요약한다.

지역 교회들은 하나님을 영화롭게 하는 활동을 촉진하기 위해 힘을 합칠 때 더 많은 일을 이뤄 낼 수 있다. 이러한 활동 중에는 빈곤층을 위한 지역 사역, 지역 전도팀, 공동 사경회, 종교개혁 기념 주일 행사, 설교자 휴가 대체 지원, 지역 사회를 돕기 위한 프로그램, 낙태 문제에 대안을 제공하는 사역, 공직에 출마하는 그리스도인들에 대한 공동의 지원, 여러 교회가 함께하는 소풍이나 기타 야외 활동, 합심 기도회 등이 있다. 우리가 지역 사회에 견고하고 집단으로 결속된 증인이 되기 위해 할 수 있는 일이 아주 많다.[5]

정직함과 투명함의 필요성

우리가 이 세상에서 그리스도의 뜻을 따르기 위해 함께 노력하려면 정직하고 투명해야 한다. 신뢰가 깨어지는 것만큼 그리스도인들 사이의 협력을 저해하는 문제는 없다. 이런 일은 기관을 운영하도록 주어지는 다른 이들의 재정적 도움을 개인의 이익을 위해 사용하기 때문에 발생한다. 이런 일을 행하는 사람은 자신의 이기심으로 인해 얼마나 큰 해를 끼치는지 별로 신경 쓰지 않는다. 이런 종류의 문제는 종종 충분한 책임 구조가 없을 때 발생하며, 조직의 자금이 발각되지 않은 채 유용되거나 제재를 받지 않을 수 있다.

책임 구조가 있을 때 일을 하고 자금을 사용하는 과정에서 투명성이 요구된다. 자금을 제공한 이가 이에 대한 회계 보고를 요구하면 되는 지역 교회에서는 정직성과 투명성을 확보하기가 쉬운 편이지만, 지역 교회를 넘어서는 기관이나 조직에서는 이런 일이 쉽지 않다. 이것이 바로 많은 신자가 자신들의 교회 내의 행사와 활동에만 참여하고 이를 돕는 이유다. 그들은 이렇게 하는 것이 더 안전하다고 느낀다. 감사하게도 하나님의 은혜가 풍성하게 넘치는 곳에서는 그리스도인들이 정직함을 추구하며 투명해지기를 두려워하지 않는다. 이는 세계 각지에 사는 신자들이 함께 일할 수 있는 능력을 지속해서 키우는 결과를 낳는다.

사도 바울의 예

나는 사도 바울의 삶을 살펴보는 것으로 이 장을 마무리하려고 한다. 특별히 이 세상에서 그리스도의 지상 사명을 위해 다른 신자들과 함께 일하는 것에 있어서 우리가 그에게서 무엇을 배울 수 있는지 다룰 것이다. 바울은 교회를 세우러 여기저기 다니면서 여러 교회의 신자들과 교류했다. 이때 원래는 다양한 교회에 소속되어 있던 사람들이 사도 바울의 여행 동반자가 되어 그의 선교팀의 일원이 되었다. 예를 들어, 바울이 에베소의 장로들에게 작별 인사를 할 때 바울의 팀에 소속된 이들에 대해 누가가 나열한 목록에는 "베뢰아 사람 부로의 아들 소바더와 데살로니가 사람 아리스다고와 세군도와 더베 사람 가이오와 및 디모데와 아시아 사람 두기고와 드로비모"(행 20:4)가 있었다. 이것은 정말로 범교회적인(interchurch) 팀이었다! 이 사람들은 바울의 사역에서 각각 구별된 임무를 수행했고, 그들로 인해 바울은 지상에서 그리스도 왕국의 확장을 위해 많은 일을 할 수 있었다. 바울이 유럽에 있는 교회로부터 받은 헌금을 가지고 유대 지방에 있는 교회를 방문하러 갈 때도 그는 범교회적 사역팀과 함께 일했다. 그는 이렇게 말했다.

> 너희를 위하여 같은 간절함을 디도의 마음에도 주시는 하나님께 감사하노니 … 또 그와 함께 그 형제를 보내었으니 이 사람은 복음으로써 모든 교회에서 칭찬을 받는 자요 … 또 그들과 함께 우리의 한 형제를 보내었노니 우리는 그가 여러 가지 일에 간절한 것을 여러 번 확인하였거니와 이제 그가 너희를 크게 믿으므로 더욱 간절하니라 디도로 말하면 나의 동료요 너희를 위한 나의 동역자요 우리 형제들로 말하면 여러 교회의 사자들이요 그리스도의 영광이니라(고후 8:16, 18, 22-23).

바울은 다양한 교회에서 팀을 모아서 범교회적 사역을 가장 잘 수행할 수 있게 하는 법을 알고 있었다. 우리는 그의 본보기를 통해 많은 것을 배울 수 있다.

또한 바울은 이 땅에서 하나님 나라를 위해 다른 이들과 함께 일하면서 몇 가지 고통스러운 경험도 했다. 아마도 그중 가장 잘 알려진 일은 그와 바나바가 안디옥에서부터 선교 여행을 시작한 이후 밤빌리아에서 요한 마가에 의해 버림받은 사건일 것이다. 사도행전 13장은 이런 일이 일어난 이유를 말하지 않지만, 15장에서 바나바가 요한 마가를 선교팀으로 다시 데려오려고 했을 때 바울은 이를 거절했다. 그리고 이 일은 경건한 이 둘 사이에 심각한 의견 충돌을 일으켰다. 이렇게 그들의 동역 관계는 끝나게 된다. 그러나 바울과 요한 마가가 나중에 화해하게 된다는 증거가 있다. 바울은 마지막 서신에서 이렇게 말한다. "누가만 나와 함께 있느니라 네가 올 때에 마가를 데리고 오라 그가 나의 일에 유익하니라"(딤후 4:11). 이로부터 무엇을 배울 수 있을까? 이것은 하나님이 자기 일을 이루시기 위해 완벽한 사람들을 사용하시는 것이 아니라는 사실을 보여 준다. 때로는 우리가 한동안 떨어져 있을 때 더 일을 잘할 수 있다. 또한 우리는 서로 화해를 위해 기도해야 한다. 그래야 하나님 나라의 사역을 확장하기 위해 다시 함께 수고할 수 있다.

바울이 사역에서 경험한 또 다른 실망스러운 사건은 그 끝이 좋지 못했던 것으로 보인다. 바로 데마가 떠난 사건이다. 바울은 디모데에게 "너는 어서 속히 내게로 오라 데마는 이 세상을 사랑하여 나를 버리고 데살로니가로 갔고 그레스게는 갈라디아로, 디도는 달마디아로 갔고"라고 간략하게 언급했다(딤후 4:9-10). 우리가 복음 사역을 함께 수행하려고 할 때 안타깝지만 이런 식으로 실망하는 일들이 있게 된다. 이런 일은 우리가 지역 교회 내에서만 함께 일할 때든 더 넓은 범위에서 함께 일하든 경험하게 된다. 어떤 동역자들은 우리를 버릴 것이다. 그들이 사실 참된 그리스도인이 아니었고 거듭나지 않았기 때문에 말이다. 또 다른 이들은 참된 그리스도인이지만 성화하지 못한 욕망에 사로잡혀서 우리를 버릴 수도 있다. 때로는 이런 사람들은 쉽게 떠난다. 때로는 이런 이들이 교회의 모든 체계를 무너뜨리길 원하기도 한다. 그들이 우리가 행하는 사역에 타격을 입히기 위해 우리를 비방하고 고발하여 우리 사역을 지지하는 이들이 우리와 우리가 하는 일에 불만을 품게 만들 수도 있다. 이런 일들은 매우 고통스러우며, 다시 회복하는 데 수년이 걸릴 수 있다. 이러한 다툼에 맞서기 위해 우리의 힘을 쏟아부어서는 안 된다. 그것은 일을 더 악화시킬 뿐이다. 우리는 주님이 우리를 위해 이러한 싸움을 싸우시도록 하고, "그리스도의 영광"을 추구하며 "여러 가지 일에 간절한" 사람들과 함께 전진해야 한다.

결론

그리스도인의 연합은 추구하고 경축할 가치가 있다

이제 하나님 백성 사이의 연합에 관한 이 짧은 고찰을 마무리하려고 한다. 우리는 잠시 멈춰, 하나님이 이 일을 시작하셨을 뿐 아니라 이를 축복하겠다고 약속하셨음을 깨달아야 한다. 그러므로 우리는 이 연합을 추구해야 하며, 연합의 결실을 볼 때마다 하나님을 찬양하면서 기뻐해야 한다.

선하고 기쁜 연합

우리는 이러한 개념을 아주 유명한 시편의 노래에서 찾아볼 수 있다. 이는 모든 그리스도인이 경험하고자 갈망하는 것이 되어야 한다.

보라 형제가 연합하여 동거함이 어찌 그리 선하고 아름다운고
머리에 있는 보배로운 기름이 수염 곧 아론의 수염에 흘러서 그
의 옷깃까지 내림 같고 헐몬의 이슬이 시온의 산들에 내림 같
도다 거기서 여호와께서 복을 명령하셨나니 곧 영생이로다(시
133:1-3).

이 시편은 여러 가지 은유로 가득하다. 즉, 보배로운 기름, 아
론의 수염, 헐몬의 이슬, 시온의 산들을 말하고 있다. 연합이라는
기쁜 주제는 시편 기자인 다윗으로 하여금 하나님이 자신의 은혜
를 드러내시는 두 개의 무대를 한꺼번에 다루도록 이끌었다. 다
윗은 제사장인 아론의 수염에 흐르는 보배로운 기름을 이야기하
는 방식으로 하나님의 특별 은총에 대해 묘사했다. 또한 그는 시
온산에 내리는 헐몬의 이슬을 언급함으로써 하나님의 일반 은총
을 이야기했다. 다윗은 우리에게서 경외심 어린 감탄을 끌어내기
위해 이 두 가지 모두에 집중하게 했다. 제이미슨(Jamieson), 포셋
(Fausset), 브라운(Brown)은 이 시편에 대해서 이렇게 해설한다.

향기로운 기름이 상쾌함을 주는 것처럼, 이것은 기쁨을 가져다
준다. 대제사장을 위한 거룩한 관유는 네 가지 최고의 향료를 올
리브유와 섞어서 만든다(출 30:22, 25, 30). 이것이 풍성하게 흘러내
리는 모습은 넘치는 성령의 은혜를 예표한다. 헐몬의 이슬처럼

땅을 비옥하게 만드는 이슬이 듬뿍 내려 시온산을 흐르는 것처럼, 이 연합은 선행이라는 열매를 맺는다.[1]

이 얼마나 풍성한 묘사인가! 하나님의 백성 사이의 연합은 추구할 가치가 있으며 그렇기에 경축하고 기뻐해야 한다.

이스라엘 사람들에게 이 연합은 모든 지파가 진실한 사랑과 협력 가운데 공존하는 법을 배워야 한다는 사실을 의미했다. 하나님은 아브라함, 이삭, 야곱이라는 공통된 뿌리를 주심으로써 한 나라로 만드셨다. 그분은 다른 주변 나라가 공유할 수 없는 믿음을 함께 갖도록 하심으로써 이 연합의 끝을 더욱 강하게 만드셨다. 이스라엘 사람들은 정치적인 연결 고리와 신앙적인 연결 고리를 갖고 있었다. 하나님은 그들이 이 연합을 유지하기를 원하셨다. 그들이 이 연합을 유지했을 때, 그들은 적들을 막고 결정적인 승리를 얻을 수 있었다.

시편 133편을 교회에 적용하면, 우리는 개별 교회 일원들 사이의 연합에 대해 그리고 더 넓은 범위로 세상에서 신자들과 교회의 연합에 대해 말할 수 있다. 이 책에서 우리는 하나님이 어떻게 우리를 하나로 만드셨고 이 연합을 깨닫고, 유지하고, 표현하게 하셨는지 살펴봤다. 이 연합이 보존된다면 하나님의 영광을 드러내는 놀라운 일들이 이루어질 것이다.

시편 133편에서 관유가 풍성히 흐른다고 묘사하는 내용이 성령님의 은혜의 풍성함을 예표한다고 본 제이미슨, 포셋, 브라운의 견해는 실로 옳다. 성령님이 슬퍼하시는 곳에서 그분은 자신의 은혜를 거둬 가시며, 그 결과는 영적 황폐함, 부패, 비참함뿐이다. 죄로 인한 불화가 있는 곳에서 이러한 일들이 종종 일어난다. 그러나 사랑과 하나님을 높이는 연합이 있을 때 성령님은 새로운 생명을 불어넣으시며, 그 결과는 새로움, 열매 맺음, 기쁨이다.

시편 133편이 "거기서 여호와께서 복을 명령하셨나니"(3절)라고 말할 때, 이것은 하나님이 베푸시는 풍성한 공급을 의미한다. 이 시편은 레위기 25장을 연상시킨다. 레위기 25장에서 하나님은 이스라엘 백성에게 그들이 하나님의 율법을 순종한다면 그들에게 안전을 주시고 축복하시겠다고 약속하셨다. 이스라엘 사람들은 7년째마다 땅을 쉬도록 해야 할 때 "우리가 만일 일곱째 해에 심지도 못하고 소출을 거두지도 못하면 우리가 무엇을 먹으리요"(레 25:20)라고 염려했다. 하나님은 "내가 명령하여 여섯째 해에 내 복을 너희에게 주어 그 소출이 삼 년 동안 쓰기에 족하게 하리라"(21절)라고 대답하신다. 시편 133편에서 다윗은 이러한 장면을 사용한다. 연합이 있는 곳에 하나님은 놀라운 비옥함을 주신다. 이때 이것은 단지 농사에서의 생산을 가리키지 않는다. 영원한 생명을 의미한다. 오직 하나님만이 이렇게 사랑, 평화, 기쁨, 구원, 성화, 참된 예배의 전파로 충만한 풍성한 생명을 주실 수 있다.

당신은 이 시편에서 드러나는 활력과 기쁨에 대한 감각, 그리고 풍요로움과 풍성함의 축복을 놓칠 수 없을 것이다. 이러한 것들은 아론에게 풍성히 부어져서 머리카락뿐만 아니라 수염까지 적시고 심지어 그의 제사장 옷깃에까지 이르는 관유에서 드러난다. 얼마나 넘치는 풍요로움인가! 이것이 바로 하나님의 백성이 함께 살아가며 일하기를 배울 때 하나님이 일어나게 하시는 일이다. 이러한 일은 분열의 영에 의해서는 결코 일어날 수 없다. 오히려 분열은 긴장과 비참이라는 분위기를 금세 만들어 내고 하나님을 영화롭게 하는 열매의 결핍을 낳을 것이다. 역사에는 이러한 분열의 효과에 대한 증거가 가득하다.

우리는 복음을 믿고 선포한다고 주장하는 이들의 사역에서 이러한 활력, 기쁨, 풍요로움을 보고 있는가? 그렇지 않다면, 이는 성령님을 탄식하게 만드는 분열의 영으로 인해 하나님이 자신의 축복을 보류하고 계시기 때문은 아닐까?

천국에서 완성되는 연합

궁극적으로 교회의 연합은 하나님의 영원한 왕국에서 드러날 것이다. 이 땅에서 우리는 "몸이 하나요 성령도 한 분 … 한 소망 … 주도 한 분이시요 믿음도 하나요 세례도 하나요 하나님도 한 분이시니 곧 만유의 아버지시라 만유 위에 계시고 만유를 통일하시고 만유 가운데 계시도다"(엡 4:4-6)라는 말씀에 의심을 품을지도 모른다. 천국에서는 이에 대한 어떤 의심도 없을 것이다. 그곳에는 세상이 시작될 때부터 주 예수 그리스도의 재림 때까지 거두어진 그분의 단 하나의 신부밖에 없을 것이기에 그렇다. 그래서 커티스 C. 토마스는 이렇게 말한다.

> 주님이 나타나셔서 우리 모두를 본향으로 부르실 때, 우리는 영원토록 하나님의 어린양을 예배하기 위해서 한 보좌 앞에 다시 모두 함께 모이게 될 것이다. 지금은 몸들이 분열되어 있을 수 있지만 오직 하나의 위대한 몸만 있게 될 때가 올 것이다.[2]

우리는 "각 족속과 방언과 백성과 나라"(계 5:9)로부터 온 이들로 구성될 것이다. 하나님이 우리를 "하나님 앞에서 나라와 제사장들"로 세우셨을 뿐 아니라 "땅에서 왕 노릇" 하도록 하셨다는 사실이 분명하게 드러날 것이다(계 5:10). 어린양의 생명책에 이름이 적힌 우리는 모두 어린양의 혼인 잔치 때 영광스럽게 옷 입고 신랑을 맞이할 하나 된 신부(one bride)가 될 것이다. 그리고 의의 본향인 새 하늘과 새 땅에서 영원히 그분과 함께 거할 것이다. 우리가 그분 안에서 우리의 하나 된 연합을 경축할 때 이기적이고 분열된 세상에 의해 흘렸던 모든 눈물은 그분의 사랑스러운 손에 의해 닦일 것이다. 이전 것들은 모두 지나가 버릴 테니 말이다(계 19:6-8; 21:1-4).

이는 바로 성도들의 갈망의 성취가 될 것이다. 그들은 지상에서 인종과 종족 간의 사회적이고 문화적인 분열을 넘어서는 연합 그리고 심지어 다른 교파에 속한 복음주의 신자들의 연합을 위해 기도했기 때문이다. 모든 교리적 논쟁이 끝날 것이다. 우리 지식이 완전해질 것이기에 그렇다. 타락후선택설(infralapsarianism)과 타락전선택설(supralapsarianism)이라는 복잡한 문제도 해결될 것이다. 우리는 모두 진정한 구원의 서정(*ordo salutis*, 구원의 순서)에 대해 알게 될 것이다. 심지어 유아에게 세례를 주는 이들과 그렇지 않은 이들 사이의 논쟁도 해결될 것이다. 또한 우리는 종말론에 대한 견해 중 무엇이 옳았는지 알게 될 것이다. 모든 예언이 밝히 드러날 테니 말이다. 그러니 하늘에서 교리적 분열이 일어날 수가 있겠는가? 그럴 수 없다. 그때가 되면 유일한 분열은 바로 구원을 위해 그리스도만을 믿은 이들과 그렇지 않은 이들 사이에 있을 것이다. 거기에 참된 복음적 연합과 분열이 있을 것이다. 새 하늘과 새 땅에서는 "하나님도 한 분이시니 곧 만유의 아버지시라 만유 위에 계시고 만유를 통일하시고 민유 가운데 계시도다"라는 말씀이 밝히 드러날 것이다. 이는 거의 상상할 수 없을 정도다!

지금도 경축하는 연합

이러한 축복을 경험하기 위해 그때까지 기다리고 있지는 말자.

위대한 음악 공연이 그렇듯이, 지금 완전한 연합의 리허설을 시작하여 우리 마음이 찬양으로 가득 차오르게 하자. 존 골딩게이(John Goldingay)는 시편 133편을 해설하면서 이렇게 권면한다.

> 그리스도인 형제자매들은 기막힌 불화 가운데 살아간다. 이것은 그들로부터 선함과 사랑스러움을 빼앗고, 그들의 기쁨을 앗아가며, 그들의 축복을 넘겨주기에 그들의 증언은 힘을 잃게 된다. 이 시편은 형제자매가 하나 될 때의 아름다움에 대해 고찰하고 이 시편이 제공하는 하나 됨의 이미지를 묵상하도록 우리를 초청한다. 이것이 우리에게 하나가 되어 살아가도록 하는 영감을 주는지 살펴보도록 말이다.[3]

우리의 교회에서 주변을 둘러보고 복음이 어떻게 사람들 사이에 있는 수많은 사회적 장벽을 극복했는지 살펴보라. 어떻게 국가 및 교파적 장벽을 넘어서서 우리에게 함께 일하는 것이 가능하게 했는지 보라. 복음이 이를 이루었다. 이것이 우리의 생명줄이다. 바로 이런 이유가 있기에, 복음이 결여한 정체불명의 종교적 연합 같은 것을 이유로 복음을 저버려서는 안 된다. 또한 동시에 우리가 이미 사소한 여러 가지 교리적이고 실천적인 차이에 신경 쓰지 않고 힘을 모아 복음을 위해 함께 분투해 왔다는 사실을 통해 격려를 얻자. 교파를 초월하여 참된 신자들이 복음과 하나님 나라를 위해 어떻게 그들의 자원을 함께 사용해 왔는지를 보고 기뻐하자. 은혜와 진리의 균형을 잡고, 공동의 대의를 위해 본질과 비본질을 구별할 줄 아는 신자들의 성숙함, 즉 은혜로 가득한 이 성숙함에 집중하자. 이 모든 것의 열매는 이미 맺히고 있다. "거기서 여호와께서 복을 명령하셨나니 곧 영생이로다"(시 133:3)라는 말씀처럼 말이다. 이 복음적 연합을 지금 함께 경축하자!

1부에서 인용했던 "교회의 참된 터는"(49-50쪽 참조)이란 찬양은 이 책에서 내가 다룬 모든 내용을 잘 담고 있다. 이 찬양의 남은 부분을 묵상하도록 초청한다. 이 찬양의 마침 부분이 당신의 기도가 되도록 하라.

경멸 섞인 놀라움으로,
사람들은 본다네. 교회가 겪는 거친 압제를,
분열로 찢겨 나가는 모습을,
이단에 의해 고통받음을,
그러나 성도들은 여전히 파수를 서고,
"언제까지입니까?"라는 그들의 외침 올라가네.
곧 울음의 밤이 지나고
노래의 아침 밝아 오네!

교회는 결코 멸망하지 않으리!
사랑하는 주님이 그녀를 지키고,
인도하고, 지탱하고, 소중히 감싸시니,
그분은 끝까지 교회와 함께하시네;
비록 교회를 미워하는 이들 있지만,
또한 거짓된 자식들이 그녀 안에 있지만,
적과 배신자들에 맞서
교회는 늘 승리한다네.

교회가 겪는 수고와 환난 가운데,
전쟁의 소란 가운데,
그녀는 기다린다네,
영원한 평화의 완성을;
영광스러운 비전을 바라보던
그녀의 간절한 눈이 복을 얻고,
위대한 승리의 교회는
안식을 누리는 교회가 되리라.

그러나 그녀는 이 땅에서 연합한다네,
삼위일체이신 하나님과
그리고 신비롭고 달콤한 교제를,

안식을 얻은 이들과 함께 나눈다네.
오, 행복하고 거룩한 이들이여!
주여, 우리에게 은혜를 주사
그들처럼 온유하고 겸손하여,
높은 곳에서 주와 함께 거하게 하소서.[4]

감사의 글

목회자로 일하면서 저술 활동을 해 나갈 때 항상 여러 사람에게 빚진다는 사실을 깨닫습니다. 그들의 도움에 마땅히 감사를 표합니다.

목회자와 전도사로 구성된 이들이 나와 함께 각 장을 검토하며 피드백을 해 주어 귀중한 통찰력을 얻을 수 있었습니다. 알렉스 무탈레, 치피타 시발레, 콜린스 사칼룬다, 커티스 치르와, 엠마누엘 칠레셰, 에릭 아카, 조셉 치솔라, 케네디 카왐발레, 마이클 음완사, 마이크 무사피리, 밀리언 캄불리, 음원둘라 음베웨, 오비 루붐베, 오스왈드 시출라, 에사야 은카타, 세비오 야윌라, 그리고 징가 반다, 여러분 모두 이 저술을 위해 많은 시간을 할애해 주었습니다. 이 자리를 빌려 감사를 표합니다. 여러분의 기여는 매우 귀중했습니다.

그리고 뒤에서 지원해 준 사무실 보조원 아이린 마보셰와 사역 보조원 프랜시스 카운다에게도 감사드립니다. 내 삶과 사역에서 세세한 부분들을 너무나 많이 돌봐 주어서, 그것들을 모두 열거하려면 몇 페이지를 채울 것입니다. 여러분의 도움 덕분에 이 책을 쓰는 것처럼 다른 도전을 해 나갈 수 있었습니다. 여러분의 성실함에 감사드립니다.

잠비아 루사카의 카브와타 침례교회(Kabwata Baptist Church) 장로님들에게도 감사드립니다. 여러분은 내가 더 넓은 교회를 위해 책을 써야 함을 알아주고 이를 수행할 시간을 주었습니다. 이는 여러분이 종종 더 많은 장로 업무를 맡아 내가 저술 활동을 할 수 있게 해 주었음을 의미합니다. 진심으로 감사드립니다.

마지막으로, 내 아내 펠리스타스에게 감사를 표합니다. 당신은 내게 최고의 '적합한 조력자'입니다! 감히 헤아릴 수 없는 수많은 방법으로 당신은 나를 돕고 희생했습니다. 당신이 없었다면 이 책을 완성하지 못했을 것입니다. 당신에게 진 빚은 말로 다 표현할 수 없습니다.

주

서론: 그리스도인의 연합에 대한 극단적 견해를 피하라

1) R. B. Kuiper, *The Glorious Body of Christ: A Scriptural Appreciation of the One Holy Church* (Edinburgh: Banner of Truth, 1967), 41.
2) John Calvin, *Commentary on the Gospel according to John*, vol. 2, in *Calvin's Commentaries*, vol. 18, trans. William Pringle (Grand Rapids, MI: Baker, 2003), 183.
3) Mark Dever, *The Church: The Gospel Made Visible* (Nashville: B&H, 2012), 16.
4) 오늘날 '복음적'이라는 용어는 다양하게 사용된다. 나는 이 책이 속한 시리즈의 다른 저자들이 그랬듯이 오직 은혜를 통해, 오직 그리스도 안에서, 오직 믿음으로 구원받는다고 믿는 이들을 가리키는 용어로 이것을 사용한다.
5) Kuiper, *The Glorious Body of Christ*, 49.

1. 그리스도 안에서 연합이 성취되었다

1) John R. W. Stott, *God's New Society: The Message of Ephesians* (Leicester: Inter-Varsity Press 1979), 102. 『에베소서 강해』(서울: IVP, 2007).

2) "Rock of Ages" (1776), https://hymnary.org/. "만세 반석 열리니"(새찬송가 494장).
3) Peter Jeffery, *Opening Up Ephesians* (Darlington, UK: Evangelical Press, 2002), 29.
4) Bryan Chapell, *Ephesians*, Reformed Expository Commentary (Phillipsburg, NJ: P&R, 2009), 119.
5) R. C. Sproul, *John: An Expositional Commentary* (Sanford, FL: Ligonier Ministries, 2009), 305-6.
6) S. J. Stone, "The Church's One Foundation" (1866), https://hymnary.org/. "교회의 참된 터는"(새찬송가 600장).

2. 성령님이 연합을 적용하신다

1) D. Wilson, quoted in *The Thought of the Evangelical Leaders: Notes of the Discussions of the Eclectic Society, London, during the Years 1798-1814*, ed. John H. Pratt (1856; repr., Edinburgh: Banner of Truth, 1978), 347.
2) Curtis C. Thomas, *Practical Wisdom for Pastors: Words of Encouragement and Counsel for a Lifetime of Ministry* (Wheaton, IL: Crossway, 2001), 174.
3) D. Martyn Lloyd-Jones, *God's Way of Reconciliation: An Exposition of Ephesians 2* (Edinburgh: Banner of Truth, 1972), 354. 『에베소서 강해 2. 영적 화해』(서울: 기독교문서선교회, 2007).

3. 신자들은 열정적으로 연합을 지켜야 한다

1) D. Martyn Lloyd-Jones, *Christian Unity: An Exposition of Ephesians 4:1-16* (Edinburgh: Banner of Truth,1980), 268, 굵은 글씨 강조는 원문을 따랐다. 『에베소서 강해 4. 영적 연합』(서울: 기독교문서선교회, 2004).
2) A. W. Tozer, *The Knowledge of the Holy* (1961; repr., Milton Keynes, UK: Authentic Media, 2005), 130. 『하나님을 바로 알자: 하나님의 거룩하심에 대한 재발견』(서울: 생명의말씀사, 2008).
3) Curtis C. Thomas, *Practical Wisdom for Pastors: Words of Encouragement and Counsel for a Lifetime of Ministry* (Wheaton, IL: Crossway, 2001), 174.
4) Albert Mohler, "A Call for Theological Triage and Christian Maturity",

Albert Mohler (blog), July 12, 2005, https://albertmohler.com/.
5) R. B. Kuiper, *The Glorious Body of Christ: A Scriptural Appreciation of the One Holy Church* (Edinburgh: Banner of Truth, 1967), 53-54.
6) Iain H. Murray, ed., *The Reformation of the Church: A Collection of Reformed and Puritan Documents on Church Issues* (1965; repr., Edinburgh: Banner of Truth, 1987), 372.
7) John MacArthur, *The MacArthur New Testament Commentary: Romans 9-16* (Chicago: Moody Publishers, 1994), 272.
8) John Piper, *Let the Nations Be Glad: The Supremacy of God in Missions* (Grand Rapids, MI: Baker, 1993), 217.
9) Charles H. Spurgeon, "Satanic Hindrances," sermon 657 in *The Metropolitan Tabernacle Pulpit Sermons*, vol. 11 (London: Passmore & Alabaster, 1865), Christian Classics Ethereal Library, https://ccel.org/ccel/spurgeon/sermons11/.
10) Thomas, *Practical Wisdom for Pastors*, 175.

4. 복음 사역 속에서 연합이 증거된다

1) John S. Hammett, *Biblical Foundations for Baptist Churches* (Grand Rapids, MI: Kregel, 2005), 53. 『침례교회의 성서적 기초: 새로운 시대를 위한 교회론』(서울: 성서침례대학원대학교출판부, 2023).
2) '공교회'(catholic), 즉 가톨릭이라는 표현은 이전 단락에서 봤듯이 로마 가톨릭교회를 가리키지 않고 단순히 '보편적'이라는 것을 의미한다.
3) *Creeds, Confessions, and Catechisms: A Reader's Edition*, ed. Chad Van Dixhoorn (Wheaton, IL: Crossway, 2022), 225.
4) Charles H. Spurgeon, "An Antidote to Satan's Devices", sermon 2707 in *The Metropolitan Tabernacle Pulpit Sermons*, vol. 46 (London: Passmore & Alabaster, 1900), Christian Classics Ethereal Library, https://ccel.org/ccel/spurgeon /sermons46/.
5) Curtis C. Thomas, *Practical Wisdom for Pastors: Words of Encouragement and Counsel for a Lifetime of Ministry* (Wheaton, IL: Crossway, 2001), 175.

결론: 그리스도인의 연합은 추구하고 경축할 가치가 있다

1) Robert Jamieson, A. R. Fausset, and David Brown, *Commentary Critical and Explanatory on the Whole Bible*, vol. 1 (1871; repr., Oak Harbor, WA: Logos, 1997), 386.
2) Curtis C. Thomas, *Practical Wisdom for Pastors: Words of Encouragement and Counsel for a Lifetime of Ministry* (Wheaton, IL: Crossway, 2001), 133.
3) John Goldingay, *Psalms,* vol. 3, *Psalms 1-41*, Baker Commentary on the Old Testament Wisdom and Psalms (Grand Rapids, MI: Baker Academic, 2008), 569.
4) S. J. Stone, "The Church's One Foundation" (1866), https://hymnary.org/. "교회의 참된 터는"(새찬송가 600장).

사명선언문

너희가 흠이 없고 순전하여……세상에서 그들 가운데 빛들로
나타내며 생명의 말씀을 밝혀 _ 빌 2:15-16

1. 생명을 담겠습니다
만드는 책에 주님 주신 생명을 담겠습니다.
그 책으로 복음을 선포하겠습니다.

2. 말씀을 밝히겠습니다
생명의 근본은 말씀입니다.
말씀을 밝혀 성도와 교회의 성장을 돕겠습니다.

3. 빛이 되겠습니다
시대와 영혼의 어두움을 밝혀 주님 앞으로 이끄는
빛이 되는 책을 만들겠습니다.

4. 순전히 행하겠습니다
책을 만들고 전하는 일과 경영하는 일에 부끄러움이 없는
정직함으로 행하겠습니다.

5. 끝까지 전파하겠습니다
모든 사람에게, 땅 끝까지, 주님 오시는 그날까지
복음을 전하는 사명을 다하겠습니다.

서점 안내

광화문점 서울시 종로구 새문안로 69 구세군회관 1층
02)737-2288 / 02)737-4623(F)

강남점 서울시 서초구 신반포로 177 반포쇼핑타운 3동 2층
02)595-1211 / 02)595-3549(F)

구로점 서울시 동작구 시흥대로 602, 3층 302호
02)858-8744 / 02)838-0653(F)

노원점 서울시 노원구 동일로 1366 삼봉빌딩 지하 1층
02)938-7979 / 02)3391-6169(F)

일산점 경기도 고양시 일산서구 중앙로 1391 레이크타운 지하 1층
031)916-8787 / 031)916-8788(F)

의정부점 경기도 의정부시 청사로47번길 12 성산타워 3층
031)845-0600 / 031)852-6930(F)

인터넷서점 www.lifebook.co.kr

복음대로 삶 시리즈
Courage

용기
온전한 사랑의 확신

Courage: How the Gospel Creates Christian Fortitude, Growing Gospel Integrity series
by Joe Rigney

Copyright ⓒ 2023 by Joe Rigney
Published by Crossway, a publishing ministry of Good News Publishers
Wheaton, Illinois 60187, U.S.A.

This Korean edition copyright ⓒ 2024 by Word of Life Press, Seoul, Republic of Korea.
Published by arrangement with Crossway through rMaeng2, Seoul, Republic of Korea.
All rights reserved.

이 한국어판의 저작권은 알맹2를 통하여 Crossway와 독점 계약한 생명의말씀사에 있습니다.
신저작권법에 의하여 한국 내에서 보호받는 저작물이므로 무단 전재와 무단 복제를 금합니다.

용기, 온전한 사랑의 확신

ⓒ 생명의말씀사 2024

2024년 6월 25일 1판 1쇄 발행

펴낸이 | 김창영
펴낸곳 | 생명의말씀사

등록 | 1962. 1. 10. No.300-1962-1
주소 | 서울시 종로구 경희궁1길 6(03176)
전화 | 02)738-6555(본사)·02)3159-7979(영업)
팩스 | 02)739-3824(본사)·080-022-8585(영업)

기획편집 | 유영란, 서지연
디자인 | 박소정
인쇄 | 영진문원
제본 | 보경문화사

ISBN 978-89-04-16888-0 (04230)
　　　978-89-04-70099-8 (세트)

저작권자의 허락 없이 이 책의 일부 또는 전체를
무단 복제, 전재, 발췌하면 저작권법에 의해 처벌을 받습니다.

용기

온전한 사랑의 확신

성경이 말하는
진정한 용기의
재발견

조 리그니 지음 | 이대은 옮김

생명의말씀사

추천사

조 리그니의 『용기』는 우리가 살아가는 반 기독교 시대에 모든 그리스도인이 풍성히 지녀야 할 미덕을 정의하고 옹호하는 길잡이가 되어 준다. 그리스도인이라면, 반드시 읽어야 할 책이고 나도 틈이 날 때마다 꺼내 읽고 싶은 보석 같은 책이다.

로사리아 버터필드(Rosaria Butterfield)
시러큐스 대학 영문과 전 교수
『반기독교 시대의 다섯 가지 거짓말』(Five Lies of Our Anti-Christian Age) 저자

이 세상은 두려움으로 마비되어 있지만, 그래도 사람들은 확신과 담대함과 두려움 없는 행동에 끌린다. 따라서 기쁨 넘치는 미덕인 그리스도인의 용기는 여전히 빛날 기회가 있다. 이 책에서 조 리그니는 용기가 무엇인지, 용기가 어디에서 나오는지를 설명

한다. 하지만 거기에서 그치지 않고 하나님의 영광을 위해 용기를 내라는 호소도 더한다. 하나님이 이 환상적인 책을 통해 많은 사람의 마음을 움직여 큰일을 이루시기를 기도한다.

에릭 리드(Erik Reed)
더 저니 교회 목사 겸 장로
노잉 지저스 미니스트리스 설립자

그리스도인이여 담대하라! 사회가 점점 더 그들의 기독교 뿌리에 등을 돌리는 것을 마주하는 서부의 그리스도인들에게 이 외침은 특별히 의미가 있다. 타협과 비겁함은 전염력이 있다. 그런데 용기도 마찬가지다. 리그니는 명료하게 용기를 정의하고 고전적인 이론을 소개하며, 성경과 나니아 등등에서 영감을 주는 예를 든다. 그는 신실한 그리스도의 증인들에게 이 미덕을 심어주기 위해 애를 쓴다. 나는 이 책이 그 일을 충분히 해낼 것이라고 확신한다.

제임스 R. 우드(James R. Wood)
리디머 대학 조교수

사도 요한은 우리에게 '두려워하는 자들의 몫은 불에 타는 못'이라고 전한다. 이는 용기가 엄선된 그리스도인 무리에게만 해당하는 선택적인 미덕이 아니라는 뜻이다. 우리 시대의 고유한 도전과 전투에 굴복하지 않고 맞서기 위해 우리는 모두 경건한 용기가 필요하다. 조 리그니는 남자에게서, 여자에게서, 여러 이야기에서 그리고 우리 구세주에게서 용기가 어떻게 나타나는지를 친절하게 보여준다. 그래서 우리가 시련의 순간에 용기를 내려고 할 때 필요한 영혼의 안정감을 누릴 수 있도록 돕는다.

아비가일 도즈(Abigail Dodds)
『생명의 떡』(*Bread of Life*)과 『전형적 여성』(*A Typical Woman*) 저자

리그니는 어떤 주제든 신속한 분별력과 지혜를 줄 수 있는, 신뢰할 만한 목회자다. 용기에 대한 그의 글도 내가 그렇게 생각하는 이유를 증명한다. 그는 두려움을 바르게 정돈하고 우리 마음을 하나님의 약속에 둘 때 배울 수 있는 일종의 습관이라고 용기를 정의한다. 우리는 자주 오만함을 담대함으로, 무모함을 능력으로 오해하곤 한다. 리그니는 성경의 지혜에서 어떻게 진정한 용기를 끌어내야 하는지에 관한 실질적인 조언을 제공한다. 사람들이 호응하지 않을 죄에 대해 설교하라는 격려와 성별에 맞는 용기를 함양해야 한다는 그의 용기 있는 조언은 리그니 자신이 그 미덕을 얼마나 풍성하게 소유하고 있는지 대변한다.

메간 바샴(Megan Basham)
더 데일리 와이어 문화부 기자
『모든 성공한 사람 곁에』(*Beside Every Successful Man*) 저자

오직 너희는

그리스도의 복음에

합당하게 생활하라

빌립보서 1장 27절

Courage
contents

추천사 _5
시리즈 서문 _13
서문 _17

chapter 1 용기를 정의하다 _35

chapter 2 성경이 말하는 용기 _53

chapter 3 용기의 결핍 _77

chapter 4 성경이 말하는 담대함 _95

chapter 5 용기와 성별 _115

결론 _145
감사의 말 _150
주 _153

시리즈 서문

복음대로 사는 삶은 오늘날의 교회에 가장 중요한 필수 요건이다. 이 온전함은 진리의 복음에 우리의 머리와 가슴과 삶을 완전히 일치시키는 것으로, 도덕이나 정통 교리보다 더 필요하다.

사도 바울은 빌립보서 독자들에게 복음의 백성답게 살라고 호소하면서 복음대로 사는 삶이 무엇인지 그 네 가지 특징을 제시한다.

첫째, "너희는 그리스도의 복음에 합당하게 생활하라"(빌 1:27a). 즉 복음의 백성은 복음에 **합당한** 삶을 살아야 한다.

둘째, "한마음으로 서서 한 뜻으로 복음의 신앙을 위하여 협력"(빌 1:27b)하라. 달리 말하면, 복음대로 사는 삶은 함께 **연합하는** 신실한 태도를 요구한다.

이 두 가지 태도에는 "고난"과 "싸움"(빌 1:29-30)이 뒤따른다. 그래서 바울은 셋째로 "두려워하지 아니하"(빌 1:28a)도록 당부하면서 이런 **용기**가 분명한 "구원의 증거"(빌 1:28b)라고 설명한다.

마지막으로 넷째, 바울은 이렇게 말한다.

"그러므로 그리스도 안에 무슨 권면이나 사랑의 무슨 위로나
성령의 무슨 교제나 긍휼이나 자비가 있거든 마음을 같이하여
같은 사랑을 가지고 뜻을 합하며 한마음을 품어 아무 일에든지
다툼이나 허영으로 하지 말고 오직 겸손한 마음으로
각각 자기보다 남을 낫게 여기고"(빌 2:1-3).

이처럼 바울은 **겸손** 없이는 그리스도인의 진정한 온전함이 불가능하다고 분명히 밝힌다.

'복음대로 삶' 시리즈의 목적은 바울의 복음주의적 요청, 곧 복음에 **합당하게, 연합하여, 용기 있고, 겸손하게** 살아가라는 요청을 다시 되새기는 것이다. 하지만 우리는 이 네 가지 특징이 추상적인 도덕적 자질이나 덕목을 뜻하지 않는다는 사실을 기억해야 한다. 바울이 뜻하는 바는 **복음대로 사는 삶**의 매우 구체적인 특징과 모습들이다. 이처럼 이 시리즈의 책들은 어떻게 복음이 우리 안에 있는 이러한 자질을 북돋우고 형성하는지를 당신에게 보여 줄 것이다.

이 작은 시리즈를 통하여 하나님이 영광 받으시고 "주 예수 그리스도의 은혜가 여러분의 심령과 함께 있기를"(빌 4:23, 새번역 성경) 기도한다.

'복음대로 삶' 시리즈 기획자
마이클 리브스(Michael Reeves)

서문

성과 도덕성에 관해서 성경의 기준을 고수한다는 이유로 학급 친구들에게 조롱당하고 배척당하는 어느 십 대 청소년, 현재 직장에 계속 다닐지 아니면 회사를 차리는 위험을 감수해야 할지 고심 중인 남편이자 아버지인 한 남자, 자신을 신랄하게 대해서 감정적으로 이미 서먹서먹한 남편과 또 하루를 맞이해야 하는 어떤 여인, 셋째를 임신했는데 악성 뇌암 진단을 받은 여성, 사무실에서 LGBTQ+ 운동을 지지하는 무지개 깃발을 들어야 한다는 압박을 받는 어느 그리스도인 직장인, 회중 중 누군가가 불편해할 것을 알면서도 그 주제에 관한 설교를 준비하는 한 목회자, 복음에 적대적인 미전도 종족을 향해 가족과 함께 떠나려고 준비하는 한 선교사, 여전히 무슬림인 가족들에게 자신이 예수님을 주님이자 구세주이자 보배로 받아들였음을 어떻게 말해야 할지 고민 중인 어떤 개종자….

모두 처한 상황은 다르지만, 요구되는 것은 같다. 그것은 바로 용기다. 이 책은 용기에 관한 작은 책자다. 내가 이 글을 쓴 목적은 그저 하나의 미덕을 설명하는 것이 아니라 그 미덕을 실천하도록 장려하기 위함이다. 그리고 그것도 일반적인 용기가 아닌, 그리스도인의 용기다. 내 목적은 당신이 이 글을 읽으면서 은혜로 마음이 강해져, 두려움을 극복하고 당신 앞에 있는 위험을 기쁨으로 반색하며 직면하게 만드는 것이다.

당신에게는 용기와 기쁨의 상관관계가 명확하지 않을 수 있다. 하지만 성경은 분명히 그 둘을 연결한다. 빌립보서 1장에 나오는 세 가지 개념, 즉 담대함과 용기와 두려움 없음을 생각해 봄으로써 용기와 기쁨 사이의 기본적인 연결고리를 만드는 일부터 시작하자.

배경

바울은 빌립보인에게 깊은 감사와 기쁨을 표명하며 편지를 시작한다. 이 교회는 초기부터(빌 1:5) 복음 안에서 바울과 협력했다. 이렇게 사명과 유대감을 공유했기에 바울은 빌립보인들이 끝까지 인내할 것이라고 확신했다. 하나님이 그들 안에서 시작하신

착한 일을 끝내실 것이기 때문이다(빌 1:6).

바울의 확신은 이 성도들을 향한 깊은 애정에 근거한다. 그는 성도들을 마음에 품었고 그들과 은혜를 나눴으며 그리스도의 사랑으로 그들을 열망했다. 그들을 향한 바울의 애정은 풍성한 기도에서 그대로 나타난다. 즉, 하나님이 그들에게 사랑과 지식을 더하셔서 지극히 선한 것을 사랑하게 하시며 그리스도가 오실 때 순전하고 허물이 없기를 구한다.

이 안부의 특징은 무언가를 교정하려는 내용이나 우려의 표현이 전혀 없다는 사실이다. 그리고 바울은 인사말을 마치자마자 빌립보인들에게 자신의 상황을 알리고자 한다. 하지만 그보다 더 중요한 것은 자신이 투옥되어 고난받는 의미가 무엇인지를 전하려고 애를 쓴다는 점인데, 그렇게 하여 빌립보인들도 전심으로 자신과 복음의 사명에 동참하기를 바랐다. 그리고 바로 여기에서 우리의 핵심 단어가 등장한다.

투옥으로 담대해지다

바울은 놀랍게도 빌립보인들에게 자신의 투옥이 오히려 복음을 전진시키는 역할을 했다고 알린다. 그런데 이 말은 우리의 직관과 완전히 반대된다. 우리는 자연스럽게 바울이 감옥에 갇히면서 전도에 차질이 생겼다고 생각하게 된다. 믿음은 들음에서 오고 들음은 그리스도의 말씀으로 말미암는다. 그리고 이 그리스도의 말씀은 사도나 바울과 같은 선교사들이 전한다. 그렇다면 선교사가 투옥됐는데 어떻게 사명이 이어질 수 있는가? 바울은 자신이 그렇게 말한 두 가지 이유를 제시한다.

첫째, 그 상황과 관련이 있는 모든 사람은 바울이 **그리스도를 위해** 투옥된 것을 안다. 그는 투옥되어서도 예수님을 증거했기 때문에 간수들도 그가 왜 감옥에 있는지를 분명히 알고 있었다. 바울은 다른 곳에서 비록 자신은 사슬에 매였어도 "하나님의 말씀은 매이지 아니하니라"(딤후 2:9)고 말했다. 그리스도의 말씀이 제국의 보초병들에게 뿌려졌고 아마도 뿌리를 내리고 있었을 것이다. 따라서 우리도 이 말을 이해할 수 있다. 바울은 그저 새로운 선교 사역지를 찾은 것뿐이다. 그래서 그의 투옥도 복음을 진전시키는 데 일조한다.

하지만 바울은 두 번째 이유를 제시하는데, 우리는 직관에 반대되는 현실과 다시 직면한다. "형제 중 다수가 나의 매임으로 말미암아 주 안에서 신뢰함으로 겁 없이 하나님의 말씀을 더욱 담대히 전하게 되었느니라"(빌 1:14). 형제들이 바울의 투옥으로 **인해** 더욱 담대해졌다고? 이 말은 우리를 당혹스럽게 한다.

우리는 보통 지도자 격인 사도가 투옥되었으니 다른 형제들도 조용해지고 전도가 침체했으리라 예상하게 된다. 그리고 이야말로 당국이 바라던 바였다. 바울을 하나의 본보기로 삼아 소위 이 복음이라고 하는 것을 가지고 문제를 일으키면 어떤 일을 당하게 되는지 다른 그리스도인에게 보여준 것이다. 그러나 다른 형제들은 의기소침해서 침묵하기는커녕, 더욱 담대해져서 말한다. 그들은 더 많은 위험을 감수하며, 바울과 함께 감옥에 갇힐 수도 있다는 것을 알면서도 복음을 가르친다. 어떻게 이런 일이 가능한가?

이 지점에서 바울은 그들이 두려움 없이 담대하게 전도할 수 있었던 것은 그들의 (더욱 커진) 신뢰 때문이라고 간단히 기록한다. 바울의 투옥과 관련된 무언가가 그리스도에 대한 믿음과 신뢰를 깊게 한 것이다.

물론 바울은 담대해진 모든 설교자가 똑같이 바른 동기를 가진 것이 아니라는 사실을 안다. 몇몇은 투기와 분쟁으로 그리스도를 전한다. 그들은 바울의 사역에 열매가 맺힐 때 안달했고 이제는 그의 콧대가 꺾이기를 바란다. 그들은 자신들이 복음을 전함으로 바울의 마음이 상하고 그들의 사역으로 바울의 고통이 더하기를 바란 것이다(빌 1:1-17). (누군가의 마음을 상하게 하려는 목적으로 복음을 전하려면 그 사람을 얼마나 미워해야 가능한 것인가?)

하지만 나은 이들, 즉 주님을 신뢰함으로 말씀을 전한 사람들은 "착한 뜻"(빌 1:15)으로, 사랑으로 전한다. 바울을 향한, 성도들을 향한, 잃어버린 자들을 향한, 그리고 그리스도를 향한 사랑으로 말이다. 그들은 바울의 투옥을 하나님이 정하신 사건으로 보고 바울이 거기에 있는 이유는 복음을 수호하기 위함임을 알았다. 즉, 어전 사령관과 로마 당국을 포함해 모든 이에게 예수님에 대한 좋은 소식을 전하기 위해서 말이다.

바울은 동기에 신경 쓰지 않고 그저 그리스도가 선포되는 것을 즐거워한다. 가식이든 진실이든, 질투든 착한 뜻이든, 경쟁심이든 사랑이든, 바울은 복음이 진전하는 것을 보기 원한다. 그리고 바울은 감옥에서 자신의 사역을 통해 그러한 진전을 목도한다. 신실한 형제들의 담대한 전도를 통해서든, 질투하는 형제들의 불경건한 전도를 통해서든 말이다. 바울은 **언제든, 어떻게든** 그리스도가 참되게 선포되는 것을 즐거워한다. 그게 전부다.

삶과 죽음으로 그리스도를 존귀하게

바울이 기뻐한 일은 이것만이 아니다. 그는 앞으로 자신이 구원(deliverance)될 것도 기뻐한다. 바울은 빌립보인들의 기도와 성령님의 도우심 및 지원을 통해 이 구원이 일어날 것이라고 확신한다. 사실 바울은 빌립보인들의 기도에 대한 응답으로 성령님이 자신을 투옥 생활과 고난에서 지켜주실 것을 기대했을 것이다.

그런데 바울이 이 구원을 어떻게 설명하는지 보라. "나의 간절한 기대와 소망을 따라 아무 일에든지 부끄러워하지 아니하고 지금도 전과 같이 온전히 담대하여 살든지 죽든지 내 몸에서 그리스도가 존귀하게 되게 하려 하나니"(빌 1:20). 바울이 기대하고 바라는 구원이란, 그저 육체적인 위험에서 구조받는(salvation) 것이 아니다. 물론 거기에는 그러한 일시적인 구조도 포함될 것이다. 하지만 그가 빌립보인들의 기도를 통해 바라는 궁극적인 구원이란, 어떤 어려움이 있어도 그의 몸으로 그리스도를 영원히 높이는 것이다.

어쩌면 이렇게 정리해 볼 수 있겠다. 구원받지 **못한다**는 의미는 바울에게 무엇인가? 그가 삶 또는 죽음으로 그리스도를 존귀하게 하지 못한다면, 자기에게 수치가 될 것이고 결국 그는 구원받지 못한 것이 된다.

우리는 이 부분을 점검해야 한다. 바울은 투옥과 죽음의 가능성을 위협 또는 위험으로 본다. 단지 그가 죽을 수도 있기 때문에 위협인 것이 아니라 고통, 고난 그리고 죽음이 예상되는 상황에서 바울이 자신의 말과 행동으로, 그리고 삶과 죽음으로 예수님을 존귀하게 하지 못할 수도 있어서 위협으로 보는 것이다.

우리는 우리의 고통과 고난을 이런 식으로 보고 있는가? 그저 고통이 끝나는 데만 마음을 쏟지는 않는가? 아니면 바울처럼 우리는 고통 가운데 예수님을 높이지 못할까 걱정하는가?

여기서 우리는 바울의 마음 상태를 더 깊이 파고들어야 한다. "살든지 죽든지 내 몸에서 그리스도가 존귀하게 되게 하려 함이니"라는 말은 무슨 의미인가? 다음 절도 보자. "이는 내게 사는 것이 그리스도니 죽는 것도 유익함이라"(빌 1:21). "이는"이라는 단어는 바울이 살든지 죽든지 그리스도가 존귀해지는 방식을 설명하겠다는 신호다. 그리고 그는 바로 이어서 삶과 죽음을 이야기한다. 두 절을 연결하면 다음 결론을 도출할 수 있다.

- 바울의 사는 것이 그리스도일 때
  바울의 삶으로 그리스도는 존귀하게 된다.
- 바울의 죽는 것이 유익일 때
  바울의 죽음으로 그리스도는 존귀하게 된다.

이 구절은 각각 무슨 의미인가? "사는 것이 그리스도니"라는 말은 무슨 뜻인가? 그리고 죽는 것이 어떻게 유익일 수 있는가? 구절은 이렇게 이어진다.

> "그러나 만일 육신으로 사는 이것이 내 일의 열매일진대
> 무엇을 택해야 할는지 나는 알지 못하노라
> 내가 그 둘 사이에 끼었으니 차라리 세상을 떠나서
> 그리스도와 함께 있는 것이 훨씬 더 좋은 일이라
> 그렇게 하고 싶으나 내가 육신으로 있는 것이 너희를 위하여
> 더 유익하리라 내가 살 것과 너희 믿음의 진보와 기쁨을 위하여
> 너희 무리와 함께 거할 이것을 확실히 아노니"(빌 1:22-26).

"사는 것이 그리스도니"는 열매 맺는 수고를 뜻한다. 바울이 육신으로 이 땅에 머물며 일하여 빌립보인 및 다른 교회들이 믿음의 진보와 기쁨을 누리게 된다는 뜻이다. 그가 그들과 함께하는 것만으로 예수님께 영광을 돌릴 엄청난 기회를 그들에게 제공할 것이다. 반면에 "죽는 것도 유익함이라"는 것은 바울이 그들을 떠나 그리스도와 함께하기를 열망한다는 뜻이다. 그리고 사실 그렇게 하는 편이 육신에 머무는 것보다 훨씬 낫다.

전체적인 상황을 조합해 보면 이렇게 말할 수 있을 것이다. 감옥에 있는 바울은 고통, 고난, 그리고 아마도 죽음의 가능성을 직면하고 있다. 그는 풀려날 수도 있지만, 어쩌면 사형당할 수도 있다. 그는 불확실하고 고통스러운 미래에 직면해 있다. 그렇지만 바울은 하나님이 자신을 구원해 주시리라 완전히 신뢰하기에 그럼에도 기뻐한다. 감옥에서 복음의 열매를 맺게 하신 그 섭리가 동일하게 바울을 끝까지 신실하게 붙드실 것이다.

바울에게 구원이란, 무슨 일이 닥치든 그의 몸 안에서 그리스도를 높이고 존귀하게 하는 것이다. 감옥에서 풀려나 살게 되든, 처형을 당해 죽게 되든 말이다. 바울에게 살아가는 목표가 그리스도일 때, 바울의 삶으로 그리스도가 존귀하게 된다. 그가 살아남아 수고하며 빌립보인들의 믿음을 더하기 때문이다.

또 그가 죽음을 유익함으로 받아들인다면, 바울의 죽음에서도 그리스도가 존귀하게 된다. 죽음 이후에 그리스도와 함께하는 편이 그가 세상에서 잃게 되는 좋은 것보다 훨씬 좋기 때문이다.

그리고 바로 여기에 이 책과의 연관성이 있다. 바울은 삶과 사역과 고난과 죽음에 이런 식으로 맞서는 방식을 **용기**라고 칭했다. 그는 "온전히 담대"(20절)하기를 바란다. 그리스도인의 용기는 무시무시한 위험 또는 죽음에 직면해서도, 열망을 따라 기쁜 마음으로 그리스도를 가장 위대한 선으로 귀하게 여기는 마음이다. 그리고 죽음을 앞두고도 그렇게 그리스도를 귀하게 여기는 일이 예수님을 높인다.

반대에 직면해서도 두려움 없이

우리는 바울이 투옥되어 있음에도 그의 형제들이 보여준 놀라운 **담대함**을 살펴봤다. 그리고 자기 죽음을 앞두고도 그리스도를 귀하게 여긴 바울의 **용기**를 살펴봤다. 그리고 이 장은 바울이 빌립보인들에게 담대하게 용기를 내어 자신과 동참하라는 권면으로 끝난다.

바울이 말한 내용을 살피기에 앞서 두려움이 없다는 말이 무슨 뜻인지를 분명히 밝혀야 한다. '두려움 없음'이란, 모든 두려움의 부재를 의미하지 않는다. 우리는 주님을 두려워해야 하기 때문이며 게다가 몇몇 두려움은 고통과 고난에 따른 완벽하게 자연스러운 반응이다. 하나님은 우리가 고통(육체적인 고통이든 정서적인 고통이든)에 움찔하도록 우리를 지으셨다. 따라서 우리 안에 있는 두려움(고통에 대해, 죽음에 대해, 그 외 상실에 대해)이 반드시 죄악은 아니다.

그렇다면 우리는 두려움 없음을 이해하기 위해, 그 반대인 '두려워함'을 생각해 볼 수 있을 것이다. 두려워함이란, 한 사람이 두려움에 굴복하거나 조종받는 것이다. 두려움에 항복하여 그 두려움이 우리 행동을 다스리고 통제하도록 허용하는 것이다.

반대로 두려움 없음이란, 두려움을 통제하는 것이다. 여전히 두려움은 실존할지 모른다(용기란 두려움의 존재를 **필요로 한다**는 점을 나중에 논할 예정이다). 하지만 두려움 없는 사람이란, 그 두려움을 정복하는 사람이다. 두려움이 그를 다스리지 못하고 오히려 그가 두려움을 다스린다. 두려움은 거기 있지만, 그의 주인은 아닌 것이다. 이 점을 분명히 밝혔으니 빌립보서 1장으로 돌아가도록 하자.

바울은 열매 맺는 사역을 위해서라도 하나님이 그를 죽음에서 구해 주실 것이며 그가 빌립보에 다시 돌아가리라는 자신의 확신을 밝힌다. 그러고는 그동안 그들이 해야 할 일을 가르친다. "오직 너희는 그리스도의 복음에 합당하게 생활하라"(빌 1:27). 이 용어는 바울이 다른 곳에서 복음의 진리를 따라 바르게 행하는 것(갈 2:14), 성령을 따라 행하는 것(갈 5:16), 성령으로 행하는 것(갈 5:25), 부르심을 받은 일에 합당하게 행하는 것(엡 4:1) 등으로 설명한 내용을 떠올리게 한다.

이 모든 경우의 공통적인 개념은, 복음의 진리에 부합하고 복음의 진리를 높이며 드러내는 종류의 행동과 삶의 방식이 있다는 것이다. 바울은 빌립보인들에게 그렇게 합당한 삶을 살도록 촉구한다.

그리고 계속해서 그 합당한 삶은 어떠한 모습인지를 설명한다. 그는 빌립보인들에게서 듣기 바라는 소식 세 가지를 규정한다. 즉, 복음에 합당한 삶의 방식을 규정하는 세 요소다. 첫째로, 바울은 그들이 "한마음(one spirit)으로 서서," 어쩌면 "한 성령(one Spirit)으로"(빌 1:27) 있다는 소식을 듣기 원한다. 그리고 그들이 "한 뜻으로 복음의 신앙을 위하여 협력"(빌 1:27)한다는 소식을 듣기 바란다. 그리스도인들에게 복음에 근거한 연합과 하나 되는 마음이 있어야 함을 강조한다.

첫 번째 경우에 연합은 확고부동함을 의미한다. 그리고 두 번째 경우에 연합은 끈질긴 수고와 추구를 뜻한다. 하지만 공통적인 맥락은 그리스도인이 **함께** 복음을 위해 서서 수고하는 것이 복음에 합당한 삶의 방식이라는 점이다.

세 번째 요소가 우리와 가장 직접적인 연관이 있다. 바울은 빌립보인들이 대적하는 자들로 인해 놀라지 않는다는 소식을 듣기 바란다(빌 1:28). 다른 말로 하자면, 복음에 합당한 삶은 모든 인간의 두려움을 이기는 삶이다. 그러한 두려움 없는 모습은 교회의 대적자들에게 임할 심판과 하나님의 백성에게 임할 구원의 징표다. 심판과 구원 모두 하나님으로부터 나온다.

이제 우리는 대적하는 자 앞에서 어떻게 두려움이 없을 수 있는지 이유를 물어야 할 것이다. 그리고 바울은 답변을 준비하고 있다. "그리스도를 위하여 너희에게 은혜를 주신 것은 다만 그를 믿을 뿐 아니라 또한 그를 위하여 고난도 받게 하려 하심이라 너희에게도 그와 같은 싸움이 있으니 너희가 내 안에서 본 바요 이제도 내 안에서 듣는 바니라"(빌 1:29-30).

그리스도인에게 두려움이 없는 근거는 하나님이 우리에게 두 가지를 주셨음을 알기 때문이다. 하나님은 우리가 예수님을 믿게 하셨고 우리도 예수님을 위해 고난받게 하셨다. 우리를 그리스도와 연합하게 하는 믿음과 그 연합에서 나오는 고난 모두 하나님이 주시는 선물이다. 우리는 이 두 가지가 모두 선물임을 알기에 원수 앞에서도 굳건하고 침착하다.

교회에 대한 반대는 우연히 생기지 않는다. 임의로 일어나는 것도, 무작위도 아니다. 이는 하나님이 주시는 선물이다. 따라서 우리 그리스도인은 무슨 일이든지 반대를 만나도 두려워하지 않는다. 그렇기에 이러한 두려움 없음은 오히려 현실에 부합하고 복음에 합당한 태도다.

결론

담대함, **용기** 그리고 **두려움 없음**은 빌립보서 1장의 핵심 단어들이다. 나의 목표는 이 책의 나머지에서 이 단어들에 대한 우리의 이해를 더욱 깊게 하는 것이다. 용기는 무엇인가? 용기는 어디에서 나오는가? 용기의 반대는 무엇이며, 우리는 어떻게 맞설 수 있을 것인가? 그리스도인의 담대함은 무엇이며, 어떻게 드러나는가? 용기는 남자와 여자에게서 어떻게 다르게 드러나는가?

하지만 더 깊은 질문으로 들어서기 전에 빌립보서 1장에서 용기에 관해 더욱 중요한 한 가지 요소를 살펴보기 원한다. 즉, 바울의 동지들이 점점 담대해지는 것, 바울이 죽음에 직면해서도 용기를 내는 것, 그리고 빌립보인들에게 두려워하지 말라고 권고하는 것 사이에 존재하는 연관성이다.

이 장을 시작하면서 나눈 두 가지 놀라운 사실을 돌이켜보라. 바울이 감옥에 갇힘으로 복음은 놀라울 정도로 전진한다. 그의 형제들이 담대하여져서 두려움 없이 말씀을 전했기 때문이다. 놀랍게도 그들은 바울이 투옥됨으로 주님을 더욱 신뢰할 수 있었기에 담대해졌다. 어떻게 이런 일이 일어나는가?

여기 그 원칙이 있다. 용기를 보면 용기가 전파된다. 담대함을 보면 담대함이 각성된다. 두려움 없는 모습을 보면 두려움이 극복된다.

바울은 감옥에서 자신이 처형당할 가능성을 앞두고 있다. 하지만 그는 좌절하거나 낙심하지 않고 오히려 행복하며 희망으로 가득하다. 그는 자신의 투옥을 실패로 보지 않고 도리어 복음이 전진할 기회로 본다. 그래서 간수들에게 설교하고 모든 시위대에게 예수님에 관한 좋은 소식을 선포한다. 바울은 자신을 구속한 자들이 예수님을 무시할 수 없도록 만든다. 그는 두려움 없이 말씀의 검을 휘두른다.

게다가 그는 구조되기를 기대한다. 즉, 어떤 일이 닥치든지 하나님의 성령이 자신에게 능력을 주셔서 예수님을 높이게 하시리라 기대하는 것이다. 또 그는 곧 닥칠 상실과 죽음에 직면하여 소망으로 인도되는 용기, 그리스도를 귀하게 여기는 용기를 지니고 있다. 그에게는 사는 것도 그리스도이고 죽는 것도 그리스도이기에, 그러한 실재가 대적자들과 투옥과 죽음에도 불구하고 그 안에서 불굴의 용기를 만들어 낸다.

바울의 용기를 본 그의 형제들과 동료들에게도 주님에 대한 신뢰가 자란다. 그의 용기는 전염성이 있어서 주변 사람들에게 좋은 영향을 주어 그들의 내면에 용기가 자란다. 그들은 말 그대로 바울의 용기에 **격려**를 받는다. 그리고 그의 용기는 그리스도를 자신의 가장 귀한 보배로 바라보는 것에 뿌리를 내리고 있기에, 형제들의 신뢰는 바울이 아닌 그리스도에게 있다. 그들은 **주님을 확신한다**. 그리고 주님에 대한 확신은 박해에 직면했을 때 담대함을 낳는다. 바울의 **담대함으로 고무된** 그들은 박해에 직면해서도 두려움 없이 말씀을 전한다.

또한 형제들의 담대함은 다시 바울에게 돌아와 자신의 믿음을 강하게 한다. 바울은 그들이 자신의 모범에 영감을 받아 사랑과 선한 뜻으로 진실하게 그리스도를 전한다는 소식을 듣는다. 그래서 그는 또 즐겁게 그리스도를 선포한다. 그 기쁨이 너무나 충만하기에 자신을 대적하는 자들이 질투와 경쟁심으로 그리스도를 전한다는 소식을 듣고서도 기뻐한다. 바울은 그리스도가 선포되기에 기쁨이 넘친다.

이어서 바울은 빌립보인들에게 이야기한다. 그는 생각의 틀을 바꾸어 자신의 투옥이 오히려 복음의 전진을 낳는 기회라고 보며 그들에게도 "그와 같은 싸움이 있"다는 사실을 일깨운다. 그들에게도 대적자가 있고 바울에게도 대적자가 있다. 그들에게도 원수가 있으며 그들 앞에도 위험이 있다. 바울 역시 원수가 있으며 그의 앞에 위험이 있다.

그리고 바울의 용기가 형제들을 고무했듯이, 바울 역시 자신의 용기와 형제들의 용기가 빌립보인들에게 두려움 없는 담대함을 불러일으키기를 원한다. 바울은 그들도 자신과 함께 기쁜 마음으로 용기를 내자고 북돋는다.

또 바울이 그들을 위해 기도하듯이 그들도 바울을 위해 기도해야 한다. 그리고 그들 역시 복음에 합당하도록 걸어야 한다. 굳건히 함께 서서, 함께 복음의 신앙을 얻기 위해 노력하며, 함께 좋은 소식을 두려움 없이 전해야만 한다.

빌립보서 1장의 교훈은 분명하다. 용기에는 전염성이 있고 담대함은 전파되며 두려움 없음은 전염력이 있다. 그리고 이러한 미덕이 목격될 때, 그리스도는 영광을 받는다.

chapter 1

용기를 정의하다

고전적으로 용기(또는 담력)는 지혜, 절제, 정의와 함께 네 가지 기본 덕목에 속한다. 우리가 미덕 또는 탁월함에 관해 말할 때, 그것은 무언가의 완전성을 의미한다. 즉, 본래의 진정한 광채를 드러낼 수 있도록 연마한 다이아몬드처럼 말이다. 마찬가지로 우리가 도덕에 관한 미덕을 이야기할 때는 의지의 완전성을 이야기하는 것이다. 조나단 에드워즈에 따르면, "미덕은 마음의 자질과 활동, 또는 마음에서 나오는 행동의 아름다움이다."[1]

미덕은 욕구(desire)에서 비롯한다. 즉, 무언가 좋은 것에 대한 일종의 성향이나 기질에서 시작한다. 그러한 성향이 활성화되면 우리는 그 좋은 것을 향해 움직이게 되는데, 그것을 **욕구**라고 부른다. 그리고 우리의 목표에 도달하거나 소유하게 되면 우리의 욕구가 충족 또는 성취되었다고 말한다. 또 추구하는 것이 정말로 좋은 것이고 우리가 반복적으로 그러한 성향을 발휘한다면, 그것을 미덕이라고 이야기할 수 있을 것이다. 다른 말로 하자면, 우리는 규칙적으로 반복해서 실행하는 좋은 성향과 욕구를 미덕이라고 부른다.

신학자들은 종종 하나님의 일반 역사(common work)와 구원 역사(saving work)를 구분한다. 우리는 때로 하나님의 일반 은혜와 구원의 은혜라고 말한다. 일반 은혜란, 믿는 자들과 믿지 않는 자들에게 동등하게 주어진다. 이에 비해 구원의 은혜는 하나님의 백성에게만 주어진다. 마찬가지로 일반 미덕은 믿는 자들과 믿지 않는 자들에게 동등하게 주어진다. 동등하지 않은 미덕만이 그리스도인 특유의 것이다.

그리고 바로 이 부분에서 미덕에 대한 올바른 사고의 틀이 중요하다. 용기는 다른 미덕과 마찬가지로 그리스도인과 비그리스도인 모두에게 어느 정도 존재한다. 용기, 온유, 신중, 정의, 자비, 청지기 의식, 용서, 인내, 예의, 관대, 절제, 겸손, 긍휼 그리고 신실은 모두 공통적인 미덕인데 이런 미덕도 **미덕**이긴 하다. 그것들이 존재한다는 사실은 좋은 일이고 하나님께 일반 은혜를 구해서 비그리스도인 사이에서 그러한 미덕이 생기게 해달라고 하는 것도 좋은 일이다. 하지만 그것들이 반드시 진정한 미덕인 것은 아니다.

  진정한 미덕은 하나님이 성령님의 능력으로 우리를 변화시켜서 우리 안에서 이루시는 미덕이다. 다른 말로 하자면, 진정한 미덕은 그리스도와의 연합에서 흘러나오는 미덕이다. 인간적이고 세속적인 관계만을 고려한다면, 좁은 의미의 미덕은 그저 좋은 것이 아닐 수 있다. 그것들은 절대적인 의미에서 좋은 것이다. 그리스도를 믿는 믿음과 하나님에 대한 사랑에서 흘러나오기 때문이다.

  다르게 말하자면, 우리가 용기라는 미덕을 탐구할 때는 용기를 발현하게 하는 원칙이 중요하다는 뜻이다. 즉, 그저 외적으로 나타나는 행위뿐 아니라, 그 동기 역시 마찬가지로 의미가 있다는 말이다. 우리는 미덕의 원기, 즉 우리가 습관적으로 행동하도록 이끄는 역동적인 원칙이 정말로 중요하다고 믿는다. 그리고 하나님이 우리 미덕의 근원이요 수단이며 목적이라는 점이 중요하다.

  우리의 미덕으로 하나님을 기쁘시게 하기 원한다면, 우리는 이것을 명심해야 한다. "믿음이 없이는 하나님을 기쁘시게 하지 못하나니 하나님께 나아가는 자는 반드시 그가 계신 것과 또한 그가 자기를 찾는 자들에게 상 주시는 이심을 믿어야"(히 11:6) 하기 때문이다.

  산상수훈에서 두 구절을 생각해 보자.

> "이같이 너희 빛이 사람 앞에 비치게 하여
> 그들로 너희 착한 행실을 보고 하늘에 계신 너희 아버지께
> 영광을 돌리게 하라"(마 5:16).

> "사람에게 보이려고 그들 앞에서 너희 의를 행하지 않도록
> 주의하라 그리하지 아니하면 하늘에 계신 너희 아버지께
> 상을 받지 못하느니라"(마 6:1).

두 경우 모두 다른 이들 앞에서 미덕이 실천된다. 빛이 비치고 의가 행해진다. 그런데 그중 하나는 칭찬을 받고 다른 하나는 정죄를 받는다. 다른 이에게 보이지만 하나님을 기쁘시게 할 수 없는 방식이 있고, 다른 이에게 보이지만 하나님을 기쁘시게 하는 방법이 있다. 베드로전서가 그 의미를 밝힌다.

> "각각 은사를 받은 대로 하나님의 여러 가지 은혜를 맡은
> 선한 청지기 같이 서로 봉사하라 만일 누가 말하려면
> 하나님의 말씀을 하는 것 같이 하고 누가 봉사하려면
> 하나님이 공급하시는 힘으로 하는 것 같이 하라
> 이는 범사에 예수 그리스도로 말미암아 하나님이 영광을
> 받으시게 하려 함이니 그에게 영광과 권능이 세세에
> 무궁하도록 있느니라 아멘"(벧전 4:10-11).

우리는 봉사할 때, 하나님의 은혜를 맡은 청지기로서 봉사한다. 하나님은 우리 안에서 하나님 보시기에 기쁜 일을 행하신다. 우리는 그분이 공급하시는 힘으로 봉사한다. 힘을 공급하시는 분이 영광을 받으시는 분이기 때문이다. 바로 이러한 이유로 바울은 그리스도인의 삶의 역설을 빈번하게 표출한 것이다. "내가 모든 사도보다 더 많이 수고하였으나 내가 한 것이 아니요 오직 나와 함께 하신 하나님의 은혜로라"(고전 15:10). "내가 그리스도와 함께 십자가에 못 박혔나니 그런즉 이제는 내가 사는 것이 아니요 오직 내 안에 그리스도께서 사시는 것이라 이제 내가 육체 가운데 사는 것은 나를 사랑하사 나를 위하여 자기 자신을 버리신 하나님의 아들을 믿는 믿음 안에서 사는 것이라"(갈 2:20).

그러므로 우리가 용기라는 미덕을 고찰하고, 이러한 선한 성향의 습관적 실행을 탐구할 때는, 우리 미덕의 근원이자 수단이자 목표이신 하나님이 영광 받으셔야 한다는 점을 확실히 하고 싶다. "만물이 주에게서 나오고 주로 말미암고 주에게로 돌아감이라 그에게 영광이 세세에 있을지어다"(롬 11:36).

용기의 역설

이 장은 우선 동등하게 주어진 미덕으로서의 용기에 초점을 둔다. G. K. 체스터턴(Chesterton)은 이렇게 말한다. "용기란 용어 자체가 모순이다. 용기란, 기꺼이 죽으려는 식으로 살겠다는 강한 욕구를 의미한다."[2] 이는 보다 높고 고상한 형태의 용기뿐 아니라 세속적이고 상당히 잔인한 형태의 용기도 해당한다.

"자기 목숨을 얻는 자는 잃을 것이요 자기 목숨을 잃는 자는 얻으리라"는 말씀은 성인과 영웅들에게만 해당하는 신비주의적 글귀가 아니다. 선원이나 산악인들에게는 일상적인 조언이다. 산악인 안내서 또는 훈련 교범에 인쇄되어 있을 만한 글이다. … 바다로 고립된 사람은 벼랑에서 목숨을 잃을 감수를 해야 생명을 구할 수 있다. 그는 계속해서 조금씩 죽음으로 나아가야만 죽음에서 벗어날 수 있다. 적들에게 둘러싸인 군인이 활로를 열려면 살고자 하는 강렬한 욕구에 더해 죽음에 대한 일종의 기묘한 경솔함을 갖춰야만 한다. 그는 그저 사는 것에만 매달려 있어서는 안 된다. 그러면 그는 겁에 사로잡혀 도망칠 수 없다. 그는 죽음을 기다리고 있어서만도 안 된다. 그러면 그는 자살하고 말 것이고 도망칠 수 없다. 그는 생명에 대해 극도로 무관심한 태도로 자기 생명을 추구해야 한다. 그는 생명을 물처럼 열망하면서도 죽음을 포도주처럼 마셔야 한다.[3]

따라서 우리는 우선 용기의 역설적 특징을 인식해야 한다. 모든 용기는 우리 내면에 있는 일종의 이중적인 시각, 심지어 분열을 암시한다. 한편에는 위험, 위협 등 우리 안에 두려움을 일으키는 것이 존재한다. 또 다른 한편에는 보상, 상급 등 우리가 열망하는 것이 있기에 우리는 두려움을 극복하고 위험을 직면할 수 있다.

위험과 보상 모두 객관적인 차원과 주관적인 차원을 지닌다. 객관적으로는 고난, 아픔, 고통, 죽음과 같은 외적인 위험이 존재한다. 이러한 위험은 우리 안에 두려움을 일깨우기 때문에 우리는 주관적으로 두려워하게 된다. 우리는 고통에 움츠러들고 고통을 피하려고 하는 것이 자연스러운데, 특히 죽음은 더욱 그러하다. 바울은 고린도후서 7장 5절에서 이 두 차원을 간결하게 규정한다. "밖으로는 다툼이요 안으로는 두려움이었노라."

마찬가지로 보상에도 객관적인 측면이 있다. 우리 앞에는 생명, 명예, 우리가 사랑하는 이들의 구원 등과 같은 것들이 전부 위험의 반대편에 존재한다. 그리고 위험이 두려움을 일깨우듯이, 보상도 욕구를 일깨운다. 우리는 살고 싶어 하며 명예를 얻고 싶어 한다(적어도 수치를 당하고 싶어 하지는 않는다). 우리는 사랑하는 이의 생명과 안전을 지키고 싶어 한다.

따라서 위험에 직면할 때 자연스러운 위축, 즉 도망치거나 뒤로 물러서려는 충동에 저항하여 밀고 나간다. 우리는 밀어붙이고 위험을 감수하며 고통을 견딘다. 우리의 생명(또는 다른 이의 생명)을 구하겠다는 희망으로 생명을 잃는다(아니면 적어도 생명을 건다).

결정적으로 용기는 실제로 위험을 직면했을 때만 나타난다. 위험이 근접해 있지 않다면 용기도 필요하지 않다. 더 중요한 사실은, 용기란 진정한 두려움이 있을 때만 나타난다는 점이다. **두려움**이 없으면 용기도 없다. 안개가 자욱한 날에 무심코 위험한 벼랑 끝을 걷는 사람이 용기 있는 것은 아니다. 그의 무지함이 그를 두려움과 용기로부터 분리한다. 그에게 절벽을 인식시킨다면, 두려움이 생길 것이고 그로 인해 오히려 용기도 생길 수 있다.

두려움과 욕구

그렇다면 용기는 언제나 위험과 보상, 그리고 두려움과 욕구에 대한 이중적인 관점이 있다. 두려움과 욕구 사이의 관계를 더 깊이 생각해 보자. 첫째, 두려움과 욕구는 뗄 수 없는 개념이다. 우리가 두려워할 것인가 그렇지 않은가의 **여부**는 문제가 아니다. **무엇을** 두려워하는가가 문제다. 또 우리가 욕구할 것인가 그렇지 않은가의 **여부**는 문제가 아니다. **무엇을** 욕구하는가가 문제다.

둘째, 두려움과 욕구 모두 좋은 것들과 관련이 있다. 우리는 좋은 것들을 욕구하고 좋은 것들의 상실을 두려워한다. 그리고 이 둘은 종종 상호적이다. 우리가 바라는 좋은 것들은 우리가 잃기 두려워하는 것들과 동일하다. 우리는 살아가기를, 생계를 꾸리기를, 좋은 평판을 얻기를, 건강하고 잘 살기를, 의미 있는 관계를 누리기를 그리고 목적이 있는 삶을 살기를 바란다. 마찬가지로 우리는 생명, 생계, 명성, 건강, 부유, 관계 그리고 목적이 상실되는 것을 두려워한다.

셋째, 두려움과 욕구는 도덕적으로 중요한 문제다. 다른 말로 하자면, 우리는 **반드시** 욕구해야 하는 것들과 **반드시** 두려워해야 할 대상이 있다는 것이다. 여기에는 약간의 설명이 필요하다.

C. S. 루이스는 자신의 강의를 책으로 낸 『인간 폐지』(The Abolition of Man)에서 도(Tao)의 개념을 소개한다. 이는 우주에 내재한 객관적 이성 및 도덕 질서로서 우리가 때로 **자연법**(natural law)이라고 하는 것에 대응해 그가 사용한 용어다. 루이스는 모든 고대 문화와 문명권에 우주의 객관적인 도덕률에 대한 믿음이 공통으로 존재했음을 보여준다. (그는 이런 보편성을 전하기 위해 동양 종교에서 **도**란 용어를 정확하게 차용한다. 그는 객관적인 도덕률에 대한 믿음이 그저 서양과 유럽과 기독교의 신념이라는 암시를 피하고 싶어 한다.) 루이스는 이렇게 말한다.

현대 이전까지만 해도 모든 교사뿐 아니라, 심지어 모든 사람은 우주 만물에 대해 조화 혹은 부조화의 감정적 반응을 할 수 있다고 믿었습니다. 즉, 단순히 우리 편에서 승인하거나, 불승인하거나, 존경하거나 경멸할 뿐 아니라, 대상들 자체가 그런 것을 받을 **자격**을 가졌다고 믿었습니다.[4]

도에서 가장 핵심은 객관적인 가치의 교리다. 즉, "우주의 어떤 것에 대해서, 또 우리의 어떤 면에 대해서 어떤 태도는 진실로 참되지만, 또 어떤 태도는 정말로 거짓됐다는 믿음이다."

아이들은 즐거움을 주는 존재이고 노인들은 공경해야 할 존재라고 말하는 것은, 단순히 부모나 자식의 입장에서 우리가 품을 수 있는 심리적 감정 상태를 나타내는 말이 아니라, 그들에게는 우리로부터 합당한 응답을 **받아야 하는** 어떤 특질이 있음을 인정하는 말이라는 것이, 도를 아는 이들의 주장입니다.

… 이렇듯 우리의 승인과 불승인은 객관적 가치에 대한 인정이며 객관적 질서에 대한 응답이기에, 우리의 감정 상태는 이성과 조화로운 관계일 수도 있고(우리가 마땅히 승인하는 것을 좋아할 때) 조화롭지 못한 관계일 수도(마땅히 좋아해야 한다고 인식은 하지만, 그렇게 할 수 없을 때) 있습니다.[5]

그렇다면 태도와 감정 상태(두려움과 욕구와 같은)는 옳을 수도 있고 그를 수도 있으며, 도덕적일 수도 있고 비도덕적일 수도 있다. 루이스는 계속 비례의 원칙이라는 관점에서 객관적 가치의 교리를 풀어간다. 이는 간단히 말해 우리가 **사물의 가치에 따라 가치 평가를 해야 한다**는 의미다.

트러헌(Traherne)은 이렇게 묻습니다. "저마다의 가치에 알맞게 사물에게 정당한 존경을 나타내지 않는 사람이라면 어떻게 의로운 사람이 될 수 있겠는가? 만물은 당신의 것이 되라고 만들어진 것이며, 당신은 그것들을 그 가치에 따라 존중하라고 만들어진 존재다."… 성 아우구스티누스는 덕(virtue)을 오르도 아모리스(ordo amoris), 즉 모든 대상이 그 가치와 정도에 합당하게 사랑받는 애정의 질서 상태라고 정의했습니다. 교육의 목적은 마땅히 좋아해야 할 것은 좋아하고 싫어해야 할 것은 싫어하도록 가르치는 것이라고 아리스토텔레스는 말합니다.[6)]

그러면 우리는 마땅히 바랄 것을 바라고 마땅히 두려워할 것을 두려워하는 것도 추가할 수 있을 것이다. 따라서 두려움과 욕구의 문제로 돌아와서, 두려움과 욕구가 불가피할 뿐만 아니라 도덕적이며 일종의 질서 또는 위계에 따라 배열될 수 있다고 말할 수 있다. 그리고 질서 잡힌 사랑과 질서 잡힌 욕구와 질서 잡힌 두려움에 관해 이야기할 수 있다.

영혼의 단계

이제 우리는 두려움과 욕구에 관한 네 번째 사실에 이른다. 두려움과 욕구는 정념(passions)이다. 정념은 즉각적이고 충동적이며 거의 본능적인 영혼의 움직임이다. 우리가 현실을 읽는 방식에 대한 즉각적인 반응을 정념이라고 부르는데 그 이유는 우리가 그것들 앞에서 **수동적**(passive)이기 때문이다. 그것들은 우리가 취하는 행위가 아니다(앞으로 살펴보겠지만, 그럼에도 불구하고 우리는 그에 대한 책임을 진다). 오히려 그것들은 우리에게 발생하고 우리에게 닥쳐오며 우리 안에서 일어난다. 성경은 두려움이 사람들에게 닥치거나(눅 1:12, 행 19:17), 사람들에게 임하거나(눅 1:65, 행 5:5), 사람들을 가득 채우거나(막 4:41, 눅 2:9), 사람들을 사로잡는(눅 7:16, 8:37)다고 계속해서 말한다.

정념은 고전적으로 어떤 대상에 대한 욕구 또는 혐오감인 단순 정념(simple passion)과 방해물이나 어려움에 직면하여 어떤 대상을 하고 싶어 하는 또는 하기 싫어하는 (복합적인) 불굴의 정념(arduous passion)으로 분류된다. 단순 정념은 사랑, 증오, 욕망 그리고 슬픔 등을 포괄한다. 불굴의 정념은 희망, 두려움, 대담함 그리고 분노를 포괄한다.

정념은 우리 영혼의 움직임이지만, 또한 우리의 몸과도 밀접하게 엮여있다. 그래서 성경은 빈번하게 그것들을 영과 육의 정념 또는 욕망으로 언급한다. "그러므로 너희는 죄가 너희 죽을 몸을 지배하지 못하게 하여 몸의 사욕(passion)에 순종하지 말고"(롬 6:12). "영혼을 거슬러 싸우는 육체의 정욕(passion)을 제어하라"(벧전 2:11).

정념이 우리의 몸과 밀접하게 엮여있는 것이 사실이지만, 소화

나 호흡 또는 성장과 같이 자동적인 과정은 아니다. 물론 위에서 언급했듯이 우리가 즉각적으로 통제할 수 있는 것도 아니다.

우리의 경험 안에 존재하는 다양한 단계를 포괄하는 그림을 상상해 보자. 여러 층으로 이루어진 건물을 생각해 보라. 지하실에는 자동 처리 과정인 호흡, 혈액 순환, 음식 소화 그리고 성장과 같은 것들이 웅웅대는 소리를 낸다. 이러한 신체의 작용은 비합리적이고 비자발적이다. 그것들은 우리 편에서 내린 어떤 선택이나 결정과 상관없이 발생한다. 꼭대기 층은 우리의 지성이나 의지로서, 추론과 선택의 단계다.

그리고 정념은 부분적으로는 이성적이며 부분적으로는 비자발적이다. 그것들은 우리 주위에 일어나고 있는, 또는 일어날 수 있는 일에 대한 우리의 신속한 판단과 인식에 근거한 즉각적인 반응이다. 우리는 어느 정도 이러한 중간층을 동물과 공유한다. 다만 동물은 인간처럼 추론하고 선택하지 않는다. 동물은 어떤 대상이 위험한지 바람직한지를 인지하고 그 반응으로 두려움 또는 욕구를 느낀 후, 그에 따라 반응한다.

의연함과 대담함

이렇듯 여러 층이 있는, 또는 계층이 나뉜 인간의 심리에 대한 이해가 있으면, 용기의 가능성을 창조하는 분열 또는 갈등을 더 잘 이해할 수 있다. 『인간 폐지』에서 루이스는 다시 큰 도움을 준다. 그는 우리의 욕구, 욕망 그리고 본능이 너무나 강력해서 "지성은 훈련된 감정의 도움 없이는 동물적 유기 조직에 맞서기에 무력"[7]하다고 말한다. 우리의 정념을 억제하지 않으면, 그 정념은 매우 강력해져 우리를 지배하게 된다. 폭격을 당하는 상황에서 삼단 논법과 논증으로는 우리의 신경과 근육을 제 자리에 붙들어 놓을 수 없다고 그는 지적한다. 지성이 정념을 지배하기 위해서는 그 이상의 무언가가 필요하다.

이는 이미 오래전에 플라톤이 한 말입니다. 왕이 신하들을 통해 나라를 다스리듯, 인간 내부의 이성은 '심혼적 요소(spirited element)'를 통해 욕망을 통치해야 합니다. 머리는 가슴을 통해 배를 다스립니다. 알라누스의 말처럼, 가슴은 도량(관대함, Magnanimity)—훈련된 습관을 통해 안정된 정서로 조직화된 감정—이 거하는 자리입니다. 가슴—도량—정서는 소위 말해 인간의 뇌(지성)와 장(본능)을 연결하는, 없어서는 안 될 연결선입니다.[8]

플라톤에게는 이 "심혼적 요소", 즉 지성이라는 꼭대기와 욕구라는 중간층 사이에 존재하는 연결선들이 용기의 중심지다. 따라서 용기는 어려움과 고난에 직면할 때 나오는 일종의, 마음의 결심이라고 할 수 있다. 우리가 경험하는 갈등은 두려움이라는 정념(중간층에서)과 선한 것에 천착하려는(또는 악한 것을 피하려는) 더 높은 욕구 사이에 있다. 그렇기에 용기란 더 위대한 선을 향한 더 깊은 욕구의 능력으로 두려움을 극복하는 습관적이고 침착한 냉정함이다.

그렇다면 용기는 적어도 두 가지 방식으로 나타난다. 한편으로, 용기는 위태로움 또는 위험에 직면했을 때 선을 향해 나아간다. 불확실성 앞에서 모든 것을 내놓고 위험을 무릅쓰는 것이다. 우리는 이를 모험심 또는 대담함이라고 부를 수 있다.

다른 한편으로, 용기는 고통 또는 유혹 앞에서도 선을 지킨다. 그리고 고난, 어려움, 고통, 심지어 죽음 앞에서도 물러서거나 도망치려는 충동에 저항한다. 또한 작은 보상을 약속받고도 그 자리에서 멀어지기를 거부한다. 우리는 이를 의연함 또는 인내라고 부른다.

용기의 이 두 가지 표현 방식이 우리가 앞 장에서 살펴본 빌립보서 1장의 구절에서 나타난다. 복음에 합당한 삶의 방식은 "굳게 서서"(의연함, 새번역 27절)와 "함께 싸우며"(대담함, 새번역 27절) 모두를 포괄한디. 후지는 전진과 진보를 암시하는데 대담함으로 고지를 차지하는 것이다. 전자는 요지부동을 암시하고 의연함은 이미 점령한 언덕을 지키는 것이다.

그리고 용기는 어느 방식이든 과잉을 피한다. 가장 분명한 점은 비겁함의 반대가 용기라는 사실이다. 비겁함은 두려움에 굴복하여 위험을 각오하지 못하고 고통, 어려움 그리고 죽음 앞에서 후퇴한다.

동시에 용기는 무모함 또는 경솔함의 반대이기도 하다. 용기는 이성과 지혜의 인도를 받는데, 즉 두려워해야 할 것과 두려워하지 말아야 할 것을 인식하고 계속해서 큰 그림을 시야에 유지하는 것이다.

또한 용기는 필요한 위험과 불필요한 위험을 구분한다. 어떤 사람은 짜릿함을 위해 목숨을 걸기도 한다. 그래서 밧줄 없이 절벽을 오르거나 비행기에서 스카이다이빙을 즐긴다. 또 어떤 사람은 위험에 처한 다른 사람을 구하기 위해 목숨을 걸기도 한다. 아이를 구하기 위해 불타는 건물로 돌진하거나 조국을 위해 전쟁에 나서는 것처럼 말이다. 짜릿함을 추구하는 일은 일종의 대담함일 수는 있다. 하지만 자기 죽음을 감수하고 목숨을 구하는 일은 용감한 일이다. 위험을 무릅쓰는 이유가 중요하다.

결론

우리는 용기의 전반적인 형태를 다음과 같이 요약할 수 있다. 용기는 일종의 이중적 시야를 수반한다. 즉, 우리 앞에 있는 위험과 고난과 더불어 그 너머에 있는 보상과 선을 살피는 것이다. 또 용기는 외적인 고난에 직면할 때 발생하는 내적 갈등 가운데 일어난다. 고통을 두려워하는 것과 쾌락을 바라는 것, 악을 혐오하는 것과 선을 향해 움직이는 것, 이 사이의 긴장 관계에서 용기가 생길 환경이 조성된다. 두려움과 욕구는 불가피하다. 다만 용기는 우리의 두려움과 욕구를 바르게 조정하여, 우리가 마땅히 두려워할 것을 두려워하고 마땅히 욕구할 것을 욕구하게 한다.

그리고 용기는 정념을 통제하는 마음을 안정적으로 습관화한 것이다. 특히 두려움의 정념을 우월한 욕구(또는 우월한 두려움)의 능력으로 통제하는 것이다. 동료의 존경을 열망한다면(그리고 동료들 앞에서 수치 당할 것을 두려워한다면), 신체적 위험에 직면했을 때도 마음을 단단히 먹을 수 있다. 혹은 가족을 사랑한다면, 자기 안전에 대한 불안감이 정복된다. 그래서 가족을 구출하기 위해 불난 집으로 다시 돌진하는 것이다.

또한 가슴속에 자리 잡은 용기는 지혜의 인도를 따라 우리의 정념을 억제한다. C. S. 루이스는 이렇게 말한다. "용기는 단순히 수많은 미덕 가운데 하나가 아니라, 시험의 순간, 즉 가장 첨예한 현실과 마주치는 순간에 모든 미덕이 하나같이 취하는 형태다."[9] 상황이 수월할 때만 순수하거나 정직하다면, 진정으로 순수하거나 정직하거나 고상한 것이 아니다.

용기는 무모함의 과잉에 빠지지 않은 대담함으로 나타나며 위험을 무릅쓴다. 또 수동성 또는 비겁함에 굴복하지 않는 의연함으로 나타나며 고난을 견딘다. 따라서 우리는 진정한 용기를 접할 때마다, 그것이 아름답고 고결하다는 사실을 틀림없이 알 수 있다. 이는 모든 사람이 흠모하는 사랑스러운 미덕이다.

  이것이 용기라는 미덕의 일반적이고 흔한 모습이다. 그런데 이 책은 그저 일반적인 미덕에 관한 내용이 아니다. 그리스도인의 용기에 관한 책이다. 그러면 이 자연적인 미덕이 어떻게 초자연적으로 될 수 있는가? 일반적인 용기를 거룩한 용기로 바꾸는 것은 무엇인가?

chapter 2

성경이 말하는 용기

용기는 고난, 고통, 위험에 직면할 때 선한 것을 고수함으로(또는 애를 씀으로) 두려움을 극복하는 마음과 정신의 습관이다. 모든 형태의 용기에는 이 두 요소, 즉 보상 또는 선 그리고 위험 또는 악이 존재한다. 그리고 지난 장에서는 우리가 반드시 직면해야만 하는 다양한 위험과 보상이 존재함을 살폈다.

부모는 자녀를 구하기 위해 자신의 안전을 내건다. 군인들은 전우와 동족을 위해 싸울 때 죽음의 두려움을 극복한다. 내부 고발자는 진실을 밝히기 위해 사회에서 낙인찍히고 매장당할 것을 감수한다. 이 경우들에서는 가족, 조국, 명예와 같은 더 위대한 선 때문에 고통, 죽음, 불명예, 명성의 실추와 마주하게 된다. 하지만 이 모든 일은 일반적인, 혹은 자연적인 수준에서 작동한다.

초자연적인 수준에 이르기 위해서는 반드시 영원한 천상의 위험과 보상이라는 개념을 가져와야 한다. 실제로 영원한 위험이 존재하고 영원한 보상이 존재하기 때문이다.

성경이 말하는 용기는 세상의 모든 위험에 직면했을 때 가장 크고도 영원한 위험에서 구원받았다는 확신으로 영원한 선을 고수하고 추구하는 것을 의미한다.

우리의 가장 큰 위험

그렇다면 한 인간이 직면하게 되는 가장 큰 위험은 무엇인가? 육체의 고통도 아니고 사회적 매장도 아니며 심지어 죽음도 아니다. 사실 우리가 직면하는 가장 큰 위험은 하나님이다. 그리고 그분이 우리에게 위험인 이유는 바로 그분이 절대적으로 선하시기 때문이다. C. S. 루이스는 우리에게 상기한다.

절대 선의 시선과 마주치면 재미있을 것이라고 말하는 사람들이 간혹 있습니다. 그들은 재고할 필요가 있습니다. 그들은 종교를 가지고 장난을 치고 있습니다. 선은 우리가 반응하는 방식에 따라 가장 큰 안전책이 될 수도 있지만, 가장 큰 위험이 될 수도 있습니다. 그런데 지금까지 우리는 그 선에 잘못된 방식으로 반응

해 왔습니다.[1)]

죄인들에게 하나님은 최고의 공포다. 그리고 우리의 상태를 바르게 이해한다면 두려워하는 것이 옳다. 성경은 이렇게 말씀한다. "살아 계신 하나님의 손에 빠져들어 가는 것이 무서울진저"(히 10:31). 예수님도 우리의 두려움을 바르게 정리해 주시기 위해 이 점을 지적하신다.

"내가 내 친구 너희에게 말하노니 몸을 죽이고
그 후에는 능히 더 못하는 자들을 두려워하지 말라
마땅히 두려워할 자를 내가 너희에게 보이리니
곧 죽인 후에 또한 지옥에 던져 넣는 권세 있는 그를 두려워하라
내가 참으로 너희에게 이르노니 그를 두려워하라"(눅 12:4-5).

이는 우리가 지난 장에서 살펴본 바로 그 요점이다. 우리는 특정한 대상들을 두려워해야 하나, 그 외의 대상들은 두려워하지 말아야 한다.

지옥에 보낼 권세가 있으신 거룩하신 하나님을 두려워하는 것이야말로 모든 인류가 당면한 문제다. 성경은 우리의 영원한 위험을 경고하는 내용으로 가득하다. 하나님의 진노는 "불순종의 아들들에게"(엡 5:6) 임할 것이다. 사실은 지금도 진노는 "불의로

진리를 막는 사람들의 모든 경건하지 않음과 불의에 대하여"(롬 1:18-19) 나타나고 있다.

지금으로서는 하나님의 진노란, 우리를 "마음의 정욕"과 "부끄러운 욕심"에 내버려두셔서 우리가 "모든 불의"(롬 1:24-32)를 행하도록 승인하시는 것이다. 하지만 하나님이 인간의 반역에 심판을 내리실 "진노의 날"이 온다(롬 2:5). 이기적이고 진리를 억누르는 자들에게는 진노와 분노와 환난과 곤고가 있을 것이다(롬 2:8-9).

그리고 로마서 3장에 따르면 우리는 모두 정죄를 받았다.

"의인은 없나니 하나도 없으며
깨닫는 자도 없고
하나님을 찾는 자도 없고
다 치우쳐 함께 무익하게 되고
선을 행하는 자는 없나니…
그들의 눈 앞에 하나님을 두려워함이 없느니라"(롬 3:10-18).

우리는 본래 악한 세력에 이끌리어 "허물과 죄로 죽었"고 "이 세상 풍조를 따르고" "우리 육체의 욕심을" 따라 살아가며 육체와 마음이 원하는 악한 욕망에 휘둘려 산다(엡 2:1-3).

한 마디로 "모든 사람이 죄를 범하였으매 하나님의 영광에 이르지 못"(롬 3:23)한 것이다. 우리는 본질상 진노의 자녀이기에 상상할 수 있는 가장 큰 위험 앞에 놓여 있으며, 따라서 반드시 두려움에 압도되어야만 한다.

하지만 하나님이

"하지만 하나님이!" 어쩌면 이 말은 성경에서 가장 위대한 표현이다. 하지만 하나님은 자비가 풍성하시고 사랑이 크시기에 우리를 죄와 사망과 그분의 진노 아래 내버려두지 않으신다. 하나님이 직접 그리스도를 보내셔서 우리를 구원하셨다는 사실이 좋은 소식이다.

예수 그리스도는 완전한 사람이자 완전한 하나님으로서 하나님 앞에 완벽하고 거룩한 삶을 사셨다. 그리고 더 나아가 그분은 우리 대신 속죄물이 되셔서 진노를 받은 희생제물로 죽으셨다.

이에 해당하는 성경의 용어가 **화목제물**(propitation)인데 우리의 궁극적이고 영원한 위험을 해결하신 것이다. 우리의 빚은 상환됐고 하나님의 진노는 사라졌다. 그리스도가 죄인들을 위해 십자가에서 죽으셨기에 우리는 기쁘게 "다 이루었다"고 말할 수 있다.

하지만 그리스도는 우리를 위해 죽기만 하신 것이 아니다. 그분은 또한 우리 대신, 우리를 의롭게 하시려고 살아나셨다. 그분은 죄와 분노만 처리하신 것이 아니라, 더 나아가 죽음을 정복하셨다. 죽음은 결정적으로 패배했다. 그리스도의 부활은 우리에게 살아있는 희망을 주기에 우리는 죽음의 두려움에서 구원받는다.

"하지만 하나님이!"
"다 이루었다."
"그가 살아나셨느니라."

이것이 좋은 소식이다. 그리고 우리가 믿음으로 이 소식을 받을 때 하나님은 보시기에 우리가 의롭다고 선포하신다. 하나님은 자기 아들을 믿는 믿음만 있으면, 경건하지 않은 자도 의롭다고 여기신다. 우리가 예수님을 받아들이면, 그분으로 충분하다. 우리의 모든 죄는 용서받고 그분의 모든 의가 우리의 것으로 여겨진다.

그리고 우리는 "믿음으로 의롭다 하심을 받았으니…하나님과 화평을 누리"(롬 5:1)게 된다. 더 이상 반역도, 하나님께 적의도 없다. 그리고 진노의 위협이나 지옥에 던져질지 모른다는 두려움도 없다. 이제 우리는 살아계신 하나님과 화평을 누리기 때문에, 그분의 수중에 들어가는 일도 더는 두렵지 않다.

이 복음이 그리스도인이 지닌 용기의 원천이다. 이것이 거룩한 담대함과 굳센 용기의 근원이다. 그리고 이 복음의 용기에는 두 가지 특별한 움직임이 있다. 하나는 하나님 앞에서의 담대함이고 다른 하나는 사람 앞에서의 담대함이다.

하나님 앞에서의 담대함

하나님의 은혜라는 복음과 오직 믿음으로 인한 칭의 교리는 하나님 앞에서 거룩한 담대함을 낳는다. 그리스도인은 하나님의 임재로 조심조심 나아가지 않고, 위대한 대제사장을 의지하여 확신과 담대함으로 하나님의 보좌 앞에 나아간다. 우리는 그곳이 **은혜**의 보좌임을 알고 무언가 필요할 때 하나님이 풍성히 자비를 베푸시는 분이심을 알기 때문이다(히 4:14-16).

그 뒤에 이어지는 구절에서도 동일한 권면을 확인할 수 있다.

"그러므로 형제들아 우리가 예수의 피를 힘입어 성소에 들어갈
담력을 얻었나니 그 길은 우리를 위하여 휘장 가운데로
열어 놓으신 새로운 살 길이요 휘장은 곧 그의 육체니라
또 하나님의 집 다스리는 큰 제사장이 계시매 우리가 마음에
뿌림을 받아 악한 양심으로부터 벗어나고 몸은 맑은 물로
씻음을 받았으니 참 마음과 온전한 믿음으로 하나님께 나아가자
또 약속하신 이는 미쁘시니 우리가 믿는 도리의 소망을
움직이지 말며 굳게 잡고"(히 10:19-23).

우리는 예수님의 피를 힘입어 하늘의 성소로 들어갈 담력을 얻었다. 그분이 우리의 큰 대제사장이시며 하나님의 영원한 집을 다스리신다. 우리의 마음은 그분의 피로 깨끗하게 되었고 우리의

몸은 그분의 이름으로 세례를 받으면서 씻어졌다. 그리고 이러한 이유로 우리는 거룩하신 하나님께 가까이 나아갈 수 있다고, 그것도 두려움 없이 접근할 수 있다고 완전히 확신한다. 신실하신 하나님이 그렇게 약속하셨기 때문이다.

사도 요한도 비슷하게 하나님 앞에서 우리의 확신과 담대함을 이야기한다. 하지만 요한은 우리의 관심을 앞으로 임할 심판과 더불어 예수님이 행하신 일로 인해 우리가 오늘 당장 품을 수 있는 확신에 돌린다. 그는 독자들에게 예수님 안에 머물라고 권한다. "그가 강림하실 때에 우리로 담대함을 얻어 그 앞에서 부끄럽지 않게 하려 함이라"(요일 2:28).

몇 절 후에 요한은 독자들에게 그저 말뿐이 아닌 행동으로 서로를 사랑하라고 권면한다(요일 3:18). 그렇게 함으로 우리는 진리에 속해 있음을 나타내며 스스로 정죄할 때도 자신을 안심시킬 수 있다.

"이는 우리 마음이 혹 우리를 책망할 일이 있어도
하나님은 우리 마음보다 크시고 모든 것을 아시기 때문이라
사랑하는 자들아 만일 우리 마음이 우리를 책망할 것이 없으면
하나님 앞에서 담대함을 얻고 무엇이든지 구하는 바를
그에게서 받나니 이는 우리가 그의 계명을 지키고
그 앞에서 기뻐하시는 것을 행함이라"(요일 3:20-22).

우리 앞에 두 가지 시나리오가 있다. 첫 번째 시나리오를 따르면, 마음이 우리를 정죄할 것이다. 아마도 필시 우리가 죄 가운데 머물러 있기 때문일 것이다. 우리는 하나님의 명령을 여전히 완벽하게 지킬 수 없다는 것을 안다. 우리 양심은 자신을 찌르고 우리 마음에는 우리가 정죄 받는 것이 마땅하다는 하나님의 심판에 공명한다.

이러한 상황에서 동료 그리스도인에 대한 우리의 사랑은, 우리가 예수님께 속해 있으며 그분을 믿을 때 하나님이 그분의 영으로 우리 안에 거하신다는 사실을 재확인해 준다(요일 3:23-24). 심지어 우리가 이를 잊을 때도 하나님은 잊지 않으신다. 우리가 스스로 정죄하는 것보다 하나님이 우리를 값없이 의롭다고 여기심이 크다.

반면에 우리가 분명하게 빛 가운데 걷고 하나님의 명령을 지켜서 스스로 정죄하지 않을 때도 있다. 그러한 경우에 우리는 임박한 심판을 전혀 두려워하지 않는다. 우리는 하나님 앞에서 자신만만하고, 히브리서처럼 그분의 보좌에 담대히 나아가 우리의 기도에 응답해달라고 담대히 구한다(히 4:16).

자신이 쓴 첫 편지의 마지막에 이르러 요한은 다시 하나님 안에 거하는 것과 하나님의 심판 앞에서 담대한 것 사이의 중요한 상관관계를 강조한다. 우리가 예수님이 하나님의 아들이심을 고백하면, 우리를 향하신 하나님의 사랑을 받고 그 사랑을 하나님께 돌려 드리게 된다(요일 4:15). 그렇게 함으로 우리는 사랑 안에 거하고 하나님 안에 거한다(하나님은 사랑이시기 때문에 이는 같은 것이다).

그리고 우리를 향한 하나님의 사랑이 커지면, 하나님을 향한 사랑으로 되돌아가고 이웃을 향해 사랑이 흘러넘치게 되는데, 이때 하나님의 사랑이 우리에게 온전히 이루어진다(요일 4:17). 이 온전한 사랑은 모든 두려움을 내쫓는데, 특별히 형벌에 대한 두려움을 쫓는다(요일 4:18). 그래서 우리는 심판 날에 오히려 담대하다(요일 4:17).

요한일서와 히브리서에서의 메시지는 같다. 예수님이 행하신 일 때문에 우리는 임박한 심판에 대한 모든 두려움에서 구조됐다. 우리는 직면한 가장 큰 위험에서 구원받았고 그 결과 하나님께 가까이 나갈 수 있는 담대함이 생겼다.

찰스 웨슬리는 자신이 지은 유명한 찬송가 마지막 절에서 성경이 말하는 이 진리의 아름다움을 잘 포착한다.[2]

어떤 정죄도 두렵지 않네.
예수님과 그분 안의 모든 것이 나의 것!
살아있는 머리이신 그분 안에 나는 살아있네.
신령한 의로 옷 입었네.
담대하게 영원한 보좌로 나아가
왕관을 요구하네, 나의 그리스도를 통해

놀라운 사랑! 어찌 가능한가.

나의 하나님, 당신이 나를 위해 죽으셔야 했다니!

사람 앞에서의 용기

하나님의 공의로운 심판 앞에서 그리스도인이 용기를 낸다는 것은 놀라운 현실이다. 그렇기에 복음은 좋은 소식이다. 하지만 복음은 그저 우리를 하나님의 보좌 앞에서만 용기 있게 하는 것이 아니다. 사람들의 위협 앞에서도 우리를 담대하게 만든다. 즉, 우리를 가장 큰 위험에서 구원할 뿐 아니라 그보다 덜 위험한 곳에서도 구원하는 것이다.

우리는 구약의 모든 쪽에서 이러한 후렴구가 울려 퍼지는 것을 듣는다. 신명기 31장에서 모세가 백성에게 한 말을 생각해 보라. 그때는 세대교체가 일어나고 지도력이 전환하는 시기였다. 모세는 광야에서 사십 년 동안 백성을 이끌었다. 하지만 약속의 땅에서는 모세가 그들을 인도하지 않을 것이다. 그래서 이 전환의 시기는 두려움으로 가득했다. 모세는 이런 상황에서 백성에게 무슨 말을 했을까?

"그들에게 이르되 이제 내 나이 백이십 세라 내가 더 이상 출입하지 못하겠고 여호와께서도 내게 이르시기를

너는 이 요단을 건너지 못하리라 하셨느니라
여호와께서 이미 말씀하신 것과 같이 네 하나님 여호와께서
너보다 먼저 건너가사 이 민족들을 네 앞에서 멸하시고
네가 그 땅을 차지하게 할 것이며 여호수아는
네 앞에서 건너갈지라 또한 여호와께서 이미 멸하신
아모리 왕 시혼과 옥과 및 그 땅에 행하신 것과 같이
그들에게도 행하실 것이라 또한 여호와께서 그들을
너희 앞에 넘기시리니 너희는 내가 너희에게 명한
모든 명령대로 그들에게 행할 것이라
**너희는 강하고 담대하라 두려워하지 말라
그들 앞에서 떨지 말라 이는 네 하나님 여호와
그가 너와 함께 가시며 결코 너를 떠나지 아니하시며
버리지 아니하실 것임이라 하고**"(신 31:2-6).

이제 지도자인 여호수아에게 모세가 한 말을 살펴보자.

"모세가 여호수아를 불러온 이스라엘의 목전에서
그에게 이르되 **너는 강하고 담대하라** 너는 이 백성을 거느리고
여호와께서 그들의 조상에게 주리라고 맹세하신 땅에 들어가서
그들에게 그 땅을 차지하게 하라
그리하면 **여호와 그가 네 앞에서 가시며 너와 함께 하사**

**너를 떠나지 아니하시며 버리지 아니하시리니
너는 두려워하지 말라 놀라지 말라**"(신 31:7-8).

같은 장 후반에 하나님이 직접 여호수아에게 내리신 명령을 살펴보자.

"여호와께서 또 눈의 아들 여호수아에게 명령하여 이르시되
너는 이스라엘 자손들을 인도하여
내가 그들에게 맹세한 땅으로 들어가게 하리니
강하고 담대하라 내가 너와 함께 하리라 하시니"(신 31:23).

그리고 모세의 죽음 이후 하나님은 여호수아에게 부르심과 약속을 재차 말씀하신다.

"네 평생에 너를 능히 대적할 자가 없으리니
내가 모세와 함께 있었던 것 같이 너와 함께 있을 것임이니라
내가 너를 떠나지 아니하며 버리지 아니하리니 강하고 담대하라
너는 내가 그들의 조상에게 맹세하여 그들에게 주리라
한 땅을 이 백성에게 차지하게 하리라
오직 강하고 극히 담대하여 나의 종 모세가 네게 명령한
그 율법을 다 지켜 행하고 우로나 좌로나 치우치지 말라

그리하면 어디로 가든지 형통하리니 이 율법책을
네 입에서 떠나지 말게 하며 주야로 그것을 묵상하여
그 안에 기록된 대로 다 지켜 행하라
그리하면 네 길이 평탄하게 될 것이며 네가 형통하리라
내가 네게 명령한 것이 아니냐
강하고 담대하라 두려워하지 말며 놀라지 말라
네가 어디로 가든지 네 하나님 여호와가
너와 함께 하느니라 하시니라"(수 1:5–9).

이후 정복 전쟁 한창 중에 여호수아는 이 말씀을 백성에게 상기시킨다.

"여호수아가 그들에게 이르되 **두려워하지 말며 놀라지 말고**
강하고 담대하라 너희가 맞서서 싸우는 모든 대적에게
여호와께서 다 이와 같이 하시리라 하고"(수 10:25).

모든 경우에 그 권고와 논거는 동일하다. "강하고 담대하라. 주님이 너와 함께하신다." 이는 우리가 용기에 관해서 지금까지 살펴본 내용 그대로다. 즉, 용기는 힘과 관련이 있다는 것, 특히 일종의 정신적 힘과 정서적 안정감과 관련이 있다. 용기는 외적인 위협과 내적인 두려움에 직면할 때 나타나는 굳은 심지다.

그리고 성경이 말하는 용기는 하나님이 우리와 함께하시고 우리를 위하신다는 사실을 깊이 깨닫는 것에서 나온다는 점이 가장 중요하다. 어디를 가든지 하나님이 우리와 함께하시기 때문에 우리는 적을 두려워할 필요가 없다. 그들의 강력한 힘 앞에서도 녹아내릴 필요가 없다. 오히려 우리는 믿음 안에서 점점 더 강해지고 순종하여 행동하게 된다.

또 이 말씀은 이스라엘 역사 내내 울려 퍼진다. 시편에서 다윗이 노래로 성도들의 힘을 돋울 때 이 말씀을 다시 한다.

"여호와를 바라는 너희들아 강하고 담대하라!"(시 31:24).

다윗이 솔로몬에게 엄청난 과업인 성전 건축을 지시할 때도 신명기와 여호수아의 말씀을 반복한다.

"강하고 담대하여 두려워하지 말고 놀라지 말지어다"(대상 22:13).

"또 그의 아들 솔로몬에게 이르되 너는 강하고 담대하게
이 일을 행하라 두려워하지 말며 놀라지 말라
네가 여호와의 성전 공사의 모든 일을 마치기까지
여호와 하나님 나의 하나님이 너와 함께 계시사
네게서 떠나지 아니하시고 너를 버리지 아니하시리라"(대상 28:20).

아사 왕이 이스라엘에서 우상을 없애려고 할 때 선지자 아사랴는 하나님의 임재와 상급을 약속하며 용기를 돋우어 사람을 두려워하지 않게 한다.

"하나님의 영이 오뎃의 아들 아사랴에게 임하시매
그가 나가서 아사를 맞아 이르되
아사와 및 유다와 베냐민의 무리들아 내 말을 들으라
너희가 여호와와 함께 하면 여호와께서 너희와 함께하실지라
너희가 만일 그를 찾으면 그가 너희와 만나게 되시려니와
너희가 만일 그를 버리면 그도 너희를 버리시리라
이스라엘에는 참 신이 없고 가르치는 제사장도 없고
율법도 없은 지가 오래되었으나 그들이 그 환난 때에
이스라엘 하나님 여호와께로 돌아가서 찾으매
그가 그들과 만나게 되셨나니 그 때에 온 땅의 모든 주민이
크게 요란하여 사람의 출입이 평안하지 못하며
이 나라와 저 나라가 서로 치고 이 성읍이 저 성읍과
또한 그러하여 피차 상한 바 되었나니
이는 하나님이 여러 가지 고난으로 요란하게 하셨음이라
**그런즉 너희는 강하게 하라 너희의 손이 약하지 않게 하라
너희 행위에는 상급이 있음이라 하니라**"(대하 15:1-7).

히스기야는 앗수르 군대에 포위당했을 때 똑같은 말로 백성의 마음을 강하게 했다.

"군대 지휘관들을 세워 백성을 거느리게 하고 성문 광장에서
자기 앞에 무리를 모으고 말로 위로하여 이르되
너희는 마음을 강하게 하며 담대히 하고 앗수르 왕과
그를 따르는 온 무리로 말미암아 두려워하지 말며 놀라지 말라
우리와 함께하시는 이가 그와 함께하는 자보다 크니
그와 함께하는 자는 육신의 팔이요 우리와 함께하시는 이는
우리의 하나님 여호와시라 반드시 우리를 도우시고
우리를 대신하여 싸우시리라 하매 백성이
유다 왕 히스기야의 말로 말미암아 안심하니라"(대하 32:6-8).

이사야는 적군과 마주한 이스라엘에게 용기를 주려고 이 진리를 외친다.

"두려워하지 말라 내가 너와 함께함이라
놀라지 말라 나는 네 하나님이 됨이라
내가 너를 굳세게 하리라 참으로 너를 도와 주리라
참으로 나의 의로운 오른손으로 너를 붙들리라"(사 41:10).

시편 112편도 비슷하게 의인의 용기를 강조한다. 의인은 "여호와를 경외하며 그의 계명을 크게 즐거워하는 자"(시 112:1)다. 그런 사람은 주님을 두려워하기 때문에 다른 모든 두려움을 이긴다.

"그는 흉한 소문을 두려워하지 아니함이여
여호와를 의뢰하고 그의 마음을 굳게 정하였도다
그의 마음이 견고하여 두려워하지 아니할 것이라
그의 대적들이 받는 보응을 마침내 보리로다"(시 112:7-8).

주님을 신뢰하는 자의 굳건하고 변함없는, 요지부동한 마음이 이와 같다. 하나님의 백성은 반복적으로 두려움을 극복하도록, 용기를 내어 위협과 위험과 불확실성에 직면하도록 요청을 받는다. 하나님이 그들과 함께하시고 그들을 위하시며, 그들을 강하게 하시고 그들을 도우시며 상급을 베푸실 것이기 때문이다. 그리고 성경이 말하는 용기의 독특함에 주목하라. 자연적인 용기는 두려움을 극복하는 강인한 마음과 결연함이다.

하지만 성경이 말하는 용기란, **다른 존재의 강함으로** 두려움을 극복하는 마음의 강함과 결연함이다. 이 용기는 의존적인 용기인데 자기 힘이 아닌 바로 하나님의 예비하심에 기대는 것이다. 우리는 시작하는 장에서 빌립보인들에게 보내는 바울의 글을 통해 이 내용을 살폈다.

바울은 성도들의 간구와 성령의 도움으로 수치스러운 비겁함에서 구원받고 예수님을 높일 수 있었다(빌 1:19-20). 바울의 용기는, 모세와 여호수아와 다윗과 솔로몬과 이사야와 아사와 히스기야의 용기와 마찬가지로 하나님께만 의지하는 용기였다. 그리스도인의 마음에 힘을 주어 두려움과 불안함의 정념을 극복하도록 하는 것은 궁극적으로 자기 자원이나 능력이 아니라, 하나님 백성의 기도를 통해 공급되는 하나님의 영이다.

성경 속 용기의 궁극적 본

성경이 말하는 용기의 궁극적인 본은 결국 예수님까지 이른다. 우리는 이미 예수님이 십자가와 부활을 통해 용기의 근거가 되신다는 것을 살펴봤다. 예수님은 그분의 사역을 통해 용기의 근거가 되실 뿐 아니라, 우리가 지녀야 할 용기의 본이 되신다. 겟세마네 동산에서 예수님이 겪으신 그 고뇌를 생각해 보라.

예수님은 깊은 슬픔과 걱정에 잠겨 계셨다(마 26:37). 고뇌 가운데 기도하시며 피를 땀처럼 흘리셨다(눅 22:44). 그분은 앞으로 어떤 일이 닥칠지 알고 계셨다. 끔찍한 고통, 추악한 조롱 그리고 사람들의 경멸이 있을 것이다. 무엇보다도 그 모든 일의 이면과 과정과 중심에는 인간의 반역에 내리시는 하나님의 진노가 있었다. 그분이 임박한 고통과 죽음을 앞두고 느끼신 고뇌와 고통은 완벽하게 합당한 것이었다.

그리고 우리는 예수님의 기도에서 (지난 장에서 논했던 여러 단계로 이루어진 심리 작용을 포함하여) 예수님이 완전한 인간의 본질을 지니고 계셨음을 목격한다. "아버지여 만일 아버지의 뜻이거든 이 잔을 내게서 옮기시옵소서 그러나 내 원대로 마시옵고 아버지의 원대로 되기를 원하나이다"(눅 22:42). 정념이라는 낮은 단계에서는 예수님도 이 경주를 달리고 싶지 않으셨다. 그분이 하나님께 뜻하고 바란 바는 그 잔을 옮겨 본인이 마시지 않게 해달라는 것이었다. 사실 그런 고통 앞에서 움츠러드는 것은 지극히 정상적이고 자연스러운 일이며 죄악 된 일이 아니다.

그러나 예수님은 더 깊은 단계, 즉 그분의 거룩한 뜻이라는 더 높은 단계에서는 하나님의 뜻이 이루어지기를 구하신다. 그분은 완벽하게 두려움과 괴로움이라는 정념을 다스리시고 아버지께 완전히 순종하는 길로 나아가신다.

어떻게 그렇게 하실 수 있는가? 히브리서는 예수님이 위험에 직면하시면서도 상급을 구하는 이중적 시야를 지니셨다고 증거한다. 저자는 우리에게 예수님을 생각해 보라고 권한다. 그분은 "너희가 피곤하여 낙심하지 않기 위하여 죄인들이 이같이 자기에게 거역한 일을 참으신 이"(히 12:3)시다. 예수님은 적대감을 마주하고 움츠리지 않으셨고 가는 길에 장애물이 있어도 낙심하지 않으셨다. 우리도 그분의 걸음을 따라야 한다.

"이러므로 우리에게 구름 같이 둘러싼 허다한 증인들이 있으니
모든 무거운 것과 얽매이기 쉬운 죄를 벗어 버리고
인내로써 우리 앞에 당한 경주를 하며
믿음의 주요 또 온전하게 하시는 이인 예수를 바라보자
그는 그 앞에 있는 기쁨을 위하여 십자가를 참으사
부끄러움을 개의치 아니하시더니
하나님 보좌 우편에 앉으셨느니라"(히 12:1-2).

예수님은 우리 믿음의 주요 온전하게 하시는 분이시다. 그리고 그분이 우리의 믿음을 온전하게 하시는 한 가지 방법은 믿음으로 인내하는 본이 되신 것이다. 우리는 예수님을 바라보고 또 예수님을 생각한다. 그런데 저자는 특별히 우리에게 무엇을 생각해 보라고 하는 것일까?

예수님 앞에는 경주가 있었는데 그분은 십자가의 모든 고뇌와 고통과 수치에 직면하셨다. 예수님은 위험과 위협과 고난을 보시고 두려움과 고통을 느끼셨다. 하지만 외적 위험에 직면하여 생긴 내적 두려움 때문에 돌아서거나, 몸을 사리거나, 약해지지 않으셨다. 오히려 그분은 밀고 나가셨고 십자가를 인내하셨다. "그 앞에 있는 기쁨을 위하여" 상급을 기대하셨기 때문이다.

그분은 "밖으로는 다툼이요 안으로는 두려움"(고후 7:5에서 바울의 말을 빌리자면)에 직면하셨지만, 그리스도는 영광의 소망으로 마음을

강하게 먹으셨다. 그리스도는 아버지가 자신을 무한히 기뻐하심을 잘 아셨다. "이는 내 사랑하는 아들이요 내 기뻐하는 자라"(마 3:17). 그리고 자신이 영광에서 와서 영광으로 돌아가실 것도 잘 아셨다. 그분은 자신이 드린 대제사장의 기도에서 이렇게 기도하셨다.

> "아버지여 때가 이르렀사오니 아들을 영화롭게 하사
> 아들로 아버지를 영화롭게 하게 하옵소서
> 아버지께서 아들에게 주신 모든 사람에게 영생을 주게 하시려고
> 만민을 다스리는 권세를 아들에게 주셨음이로소이다
> 영생은 곧 유일하신 참 하나님과 그가 보내신 자
> 예수 그리스도를 아는 것이니이다
> 아버지께서 내게 하라고 주신 일을 내가 이루어
> 아버지를 이 세상에서 영화롭게 하였사오니
> 아버지여 창세 전에 내가 아버지와 함께 가졌던 영화로써
> 지금도 아버지와 함께 나를 영화롭게 하옵소서"(요 17:1-5).

그분의 상급은 아버지와 함께 가졌던 영화를 회복하는 것이었다. 그런데 영원한 영광만 있는 것은 아니었다. 예수님은 그분에게 "하라고 주신 일을 이루어" 아버지께 돌아가실 것이다. 하나님 아버지는 모든 사람을 예수님에게 주셨고 예수님은 자기 백성이

함께 있어 그분의 영광을 보며 사랑과 기쁨으로 가득하게 하셨다. 신부를 얻기 위해 오신 예수님이 신부를 초대하여 아들과 아버지가 항상 나누셨던 영광을 함께 누리게 하신다.

이처럼 십자가 앞에서 그리스도의 마음을 강하게 한 것은 바로 하나님께 영원한 구속을 받은 사람들과 나눌 무한한 영광이었다. 그것이 그분 앞에 있는 기쁨이었고 모든 두려움을 이겨내게 하는 상급이었으며, 그리스도에게 용기의 근원이었다.

chapter 3

용기의 결핍

    미덕에 관한 지식을 키우는 일반적인 방식은 그에 상응하는 악덕을 생각해 보는 것이다. 성경은 미덕 자체를 칭찬하는 것뿐 아니라 어리석음을 보여줌으로써 지혜가, 나태함을 강조함으로 근면함이, 교만함을 드러내어 겸손함이 자라게 한다. 마찬가지로 비겁함을 고찰하면 용기가 무엇인지 더욱 분명히 알게 된다.

    그렇다면 비겁함은 무엇인가? 비겁함이란, 고난에 직면할 때 선함을 고수하지 못하는 것이다. 위기에 직면할 때 어떤 위험도 무릅쓰지 않는 것이다. 기백의 결핍으로서 고통을 피하려고 지름길이나 빠른 해결책을 찾는 것이다. 겁 많음, 두려움, 심약함 등등이 용기의 반대다. 비겁함은 악한 날에 자신의 자리를 버리는 것, 즉 물러나고 포기하는 것이다. 그래서 마음을 접고 도망가는 것이다. 두려움은 우리를 녹아내리게 만든다. 힘이 빠지게 하고 마음을 시들게 하며 결심을 약하게 만든다. 그것이 바로 낙심과 낙담의 의미다.

정의를 내리는 일도 큰 도움이 되지만, 미덕과 악덕이 구체적으로 어떻게 드러나는지를 보여주는 이야기도 필요하다. 미덕과 악덕이 실제로 어떻게 작동하는지를 봐야 그것들을 모방하거나 피할 수 있기 때문이다.

낙원에서

우리는 창세기 초반에서 두려움, 비겁함, 포기 그리고 겁약함의 예를 본다. 뱀이 하와를 유혹할 때 아담은 그와 "함께"(창 3:6) 있었는데 용기와 담대함, 의연함과 의지력이 필요한 순간이다. 하지만 아담은 침묵하며 수동적으로 있는데 낙원에서 뱀을 몰아내기 위해 칼을 꺼내는 대신 포기하고 만다. 아담은 처치해야 할 용이 있는데도 그냥 달아난다. 그는 뒷걸음쳐서 아무 말 없이 하와의 말을 따른다.

그것보다 더 심각한 일은 그가 초반에 보인 수동성이 독단적인 우상숭배로 이어진다는 사실이다. 그는 하나님의 목소리보다 아내의 목소리를 듣는다. 아내가 열매를 건네자, 그녀를 기쁘게 해야 한다는 욕구가 선을 고수하고 하나님께 순종해야 한다는 열망을 이긴 것이다. 그는 용기와 담력을 발휘하여 하와를 이끌지 못한 채, 자신의 책임을 버리고 아내를 따라 죄와 파멸로 향한다.

그리고 타락은 이 첫 부부에게 수치, 죄책감 그리고 두려움을 일으킨다. 그래서 무화과 나뭇잎을 엮어 서로에게서 숨고 주님이 만나러 오실 때는 주님의 임재로부터 숨는다. 아담은 왜 하나님으로부터 숨는가? "내가 동산에서 하나님의 소리를 듣고 내가 벗었으므로 두려워하여 숨었나이다"(창 3:10). 아담은 죄를 저질렀기에 두려움으로 가득했고 하나님의 임재로부터 물러난다.

심지어 하나님께 발각되었는데도 그는 계속해서 숨는다. 그는 아내 뒤에 웅크리고는 자기 잘못을 아내 탓으로 돌린다. 더 나아가 하나님이 하와를 자신의 돕는 배필이자 아내로 주었기 때문이라면서 도리어 하나님 탓을 한다. "하나님이 주셔서 나와 함께 있게 하신 여자 그가 그 나무 열매를 내게 주므로 내가 먹었나이다"(창 3:12).

아담은 발뺌하고 우상을 숭배하며 삐딱하게 행동한다. 그는 수동성에서 반역과 책임 전가까지 했다. 시험과 고난 앞에서 아담이 굳게 서지 못하고 선을 고수하지 못하면서 아담과 인류는 비참하게 고꾸라지고 만다. 창조주보다 창조물을 예배하고 섬기게 되면서 그의 수동성은 독단적인 우상숭배로 이어진다. 그리고 두려움 가운데 하나님에게서 숨고 아내와 아내를 만드신 하나님을 비난한다. 그리고 그렇게 함으로 다른 사람들에게 부정적인 영향을 끼치게 되었다.

산에서

출애굽기 32장, 시내산에 선 아론을 생각해 보자. 모세는 산 정상에서 하나님을 만나고 있다. 아론은 산기슭에 머물며 사람들을 이끄는데 이들은 공포와 불안으로 가득하다. 그들은 애굽에서 사백 년간 박해받다가 이제 막 열 가지 재앙을 통해 구원을 받았다. 바로의 추격을 받고 홍해에 막혔지만, 결국 마지막 순간에 구원을 받는다. 이 일 후 그들은 광야와 굶주림과 목마름의 위협에 직면한다(출 16-17장). 그 후에도 그들이 약해지기만 하면 그들을 잡아먹으려고 하는 악한 나라들의 위협에 직면한다(출 17장).

이 모든 과정에서 모세는 그들의 지도자였다. 그는 하나님의 능력을 행사하여 재앙으로 바로에 맞선다. 그가 손을 뻗으면 바다가 갈라졌고 지팡이로 바위를 치면 물이 흘러나왔다. 그의 손이 높이 들리면 하나님의 백성이 전투에서 우세를 점했고 그의 손이 내려가면 적이 우세해졌다. 그렇게 모세는 하나님의 선지자로서 하나님의 구원을 드러내는 살아있는 대리인이었다.

그 후 시내에서 모세는 산 위로 올라갔고 백성은 그의 부재와 지체에 불안해진다. 그래서 그들은 이렇게 말한다. "모세 곧 우리를 애굽 땅에서 인도하여 낸 사람은 어찌 되었는지 알지 못함이니라"(출 3:21). 그러면서 그들은 아론에게 자신들을 인도할 신을 만들어 내라고 요구한다. 즉, 괴롭고 불안한 자신들을 위로해 줄 우상을 구한 것이다.

이에 아론은 굴복해 버린다. 두려움에 사로잡힌 백성의 요구에 직면하자 그는 용기를 내지 못하고 엄청난 잘못을 범하게 된 것이다. 그는 백성이 근심을 견디기 어려워하고 불안감이 퍼져 나가는 것을 본다. 그래서 지름길과 쉬운 해결책을 찾다가 끔찍한 짓을 저지르고 만다. 아담처럼 자기 지도권을 버리고 우상숭배와 반역에 빠진 것이다. 그는 자기 손으로 금송아지를 만들고서는 백성에게 그들의 신이라고 보여준다. 그뿐 아니라 금송아지 앞에 제단을 쌓고 절기를 선포한다. 자기 체면을 세우려고 종교를 혼합하는 말도 안 되는 짓을 벌이고 만 것이다. "내일은 여호와의 절일이니라"(출 32:5). 그가 만든 금송아지가 어쨌든 천지의 전능하신 창조자이신 "스스로 있는 자"(출 3:14 참고)를 대변한다는 말도 안 되는 소리다.

그 후, 모세가 와서 들이닥치자, 아론은 신의 없던 아담의 모습을 그대로 답습한다.

"모세가 아론에게 이르되 이 백성이 당신에게 어떻게 하였기에 당신이 그들을 큰 죄에 빠지게 하였느냐 아론이 이르되

내 주여 노하지 마소서 이 백성의 악함을 당신이 아나이다
그들이 내게 말하기를 우리를 위하여 우리를 인도할 신을
만들라 이 모세 곧 우리를 애굽 땅에서 인도하여 낸 사람은
어찌 되었는지 알 수 없노라 하기에 내가 그들에게 이르기를
금이 있는 자는 빼내라 한즉 그들이 그것을 내게로 가져왔기로
내가 불에 던졌더니 이 송아지가 나왔나이다"(출 32:21-24).

"하나님이 내게 주신 여인"에서 "당신이 내게 남긴 백성"으로 바뀌었을 뿐이다. 아론은 기본적으로 "이건 그들의 잘못입니다"라고 말하고 있다. "나는 그저 내 일만 하고 있었는데 갑자기 금송아지가 나왔습니다"라는 식이다. 책임 회피에서 우상숭배와 남 탓까지, 마치 같은 노래 속의 이어지는 다음 절과 같다.

여기서 다시 기백의 결핍, 용기의 결핍이 나타났다. 백성의 두려움이 아론의 결의를 압도했다. 그가 백성의 소요에 직면하자, 하나님만 붙들겠다는 의지력과 의연함은 사그라들었다. 그는 하나님의 거룩하심보다 백성의 인정을 더 소중히 여겼기에 백성의 괴롭힘이라는 용광로에서 그의 용기는 녹아내렸다.

광야에서

백성은 율법을 받고 하나님의 이동식 거처인 성막을 짓는다.

이후 그들은 시내산을 떠나 하나님이 그들에게 약속하신 땅으로 여정을 떠난다. 그런데 출발부터 좋지 않았다. 그들은 하나님이 은혜로 베푸신 만나를 불평한다. 그래서 하나님은 그들을 메추리 떼에 파묻히게 하시고 재앙을 내리신다(민 11장). 또 미리암과 아론이 질투심으로 모세에게 대항하자 그들을 징계하신다(민 12장).

그런데도 하나님은 신실하심으로 그들을 버리지 않으신다. 아브라함과 이삭과 야곱에게 하신 약속 때문이다. 이 부분은 하나님이 이스라엘을 다루시는 방법이 전환되는 지점이다. 이 순간까지 이스라엘 백성은 전반적으로 하나님의 능력 앞에서 수동적이었다. 하나님은 그들을 강한 손과 편 팔로 애굽의 종살이에서 구하셨다. 출애굽기에 나오는 전투는 바로와 모세 사이에, 애굽의 신들과 이스라엘의 하나님 사이에 벌어졌다. 이스라엘의 역할은 그저 여호와가 행하신 강력한 일들을 지켜보는 것이었다.

이제 민수기에서 하나님은 구속 계획의 다음 단계를 밟으시며 이스라엘을 더욱 적극적인 역할로 부르신다. 물론 여호와가 그들보다 앞서가셔서 민족들을 내쫓으시지만, 백성도 직접 정복 활동에 참여해야 한다. 하나님은 그들을 지시하여 열두 명의 정탐꾼들을 그 땅으로 보내사, 거기 사람들이 강한지 약한지, 그곳 땅은 좋은지 나쁜지, 그들이 진영에 거하는지 산성에 거하는지 알아 오게 하신다(민 13:17-20).

정탐꾼들은 돌아와서 그 땅이 풍요롭고 아름다우며 젖과 꿀이 흐른다고 보고한다. 하지만 그 사람들은 강하고, 그들의 성읍은 산성이며, 심지어 네피림의 후손인 거인들이 거주하고 있다고 전한다. 정탐꾼 중 열은 이렇게 말한다. "우리는 능히 올라가서 그 백성을 치지 못하리라 그들은 우리보다 강하니라"(민 13:31).

정탐꾼들의 부정적인 보고는 사람들의 기운을 앗아갔다. 그들은 울면서 모세와 아론에게 불평하지만, 여호수아와 갈렙은 오히려 그들을 타이른다. "그 땅 백성을 두려워하지 말라 그들은 우리의 먹이라 그들의 보호자는 그들에게서 떠났고 여호와는 우리와 함께하시느니라 그들을 두려워하지 말라"(민 14:9). 위험에 맞서 용기를 내라는 직접적인 외침이다. 하지만 사람들은 거부하고 오히려 여호수아와 갈렙을 돌로 치려고 한다.

그들의 두려움과 반역에 하나님은 분노를 일으키신다. 하나님은 그들을 전염병으로 치시고 겁에 질려 반역하는 세대는 아무도 그 땅에 들어가지 못할 것이라고 정하신다. 그들의 시체가 광야에 엎드러질 것이다(민 14:29). 그 대신 후손들이 땅을 유업으로 받을 것이다.

시내산에서는 사람들의 불평이 아론의 결심을 이겼다. 민수기에서는 정탐꾼들의 두려움이 사람들을 감염시켰다. 두 경우 모두 교훈은 같다. 비겁함이 전염된다는 사실이며 두려움은 들불처럼 퍼진다.

하나님의 율법은 이 사실을 분명히 인지한다. 신명기 20장에서 하나님은 백성에게 전쟁에 관한 율법을 주신다. 이 율법 중에서 하나님은 이렇게 말씀하신다. "책임자들은 또 백성에게 말하여 이르기를 두려워서 마음이 허약한 자가 있느냐 그는 집으로 돌아갈지니 그의 형제들의 마음도 그의 마음과 같이 낙심될까 하노라"(신 20:8). 두려움은 그저 무서워하는 자들에게만 영향을 끼치지 않는다. 그것은 퍼져나가서 다른 사람의 마음을 녹인다. 공동체를 약화하고 위태롭게 만드는 것이다.

하지만 우리는 두려움과 비겁함의 나약하고 보잘것없는 모습에 속지 말아야 한다. 성경은 그러한 인간의 두려움은 악하고 하나님께 반역하는 것이며 이는 불신앙과 마음의 강퍅함에 뿌리 내리고 있음을 분명하게 밝힌다.

사람들이 두려움에 사로잡혀 우상을 만들어 자신들을 위로해 달라고 요구할 때, 하나님은 그들을 "목이 뻣뻣한"(출 32:9) 백성이라고 하신다. 그 땅에 들어가기를 거부하는 것은 실질적으로 하나님을 멸시하고 경멸하는 것이었다(민 14:11). 또한 하나님을 시험하는 것이었고(민 14:22) 근본적으로 악한 것이었다(민 14:27, 35). 그리고 그러한 거부에는 **불평**과 **불만**을 동반히는데 이는 **책임**을 전가하고 불평하는 아담과 아론의 모습과 같다. 불평이란, 자신이 처한 곤경에 대해 하나님 탓을 하고 그분에게 잘못을 전가하는 것이다. 또 불만이란, 그분의 선하심과 돌보심을 의심하는 것이다. 겉으로는 아무리 가여워 보일지라도 그런 비겁함과 불신앙은 악한 것이다. 왜냐하면 하나님의 약속을 신뢰하지 못하고 하나님을 붙들지 못해서 결국 하나님을 위해 어떤 위험도 무릅쓰지 않는 것이기 때문이다.

안디옥에서

동산으로부터 산과 광야에 이르기까지 구약의 이야기는 동일하다. 포기, 비겁함 그리고 두려움은 우상숭배와 독단적인 반역으로 이어져 책임 회피, 불평 그리고 변명을 낳는다. 이 동일한 역학이 신약에서도 나타난다.

갈라디아서에서 바울은 초기 교회의 결정적인 순간을 이렇게 기술한다.

"게바가 안디옥에 이르렀을 때에 책망받을 일이 있기로
내가 그를 대면하여 책망하였노라 야고보에게서 온 어떤 이들이
이르기 전에 게바가 이방인과 함께 먹다가 그들이 오매
그가 할례자들을 두려워하여 떠나 물러가매 남은 유대인들도
그와 같이 외식하므로 바나바도 그들의 외식에 유혹되었느니라
그러므로 나는 그들이 복음의 진리를 따라 바르게 행하지
아니함을 보고 모든 자 앞에서 게바에게 이르되
네가 유대인으로서 이방인을 따르고 유대인답게

살지 아니하면서 어찌하여 억지로
이방인을 유대인답게 살게 하려느냐 하였노라"(갈 2:11-14).

이 구절을 이해하기 위해서는 당시 일 세기의 사회상을 어느 정도 알아야 할 필요가 있다. 일 세기 유대인들에게 세계란 근본적으로 유대인과 이방인, 즉 언약 안에 있는 자와 언약 밖에 있는 자로 구분되었다. 물론 몇몇 주변 집단(사마리아인과 같은), 특이한 이방인(사도행전에 등장하는 하나님을 경외하는 자들로서 이스라엘의 하나님을 예배하지만, 모세 율법을 전부 받아들이지는 않은 자들) 그리고 유대주의 내의 다양한 하위집단(바리새인, 사두개인, 헤롯당 등등)이 존재한다. 하지만 기본적인 구분은 유대인과 이방인이었다.

그 세상 안으로 복음, 즉 예수님이 이스라엘의 왕이자 참으로 하나님의 아들이신 메시아이시며, 그분이 죽으시고 부활하셔서 유대인과 이방인 모두를 죄와 사망에서 구원하셨다는 좋은 소식이 들어왔다. 율법과 선지자들의 글을 성취한 이 좋은 소식은 근본적인 구분을 뒤섞어 놓았다. 이로 인해 일 세기의 사회 구도는 매우 복잡하고 혼란했다. 그 당시 활동하던 다양한 집단의 표본은 다음과 같다.

1) 믿지 않는 이방인들(다양한 이교도들과 우상 숭배자들)
2) 믿지 않는 유대인들(다양한 파벌과 집단으로 나뉨)

- 믿지 않는 유대인들 중 한 집단은 특별히 유대의 율법과 전통에 열심이었다. 이 집단은 종종 다른 집단, 즉 열심이 덜한 유대인들을 박해함으로 하나님에 대한 열정을 표출했다. 그리고 이 집단이 초기 그리스도인들의 박해를 주도했는데, 이는 초기 그리스도인들이 선조의 전통에 신실하지 않다고 여기기 때문이다(회심 전 바울이 이 집단에 속했다).

3) 자신이 그리스도인이라고 주장하는 초기 그리스도인들 사이에서도 몇 가지 차이가 있었다.
- 예수님과 토라를 주장하는 유대 그리스도인들:
    이들은 예수님과 율법 지키기(특별히 할례와 음식법)를 주장하며
    이방 그리스도인들도 그렇게 하기를 기대한다.
    즉, 이방인들에게 토라를 전하고 준수하게 하는
    사명을 지닌 자들이다(갈라디아에서 문제를 일으킨 집단).
- 자신들은 유대교의 관습을 계속 지키지만,
    이방인들에게는 지키라고 요구하지는 않는
    유대 그리스도인들:
    바울과 같은 이들은 유대인에게 복음을 전하는 상황에서만
    그렇게 했고(행 22장, 고전 9장)
    나머지는 습관과 관습에 따라 그렇게 했다.
- 할례 등은 받아들이지 않고 그저 예수님을 죄와 사망에서

구하시는 분으로 믿는 이방 그리스도인들
- 할례를 포함해 토라 전부를 준수하며 예수님을 믿은 이방 그리스도인들

상황이 꽤 복잡하다. 갈라디아서 2장에서 우리는 이러한 집단들이 얽히고설킨 결과를 확인한다. 유대인들의 사도인 베드로는 그의 사명을 위해 유대인의 관습을 계속 지켰던 것으로 보인다. 하지만 하나님이 사도행전 10장에서 보여주신 환상으로 인해 복음 때문에 이방인들과 기꺼이 식탁을 나누게 되었다.

그때 야고보가 전한 소식을 가지고 몇 사람이 찾아온다. 야고보는 예루살렘 교회의 지도자다. 아마도 그가 전한 소식은 거기에 있는 초기 그리스도인이 당한 박해에 관한 내용이었을 것이다. 우리는 그 소식을 다음과 같이 상상해 볼 수 있다. "베드로, 여기 예루살렘 상황은 어렵습니다. 우리 형제자매들은 회당에서 축출당하고 있습니다. 몇몇은 믿음 때문에 감옥으로 끌려갔습니다. 할례파들에게 당신이 이방인들과 식사를 한다는 소식이 들어간다면, 우리에게 상황은 더욱 어렵게 될 것입니다. 이방인들과 식사하는 일을 잠시만이라도 멈출 수 있겠습니까? 일이 잠잠해질 때까지 말입니다."

그 결과 베드로는 할례파(믿지 않는 유대인 혹은 이방인들도 반드시 모세 율법 전부를 따라야 한다고 믿는 유대 그리스도인)가 두려운 나머지 물러선다. 다른

유대 그리스도인들도, 심지어 바나바까지도 지도자인 베드로를 따른다. "심지어"라는 단어를 놓치지 말라. 여기서 우리는 반드시 충격을 받아야 한다. 위로의 아들인 바나바조차 유대인 형제들의 압력에 굴복해 그들을 따라 위선에 빠지고 만 것이다.

그리고 우리는 이 구절에서 같은 문제를 보게 된다. 즉, 두려움은 퍼지고 비겁함이 전염된다는 것이다. 두려움은 베드로부터 유대인과 바나바까지 퍼졌고 신생 교회를 난장판으로 만드는 위협이 된다.

게다가 이 이야기도 두려움과 압력이 작동하는 핵심 요소를 강조한다. 우리와 가장 가까운 이들이 우리의 용기와 담력에 가장 큰 위협이 되는 때가 종종 있다. 하와는 아담에게 영향을 미쳐 그를 타락시킨다. 이스라엘 백성은 아론에게 압박을 가하고 열두 지파의 지도자들인 정탐꾼이 백성의 마음을 녹인다. 그리고 야고보에게서 온 사람들이 베드로에게 두려움을 퍼뜨렸고 바나바와 나머지 사람들에게도 확산한다.

하지만 모두가 그런 것은 아니다. 바울은 이 두려움에서 나온 행위가 지닌 파급력을 본다. 그는 그리스도인이 겁을 먹고 이방인들과의 교제를 회피한다는 것은 그리스도와 복음에 대해 거짓말을 하는 것이라고 봤다. 유대인과 이방인을 나누는 벽은 허물어졌고 모든 사람이 은혜로 믿음을 통해 의롭게 되었다. 따라서, 우리는 두려움 때문에 그 분리의 벽을 다시 세워서는 안 된다. 진리 가운데 굳게 선 그는 사람을 기쁘게 하는 이가 아니라 그리스도의 종이다(갈 1:10).

그래서 바울은 베드로를 만나 공개적으로 반발하며, 기독교의 믿는 도리와 하나님의 은혜라는 복음의 진리를 일깨운다(갈 2:15, 21). 그리고 갈라디아인들에게 보내는 편지에서 베드로의 답변을 기록해 두지는 않지만, 사도행전 15장은 베드로가 이방인들을 완전히 수용했고, 그들도 할례를 받아야 한다고 요구하는 거짓 형제들을 단호하게 저지했음을 증거한다(행 15:5-11). 비겁함뿐 아니라 용기 역시 전염성이 있는 것처럼 보인다.

결론

그렇다면 두려움과 비겁함은 작은 죄가 아니다. 비겁함은 일종의 반역으로, 불신앙과 마음의 강퍅함에 기인한다. 그리고 비겁함은 전염성이 있기에 제어하지 않고 내버려둔다면, 공동체 내에 퍼져나가 거기 속한 모든 사람의 마음을 녹여버린다. 용기도 마찬가지로 퍼져나간나.

히브리서 3장은 사람을 두려워하는 것과 강퍅한 마음이 얼마나 위험한 일인지, 그리고 복음에 대한 격려와 확신이 얼마나 필요한지 증명한다. 저자는 시편 95편을 인용하는데 이 시는 겁이 많고 반역하던 광야 세대를 고찰한다.

"오늘 너희가 그의 음성을 듣거든
광야에서 시험하던 날에 거역하던 것 같이
너희 마음을 완고하게 하지 말라
거기서 너희 열조가 나를 시험하여 증험하고
사십 년 동안 나의 행사를 보았느니라
그러므로 내가 이 세대에게 노하여
이르기를 그들이 항상 마음이 미혹되어
내 길을 알지 못하는도다 하였고
내가 노하여 맹세한 바와 같이
그들은 내 안식에 들어오지 못하리라
하였다 하였느니라"(히 3:7-11).

우리가 다루는 모든 주제가 여기에 있다. 광야 세대는 두려움이 많고 겁이 많았다. 그들의 마음은 강퍅하여 하나님을 시험했고 하나님을 노하게 하며 마음이 미혹되었다. 그래서 그들은 결국 비겁함 때문에 고난을 당한다. 히브리서 저자는 다음 교훈을 끌어낸다.

"형제들아 너희는 삼가 혹 너희 중에 누가 믿지 아니하는
악한 마음을 품고 살아 계신 하나님에게서 떨어질까
조심할 것이요 오직 오늘이라 일컫는 동안에

매일 피차 권면하여 너희 중에 누구든지 죄의 유혹으로
완고하게 되지 않도록 하라 우리가 시작할 때에
확신한 것을 끝까지 견고히 잡고 있으면
그리스도와 함께 참여한 자가 되리라"(히 3:12-14).

불신앙은 우리를 이탈하게 만든다. 따라서 우리는 죄의 거짓말에 속아 마음을 강퍅하게 하지 말아야 한다. 우리에게는 우리가 받을 큰 상급을 일깨워 주며 우리의 마음을 북돋고 용기를 주는 형제들의 권면이 필요하다. 우리는 반드시 처음에 확신한 것을 끝까지 견고히 붙잡고 악한 날("오늘"이라고 하는 그날마다)에 위험과 고통과 상실에 맞서 굳건하게 서야 한다. 불신앙과 불순종으로 이탈하지 않게 주의를 기울여야 한다. 우리의 길에 닥치는 모든 고난과 시험을 견디며 하나님의 안식에 들어가기까지 애써야 한다. 그리고 믿음으로 그리스도께 매달려야 한다.

chapter 4

성경이 말하는 담대함

용기의 결핍과 두려움의 예를 살펴봤으니, 이제는 성경이 말하는 담대함의 예를 살펴보겠다. 성경이 말하는 담대함이란 무엇인가? 어떤 사람들은 허세 또는 남자다움을 과시하거나 으스대는 모습을 떠올릴 수도 있다. 또 다른 사람들은 반대에 맞서는 막연한 용기와 확신을 생각할 수도 있다.

그런데 사도행전 4장은 이례적으로 그리스도인의 담대함을 아주 분명하게 보여준다. **담대함**(*parrēsia*)에 해당하는 그리스어 명사가 이 장에서만 세 번 등장한다(그리고 사도행전 나머지 부분에서는 고작 두 번 더 나온다). 그리고 이 부분은 누가가 앞으로 일곱 번 기록하게 될 동사인 **담대하게 말하다**(*parrēsiazomai*)라는 단어를 사용하게 되는 배경이 된다. 누가는 분명히 의도적으로 이 장에 나오는 사건들이 그리스도인의 담대함을 나타내는 적절한 예로 우리가 보게 한다. 따라서 우리가 이 사건들을 검토하면, 그리스도인의 담대함이 무엇인지, 그것이 어디에서 오는지 그리고 어떻게 스스로 함양할 수 있는지를 알 수 있다.

보잘것없는 사람?

담대라는 단어는 사도행전 4장 13절에 처음으로 등장한다. "그들은 베드로와 요한이 본래 배운 것이 없는 보잘것없는 사람인 줄 알았는데 이렇게 담대하게 말하는 것을 보고 놀랐다(새번역)." 유대인 지도자들은 무엇을 보았기에 그렇게 놀랐던 것인가?

베드로와 요한이 성전에서 기적적인 치유를 베푼 후에 체포되었다는 사실을 떠올려 보라(행 3:1-4:4). 베드로가 태어날 때부터 앉은뱅이였던 사람을 고쳐 주자 군중이 놀랐다. 그리고 베드로는 이어서 모인 군중에게 복음 설교를 했지만, 설교는 유대 지도자들의 방해로 중단되고 말았다. 사도의 가르침에 화가 난 그들이 사도들을 체포하여 밤새 감옥에 가둔 것이다.

다음 날, 베드로와 요한은 대제사장과 그의 문중에 속한 사람들이 전부 참여한 종교 회의에 끌려간다. 지도자들은 베드로와 요한이 어떻게 이러한 기적을 행할 수 있었는지 파악하려고 따져 묻는다. 베드로의 답변은 산헤드린을 놀라게 하고 담대함의 의미를 보여주는 말로 대답한다.

그리스도인이 지닌 담대함

첫째, 그리스도인들의 담대함은 적대적인 상황에서 빛난다. 종교 회의를 소집했다는 사실은 의심의 여지 없이 배움이 부족하고 평범한 어부들을 위협하려는 조치였다. 권력을 지닌 엘리트와 배운 사람들이 모여서 근본적으로 이렇게 묻는 것이다. "뭐라고 둘러댈 것인가?"

당연히 배움이 부족한 다른 사람들이라면 그들 앞에 섰을 때 떨고 얼굴은 창백해졌을 것이다. 종교 지도자들이 입회하고 있으니 긴장해서 말도 잘 나오지 않았을 것이다. 하지만 베드로와 요한은 달랐다. 그들을 고발하는 질문에 또렷하게 베드로가 답했다. "너희와 모든 이스라엘 백성들은 알라…"(행 4:10). 뒤편에 있는 사람들에게까지 명확하게 들리도록 고개를 들고 소리를 높이는 그의 모습을 상상해 보라. 한낱 어부가 지도자들 앞에서도 전혀 흔들리시 않는다.

둘째, 그들의 담대함은 예수님에 대한 **분명한** 간증에서 똑똑히 드러난다. 그 사람이 회복된 것은 그분의 이름 때문이다. 누구라도 구원받을 수 있는 것도 그분의 이름(그리고 오직 그분의 이름) 때문이다. 예수님이, 하나님께서 죽은 자 가운데서 살리신 그분이 모퉁

잇돌이며 다른 누구에게도 구원은 없다(행 4:10-12). 이렇듯 그리스도인이 지닌 담대함의 중심에는 예수님, 그리고 치유하시고 구원하시는 예수님의 능력에 대한 분명함이 있다.

마지막으로 그들의 담대함은 죄에 대한 분명한 확신에서 나타난다. 베드로는 말한다. 이 사람은 **"너희가 십자가에 못 박고 하나님이 죽은 자 가운데서 살리신 나사렛 예수 그리스도…이 예수는 너희 건축자들의 버린 돌"**(행 4:10-11)이다. 이스라엘의 건축자라고 칭하는 통치자들이 모퉁잇돌인 그분을 거부했다. 이제 형세가 완전히 역전되었고 베드로와 요한은 체포되어 심문을 받고 있다. 그런데도 그들은 몇 달 전에 예수님을 죽인 권력자들을 비난하고 정죄한다.

그렇다면 그리스도인의 담대함은 무엇인가? 강력한 반대에 맞서 예수님과 죄에 대해 분명한 태도를 지니는 것이다. 회피하거나 머뭇거리지 않고 솔직하게 터놓고 말하는 것이다. 그리스도에 관한 것이든, 그리스도의 구원에 관한 것이든, 그분이 오셔서 우리를 구원해 주신 그 무엇이든 아무 제약 없이 진리를 증거하는 것이다.

사람이 아닌 하나님께 순종

다음 장의 내용은 담대함에 관한 이러한 이해를 뒷받침한다.

베드로와 요한은 예수님의 이름으로 말하기를 멈추지 않겠다고 하는 바람에 다시 체포되어 같은 지도자들 앞에 끌려온다.

> "그들을 끌어다가 공회 앞에 세우니 대제사장이 물어 이르되
> 우리가 이 이름으로 사람을 가르치지 말라고 엄금하였으되
> 너희가 너희 가르침을 예루살렘에 가득하게 하니
> 이 사람의 피를 우리에게로 돌리고자 함이로다
> 베드로와 사도들이 대답하여 이르되 사람보다
> 하나님께 순종하는 것이 마땅하니라
> 너희가 나무에 달아 죽인 예수를 우리 조상의 하나님이
> 살리시고 이스라엘에게 회개함과 죄 사함을 주시려고
> 그를 오른손으로 높이사 임금과 구주로 삼으셨느니라
> 우리는 이 일에 증인이요
> 하나님이 자기에게 순종하는 사람들에게 주신
> 성령도 그러하니라 하더라"(행 5:27-32).

"너희가 너희 가르침을 예루살렘에 가득하게 하니." 무슨 가르침인가? 예수님의 부활에 관한 가르침이다. 사도들은 다시 사신 예수님의 주되심을 명확하게 조금도 얼버무리지 않고 선포한다. "이스라엘에게 회개함과 죄 사함을 주시려고 그를 오른손으로 높이사 임금과 구주로 삼으셨느니라"(행 5:31). 이것이 사도행전에 담

긴 모든 설교의 내용이다. "하나님이 예수님을 살리셨고 높이셨다. 구세주이신 우리 주님, 예수님은 죄를 사하신다. 우리가 구원받을 다른 이름은 없다." 이것이 사도들이 산헤드린의 위협에 저항하여 선포한 메시지다. 그들은 예수님이 누구신지, 하나님이 그분을 통해 행하신 일이 무엇인지에 관한 좋은 소식으로 예루살렘을 가득하게 하려고 작정했다.

하지만 그들이 전한 것은 예수님에 관한 가르침만은 아니었다. 그들은 죄(특별히 예수님을 배신하고, 거부하고, 부인하고, 죽인 죄)에 대해서도 분명하고 용기 있게 선포했다. 이에 대제사장은 이렇게 말했다. "이 사람의 피를 우리에게로 돌리고자 함이로다"(행 5:28). 다른 말로 하자면 "너희는 이 사람을 죽인 일에 관해 우리를 탓하고 있다"는 소리다. 그러자 베드로는 "너희가 나무에 달아 죽인 예수"(행 5:30)라고 함으로써 사실상 "그 말이 정확히 맞다"고 답한다.

예루살렘에서 십자가 처형이 있은 지 불과 몇 달도 지나지 않은 기간에 사도들이 얼마나 자주 이 말을 했는지 정말 놀랍다. 예수님의 부당한 죽음이 아무리 생생하다지만, 사도들은 군중들과 유대 지도자들에게 설교할 때마다 이 주제를 되풀이했다.

"그가 하나님께서 정하신 뜻과 미리 아신 대로 내준 바 되었거늘 너희가 법 없는 자들의 손을 빌려 못 박아 죽였으나"(행 2:23).

"너희가 십자가에 못 박은 이 예수를 하나님이
주와 그리스도가 되게 하셨느니라 하니라"(행 2:36).

"아브라함과 이삭과 야곱의 하나님 곧 우리 조상의 하나님이
그의 종 예수를 영화롭게 하셨느니라 너희가 그를 넘겨주고
빌라도가 놓아주기로 결의한 것을 너희가 그 앞에서
거부하였으니 너희가 거룩하고 의로운 이를 거부하고
도리어 살인한 사람을 놓아주기를 구하여
생명의 주를 죽였도다 그러나 하나님이 죽은 자 가운데서
그를 살리셨으니 우리가 이 일에 증인이라"(행 3:13-15).

"너희가 십자가에 못 박고 하나님이 죽은 자 가운데서
살리신 나사렛 예수 그리스도의 이름으로…
이 예수는 너희 건축자들의 버린 돌로서 집 모퉁이의
머릿돌이 되었느니라"(행 4:10-11).

그렇지만 사도들이 이렇게 예수님을 죽인 구체적인 죄를 분명히 밝히는 용기는, 모든 죄와 그에 따른 회개의 필요에 대해 그들이 보인 분명한 태도의 일부에 불과하다.

"너희가 회개하여 각각 예수 그리스도의 이름으로 세례를 받고

죄 사함을 받으라 그리하면 성령의 선물을 받으리니…
너희가 이 패역한 세대에서 구원을 받으라 하니"(행 2:38, 40).

"그러므로 너희가 회개하고 돌이켜
너희 죄 없이 함을 받으라"(행 3:19).

"하나님이 그 종을 세워 복 주시려고
너희에게 먼저 보내사 너희로 하여금 돌이켜
각각 그 악함을 버리게 하셨느니라"(행 3:26).

"돌이켜 각각 그 악함을 버리게 하셨느니라." 이웃의 악함이 아니고 저기 어디에 있는 누군가의 악함이 아니라 바로 **당신의** 악함을 겨냥했다. 그리고 이렇게 말하는 것이 그리스도인의 담대함이다. 즉, 우리가 하나님께 반역한 일반적인 방식과 구체적인 방식 모두에 대해, 그리고 예수님의 부활과 회개의 필요에 대해 명확하고 용기 있게 증거하는 것이다.

담대하게 구체적으로

이제 우리는 그리스도인의 담대함에 관한 또 다른 중요한 교훈으로 향한다. 우리가 담대해지려면, 예수님이라는 현실을 가져와 포괄적인 죄악이 아닌 구체적인 인간의 죄악이라는 현실에 적용해야 한다. 포괄적으로 죄를 회개하라고 촉구하는 것도 의미가 있지만, 진정한 그리스도인의 담대함은 구체적인 죄와 정황에서 나타난다.

기독교 설교자들에게는 사람을 모아서 "저기 밖에 있는" 모든 죄에 대해 설교하고 싶은 끊임없는 유혹이 있다. 즉, 세상에 있는 죄에 대해, 다른 교회에 존재하는 죄에 대해 설교하는 것이다. 하지만 신실함과 담대함은 우리가 지금 있는 바로 그곳에 실제로 존재하는 죄를 다루도록 요구한다. 우리가 어떤 죄를 담대하게 다뤄야 하는지를 궁금해하기만 한다면, 어떤 죄를 무시하거나 축소하고 싶은 유혹을 받는지 어렵지 않게 물어볼 수 있다. 우리는 어떤 죄를 가볍게 넘어가고 있는가? 우리는 어느 지점에서 은밀히 말하고 싶은 유혹을 받는가? 그러한 상황에서 그리스도인의 담대함을 요구한다.

다르게 말하자면, 담대함을 갖추기 위해서는 자신을 인식하는 일에 성장해야 한다고 할 수 있다. 우리는 주저하고 망설이는 순간이 언제인지, 그때 우리가 어떻게 반응하는지에 주의를 기울이는 방법을 배워야 한다. 다른 말로 하자면 우리의 욕구에 주의를 기울여야 한다는 것이다. 이러한 직관적이고 즉각적인 반응들은 무언가를 드러낸다. 그것들은 끊임없이 우리가 처한 사회적 맥락에 따라 조정되기에 우리가 누구를, 무엇을 두려워하는지 알려준다. 우리는 왜 머뭇거리는지 살펴보는 법을 배워야만 한다. 우리가 주저하는 것이 지혜와 신중함 때문인지, 아니면 비겁함과 두려움 때문인지 말이다. 만약 후자라면 우리는 이러한 자아 인식을 통해, 담대해지기 위해서 마음을 강하게 먹고 선천적인 머뭇거림을 극복할 수 있다.

베드로와 요한은 위협과 박해에 맞서 담대함을 유지했다. 처음에 그들은 그저 성가신 존재였다(행 4:2). 하지만 점점 시기의 대상이 되었고(행 5:17) 결국 분노와 폭력의 대상이 되었다(행 5:33, 7:54). 박해는 심각해졌지만 담대함은 유지됐다.

담대한 설교

그러한 담대함의 근원을 살펴보기 전에 앞선 사도행전 내용의 뒷부분에 나오는 하나의 예를 더 생각해 보자. 사도행전 21장에서 바울은 성령님께 이끌려 예루살렘으로 향했다. 그는 자신이 체포당하고 투옥당하여 죽을 수도 있음을 알면서도 그렇게 했다. 그리고 예루살렘에 도착해서는 사도 야고보의 조언에 따라 그리스도인 형제들과 성전에서 정결 예식에 참여했다. 그의 가르침에 대한 거짓 소문을 잠재우기 위함이었다. 그가 성전에 있을 때, 아시아로부터 온 유대인들이 거짓 혐의를 제기하며 폭도들을 선동했다. "이 사람은 각처에서 우리 백성과 율법과 이 곳을 비방하여 모든 사람을 가르치는 그 자인데 또 헬라인을 데리고 성전에 들어가서 이 거룩한 곳을 더럽혔다 하니"(행 21:28)(사실 바울은 그러한 방식으로 성전을 더럽히지 않았다).

폭도들은 바울을 때리기 시작하는데, 로마 군인들이 바울을 체포해서 그를 구조했다. 바울은 천부장이 자신을 반란군으로 오해하자(행 21:38) 사실관계를 바로잡고 사람들에게 또 말씀을 전한다. 우리는 바울이 위험에 직면했을 때도 평정심을 지키고 의연함을 볼 수 있다. 천부장은 폭도들을 봤지만, 바울은 회중을 봤다.

사도행전 22장에서 이 군중에게 전한 바울의 설교는 가교 놓기와 담대함 두 가지의 놀라운 조합이다. 한편으로 그는 흠잡을 데 없는 히브리어로 설교함으로써 군중을 놀라게 했다(그들은 당연히 이 반-율법, 반-유대인주의자이며 이방인을 사랑하는 그리스도인은 그리스어만 구사할 수 있으리라 생각했다). 바울은 그렇게 한 후에 자신의 간증을 전하고 그들을 예수님께 이끌기 위해 청중들과 간격을 메우려고 힘썼다.

- 그는 자신이 유대인으로서 그들의 유산을 공유하고 있음을 강조한다(행 22:3).
- 그는 자신이 하나님에 대한 그들의 열심을 공유하고 있음을 강조한다("오늘 너희 모든 사람처럼." 행 22:3).
- 그는 자신도 그리스도인을 박해했고 그들을 감옥에 넣고 처벌도 받게 했음을 강조한다(행 22:4-5).

그 후 바울은 자신이 다메섹으로 가는 길에서 부활하신 예수님을 만난 이야기를 전했다. 이 순간이 그에게는 삶의 전환점이었는데, 이렇게 말하는 수사학적 전략은 사실상 명백하다. "저도 여러분과 같이 하나님을 향한 열심에 가득한 박해자였습니다. 그런데 예수님께서 저를 말에서 떨어뜨리시고 제 열심을 다른 방향으로 돌리셨습니다. 저는 여전히 하나님께 열심이 있습니다. 하지만 제 열심은 이제 저의 죄를 위해 죽으시고 부활하신 메시아로 인해 새롭게 형성되었습니다."

그리고 바울은 계속해서 가교를 놓기 위해 애를 쓴다. 그래서 자신의 시력을 회복해 주고 세례를 준 아나니아가 "율법에 따라 경건한 사람으로 거기 사는 모든 유대인에게 칭찬을 듣는"(행 22:12) 사람임을 강조한다. 그리고 그 와중에도 복음을 엮어간다. 즉, 예수님을 "그 의인"(행 22:14)이라고 말한 것이다. 그분의 이름을 부르면 너희의 죄가 씻어진다(행 22:16)고도 선포한다. 세례는 예수님과 그분의 백성이 하나 됨을 공적으로 나타내는 것임도 전한다. 바울은 심지어 자신이 회심한 직후에 기도하러 성전(자신이 반대했다고 알려져 있는)에 왔었다는 점도 강조한다. 다른 말로 하자면, 자신이 믿는 기독교 때문에 유대주의를 외면하게 되지도 않았고, 기독교가 오히려 유대주의를 성취했다고 알렸다.

그렇다면 가교 건설자인 바울이 본질적으로 말하려고 하는 바는 다음과 같다. "저는 당신들과 같습니다. 저도 한때는 하나님을 향한 열심이 예수님을 따르는 이들을 반대하고 박해하는 것이라고 생각했습니다. 하지만 제 이야기는 예수님과 충돌했고 그분은 모든 것을 바꾸셨습니다. 아, 모든 것은 아니겠군요. 저는 여전히 하나님께 열심을 품고 있기 때문입니다. 그리스도인은 좋은 평판을 지닌 독실한 사람들입니다. 제가 그 의인이신 예수님의 이름을 부를 때 제 모든 죄가 씻겼기 때문입니다. 그리고 당신들의 죄도 그렇게 될 수 있습니다. 예수님에 대한 제 증언을 거부할 필요는 없습니다."

그런데 바울은 자신이 그리스도인으로서 신실함을 지키려면 가교 놓는 것만으로는 충분하지 않다는 사실을 알았다. 반드시 담대함이 필요했는데 예수님과 죄에 관해 분명한 용기를 보여야만 했다. 이제 바울이 자신의 설교를 어떻게 마치는지, 그리고 군중이 어떻게 반응하는지 주목하라. "나더러 또 이르시되 떠나가라 내가 너를 멀리 이방인에게로 보내리라 하셨느니라 이 말하는 것까지 그들이 듣다가 소리 질러 이르되 이러한 자는 세상에서 없애 버리자 살려 둘 자가 아니라 하여"(행 22:21-22).

그들이 바울의 말을 집중해서 듣고 있었다는 전에 주목하라. 그들은 열중하고 있었는데 그들 중 몇몇은 바울에게서 자기 모습을 보기 시작하면서 예수님을 부르려고 했을지도 모른다. 그런데 바울은 바로 이방인들 역시 하나님의 백성이라고 굳이 말하면서 분위기를 망친다. 그래서 군중들이 다시 격노했고 그렇게 설교는 끝난다.

바울은 자기 말이 어떤 반응을 일으킬지 분명히 알고 있었다. 이 바울이 "더러운 이방인"을 성전에 데려왔기 때문에 이 군중은 이미 분노해 있었다(행 21:28-29 참조). 바울은 율법에 열심인 사람이 누구보다도 이방인을 경멸한다는 사실을 알았다.

그러나 그는 예수님이 자신의 삶을 어떻게 바꾸셨는지 간증하며 군중이 침묵에 빠질 정도로 집중해서 듣게 했고 결국 이방인 이야기를 하고 만다. 사실 그 이야기를 하지 않을 수도 있었다. 바울은 "저는 당신들과 같았는데 이제 당신들도 저와 같아질 수 있습니다. 예수님을 부르십시오. 그분은 당신의 죄를 씻으시고 하나님을 향한 당신의 열정을 정결하게 하실 것입니다"라고 설교를 마무리할 수도 있었다.

하지만 거기에서 멈추지 않았다. 거기에서 멈출 수가 없기 때문이다. 바울은 담대해야만 했다. 예수님이 누구신지, 죄가 무엇인지에 대해 용기를 내고 또렷하게 밝혀야만 했다.

이 부분은 우리에게 도전이 된다. 복음에서 사람들이 좋아할 법한 부분만을 전하고 거친 가장자리는 얼버무려서 사람들을 예수님에게로 데려가기란 쉽다. 이렇게 말할 수도 있다. "우리는 우선 그들이 믿게 한 후에 어려운 진리를 말할 것이다. 그것을 '훈련'이라고 하는 것이다. 하지만 현재로서는 그들을 불편하게 만들 수 있는 어떤 진리는 의도적으로 피하려고 한다."

그러나 우리는 이 쉬운 방법을 선택하지 않을 수 있다. 사람들에게 자신의 죄와 우상 숭배를 회개하라고 촉구할 때는 그들이 화를 낼 것을 감수해야 한다. 하나님은 우리에게 복을 주시고 우리를 자신의 악에서 돌이키시려고 예수님을 보내셨다(행 3:26). 즉, **우리 자신의** 악함은 우리에게 속한 바로 그 구체적인 악함을 말한다. 당신이 백인 우월주의자에게 복음을 전할 때, 인종적 자부심과 증오심을 버리라고 촉구하지 않을 수 없다. 그리고 파티를 즐기는 학생에게 복음을 전할 때는 술 취함과 방탕함을 버리라고 촉구하지 않을 수 없다. 또 동성애자에게 복음을 전할 때 동성애를 하지 말라고 촉구하지 않을 수 없다. 그뿐 아니라 현대 평등주의 진보주의자들에게 복음을 전할 때 인간 본성과 결혼 및 남성 여성과 성에 대해 잘못된 견해에 빠지지 말라고 촉구하지 않을 수 없다.

사실 그런 설교는 관계를 끝장낼 수도 있다. 그리고 사람들은 이렇게 말할지도 모른다. "그런 편협한 자는 멀리하라." 하지만 예수님께 신실하다는 의미는, 그들의 죄에 맞춰서 진리를 조정할 권리가 우리에게 있다는 뜻이다. 우리의 소명은 진리를 증거하고 예수님이 누구이신지, 그분이 행하신 일이 무엇인지 증언하는 것뿐이다. 우리는 우리의 간증과 증언이 설득력 있기를, 그래서 하나님이 움직이셔서 그 사람들이 좋은 소식을 받아들이기를 바라고 또 기도한다.

하지만 우리의 간증과 증언은 신실해야 한다. 그로 인해 회심에 이르든, 거부에 이르든 말이다. "우리는 구원 받는 자들에게나 망하는 자들에게나 … 그리스도의 향기니"(고후 2:15). 우리는 생명에게 생명의 향기요, 사망에게 사망의 향기다. 따라서 회심한 사람을 더 얻기 위해서 진리를 타협한다거나 축소한다거나 완화한다거나 숨기는 일은 있을 수 없다. 우리는 반드시 반응과 상관없이 담대하게 증거해야 한다.

용기를 더하는 법

그렇다면 이 담대함은 어디에서 오는가? 근본적으로는 성령님에게서 온다. 베드로는 산헤드린의 질문에 "성령이 충만하여"(행 4:8) 답했다. 초기 그리스도인들은 위협에 닥쳤을 때 "성령이 충만하여 담대히 하나님의 말씀을 전하니라"(행 4:31)고 한다. 스데반은 "성령 충만하여"(행 7:55) 그를 거짓으로 고소하고 체포한 유대 지도자들을 나무란다. 빌립보서 1장을 고찰하며 살폈듯이, 성경이 말하는 용기란 성령님이 일으키시고 기도로 부채질하는 것이다.

하지만 성령님뿐만은 아니다. 유대 지도자들은 사도들의 담대함을 인식하면서 베드로와 요한이 "전에 예수와 함께 있던 줄"(행 4:13)을 알았다. 이 말씀은 의심할 바 없이 그들이 그리스도의 지상 사역에 함께 했음을 전한다. 여기에 오늘날 우리에게 해당하는 내용도 담고 있다.

즉, 우리 역시 담대하기를 바란다면, 성령으로 충만하고 예수님과 함께해야 한다는 사실이다. 그리고 사도행전은 우리에게 그리스도인이 지닌 담대함의 궁극적인 근원뿐 아니라 담대함을 더할 수단도 보여준다. 베드로와 요한은 풀려나며 예수님의 이름으로 말하고 다니지 말라는 경고를 받는다. 그런 후 그들은 어떻게 했는가?

첫째, 그들은 모였다. "그 동료에게 가서 제사장들과 장로들의 말을 다 알리니 그들이 듣고 한마음으로 하나님께 소리를 높여 이르되"(행 4:23-24). 그리스도인의 담대함은 개인적인 것이 아니다. 하나님의 백성과 모여 그분의 얼굴을 함께 구할 때 나온다. 지난 장에서 살폈듯이 용기는 전염성이 있다.

둘째, 그들은 기도했다. "대주재여 천지와 바다와 그 가운데 만물을 지은 이시오…그들의 위협함을 굽어보시옵고 또 종들로 하여금 담대히 하나님의 말씀을 전하게 하여 주시오며"(행 4:24, 29). 전능하신 천지의 창조자께 담대함을 구하는 자에게 담대함이 임한다. 그들이 은혜의 보좌에서 담대함을 후하게 주시도록 간청하기 때문에 성령님은 그리스도인을 담대함으로 채우신다.

바울은 에베소서에서 바로 이러한 기도를 드리라고 요청한다. 그는 에베소인들에게 인내하며 깨어서 자신을 위해 탄원하라고 말한다. "내게 말씀을 주사 나로 입을 열어 복음의 비밀을 담대히 알리게 하옵소서 할 것이니 이 일을 위하여 내가 쇠사슬에 매인 사신이 된 것은 나로 이 일에 당연히 할 말을 담대히 하게 하려 하심이라"(엡 6:19-20). 바울은 복음을 담대하게 선포해야 하기에 하나님께서 요구하시는 바를 공급해 주시도록 기도해 달라고 요청한다.

셋째, 그들은 하나님께 약속을 지켜 주시기를 구했다. 사도행전에서 성도들은 기도하며 하나님께서 말씀하신 바를 하나님께 다시 올려 드린다. 그들은 시편 2편을 인용하며 하나님이 예수님 안에서 거두신 왕의 승리를 경축한다. 그리스도인의 담대함은 하나님의 말씀 위에 세워진 담대함이다.

여호수아를 여는 첫 권고는 담대함에 관한 성경의 근거를 강조한다. 강하고 담대하기 위해 반복되는 권고는, 결국 "율법책"을 주야로 묵상하여 우리 입에서 그 말씀이 떠나지 말게 하라는 것이다(수 1:6, 8).

그렇게 하면서 그들은 마침내 하나님의 손길과 계획을 찾는다. 그들은 성경을 읽고 성경으로 기도할 뿐 아니라, 성경에 비추어 자신들의 이야기를 읽어내며 자신들의 삶에서 하나님의 손길과 계획을 찾는다. 그들은 그리스도에 대적하는 유대와 로마의 박해 뒤에 있는 하나님의 섭리를 보며 그리스도와 그리스도의 백성에 대한 지속적인 반대 뒤에도 하나님의 섭리가 있다고 본다.

사도행전의 성도들은 불같은 시험에 놀라지 않았다. 그들은 고난과 박해를 당연하게 여겨서 사람들의 조롱은 그들에게 충격이 아니다. 왜냐하면 예수님이 이러한 종류의 박해를 예견하셨기 때문이다.

그러므로 우리 역시 놀라지 말아야 한다. 오히려 우리는 그분의 약속을 신뢰해야 한다. 그분은 우리와 함께하시며 모든 일에 우리의 선을 위해 일하시겠다고 말씀하셨다. "환난이나 곤고나 박해나 기근이나 적신이나 위험이나 칼이랴…이 모든 일에 우리를 사랑하시는 이로 말미암아 우리가 넉넉히 이기느니라"(롬 8:35, 37).

예수님의 이야기가 곧 우리의 이야기다. 따라서 우리는 그 이야기로 모이고 성령님 안에서 하나님의 말씀으로 기도하기에 사도들과 같이 담대하게 하나님의 말씀을 전할 수 있다.

chapter 5

용기와 성별

　용기는 종종 남성적인 미덕으로 여겨진다. 아리스토텔레스는 "용기의 정점이란 전장에서 죽음을 앞두고 표출되는 결연한 기개"라고 논한다. 용기를 최고로 표출하기 위해 전쟁이 필요하다면, 당연히 용기는 남성과 밀접하게 연결될 것이다. 보통 남성이 전쟁에서 싸울 일이 더 많기 때문이다.

　전쟁의 상황이 아니라면, 남성과 용기의 연관성은 남성과 여성에게 각각 두드러지는 경향과 성향에 일부 기인할 것이다. 예를 들어, 남성은 선천적으로 위험을 감수하고 자발적으로 위험을 추구하는 경향이 있다. 그 결과 남성들은 위험하고 무모한 대담성과 공격적인 개척 정신을 요구하는 상황에 처하는 경우가 잦다.

이에 반해 여성은 남성보다 위험을 기피하고 편안함과 안전함을 더 가치 있게 여기는 경향이 있다(눈에 띄는 예외도 있지만 말이다).

좀 더 포괄적으로 말하자면, 용기는 습관으로 형성된 마음의 침착함과 굳은 결의로서 위대한 선에 대한 깊은 열망으로 두려움을 극복하는 것이다. 이는 다양한 상황에서 여러 형태를 띤다. 따라서 자발적으로 위험을 추구할 때만 용기가 요구되지 않는다. 위험과 고난은 자주 우리를 찾아오고 사람을 가리지도 않는다. 남자와 여자 모두 자신이 외적으로는 싸움과 내적으로는 두려움에 직면하게 된다. 따라서 성별 상관없이 누구든지 용기를 내는 것은 당연한 일이다.

다만 대담성과 용맹함과 같은 몇몇 형태의 용기는 남성들에게서 더 자주 드러난다. 남성들이 그러한 용기를 요구하는 상황에 더 자주 처하기 때문이다. 다른 말로 하자면 남성에게서 이러한 형태의 용기가 나타나는 것은 그저 기회와 상황의 차이라는 뜻이다. 상대적으로 여성은 그러한 용기를 요구하는 상황에 처하는 일이 덜하지만, 분명히 여성에게도 그런 식으로 선도하며 자발적으로 위험을 감수하는 능력이 있다.

따라서 용기와 성별의 문제에는 **정량적인**(quantitative) 측면이 있다. 즉, 남성과 여성의 서로 다른 성향과 소명으로 인해 남성과 여성은 종종 다른 맥락에서 용기를 표출하는 경우가 많다는 점을 인정한다.

하지만 그렇다고 하더라도, 우리는 여전히 용기가 남성적으로 또는 여성적으로 구별되어 발현된다는 점에 주목하는 것이 옳다. 즉, 정량적인 측면에 더해 **정성적인**(qualitative) 측면 또한 있다는 것이다. 간단히 말해서 미덕은 인간적인 것이다. 그 말은 우리 삶의 다른 여러 측면과 마찬가지로 미덕 역시 남성과 여성에게 공통적이며 성별에 영향을 받는다.

억양을 붙인다(inflect)는 말은 특정한 기분이나 느낌을 표현하기 위해 목소리의 높낮이나 어조를 바꾼다는 의미다. 문법에서는 어미변화(inflect)라고 하는데 시제, 분위기, 인칭, 격, 숫자 또는 성별과 같이 단어의 형태를 바꿔 특정한 문법 기능 또는 특징을 표현한다.

예를 들어, 스페인어 및 여러 언어에는 남성형과 여성형이 있는 단어가 있다. Hermano는 "형제"를 의미하고 hermana는 "자매"를 의미한다. Hijo는 "아들"을 의미하고 hija는 "딸"을 의미한다. 두 쌍의 경우 그 형식에 공통인 것이 있는데, 즉 우리가 형제자매(herman-) 또는 자녀(hij-)를 말하고 있음을 나타내는 무언가가 있다는 점이다. 각 단어의 어미(o 또는 a)는 그저 이 공통 요소를 적합한 성별로 변형할 뿐이다.

이 점에서 언어는 현실을 반영하는데, 미덕의 현실도 그렇다. 미덕은 공통적이지만, 성별에 의해 변형된다는 것이다. 여성에게든 남성에게든, 위험을 감수하는 것이든 인내하는 것이든, 공격적인 대담성이든 순종적인 결의든, 용기는 용기다. 하지만 우리는 남성 또는 여성이기 때문에 용기는 언제나 남성적인 방식 또는 여성적인 방식으로 다르게 구체화되고 표출될 것이다.

언제나 그렇듯이, 이러한 정의는 다소 추상적일 수 있다. 그래서 오히려 이야기가 그러한 현실을 더 분명하고 구체적으로 전달할 때가 많다. 이 장의 나머지 부분에서는 용감한 남성과 여성의 예를 보임으로써 남성과 여성의 용기에서 정량적이고 정성적인 측면을 모두 살펴보고자 한다. 먼저는 성경에서, 그리고 셰익스피어와 나니아에서 살펴볼 것이다. 이러한 예들이 삶에서 용기를 구현하도록 그리스도인들에게 영감을 주기를 바란다.

용기 있는 대장부가 되는 것

성경에는 남성적인 용기에 관한 예가 많이 있는데 그중 몇 가지 예를 지난 장들에서 찾아봤다. 일부 본문은 용기와 남성성을 명시적으로 연결한다. 사무엘상 4장에서 블레셋은 이스라엘과 전쟁을 벌이고 이스라엘은 패배한 후 자신들이 진 이유를 설명하려고 한다. 그들은 자신들이 언약궤를 전장에 가져가지 않았다는 사실을 깨닫고는 제사장들에게 진영으로 언약궤를 가져와 달라고 요청한다. 그들은 본질적으로 언약궤를 마법의 부적처럼 취급한 것이다.

블레셋인들은 언약궤가 진영에 왔다는 소식을 듣고 두려워 떤다. 그들은 히브리인들의 하나님이 애굽인들에게 행하신 일을 들었기 때문에 자신들에게도 같은 일이 벌어질까 두려웠다.

그럼에도 그들은 서로를 격려하며 말한다. "너희 블레셋 사람들아 강하게 되며 대장부가 되라 너희가 히브리 사람의 종이 되기를 그들이 너희의 종이 되었던 것 같이 되지 말고 대장부같이 되어 싸우라"(삼상 4:9). 강하게 되는 것, 대장부가 되는 것 그리고 전투에서 싸우는 것은 모두 불가분 연결되어 있다. (이스라엘은 신실하지 못했기 때문에 블레셋인들은 다시 전쟁에서 승리한다.)

사무엘상 뒷부분에서 우리는 다시 성경이 말하는 용기의 고전적인 예를 확인할 수 있다. 가드 지역의 골리앗은 블레셋의 위대한 전사였는데 키가 매우 크고 힘이 엄청났으며, 전투 경험이 풍부하고 무장도 뛰어났다. 그는 이스라엘 군대에게 도전하면서 일대일 결투를 요구한다. 그의 키와 힘, 그의 조롱과 무력은 이스라엘 사람들을 두렵게 만든다. 사울 왕과 온 이스라엘이 "놀라 크게 두려워하니라"(삼상 17:11)고 성경에 기록되어 있다. 두려움의 격정이 그들을 압도했고 그들은 도망갔다(삼상 17:24).

이새의 막내아들이자 목동인 어린 다윗이 이스라엘 군영에 있는 형들을 찾아간다. 그리고 그곳에서 골리앗이 조롱하며 도발하는 소리를 듣는데 이스라엘이 두려움 때문에 치욕을 당하고 있음을 깨닫는다. 블레셋에게서 도망친 이스라엘은 수치와 모욕을 당한다. 남자답지 못한 비겁함에 충격을 받은 다윗은 자신이 골리앗과 싸우겠다고 나선다. "그(골리앗)로 말미암아 사람이 낙담하지 말 것이라 주의 종이 가서 저 블레셋 사람과 싸우리이다"(삼상 17:32). 막강한 대적과 싸우겠다는 자진하는 마음, 심지어 열의로 표출되는 다윗의 용기를 주목하라.

사울 왕이 그런 전장에 나서기에는 그가 너무 어리다고 막아서자, 다윗은 양 떼를 사자와 곰에게서 지키면서 어린 날부터 용기와 용맹함을 배웠다고 일러준다. 그는 자신의 용감함과 경험을 설명하면서 성경적 용기의 역설을 완벽하게 표현한다.

다윗은 사자와 곰을 쳐 죽여 그 입에 물린 어린양을 건져냈다. 따라서 그가 사자와 곰을 쳐 죽였듯이, 살아계신 하나님의 군대를 모욕하는 할례받지 못한 블레셋인도 쳐 죽일 것이다(삼상 17:34, 37).

그런데 그는 그렇게 할 수 있는 근거가 자신의 힘이나 솜씨가 아니라 오직 주님임을 인정한다. "여호와께서 나를 사자의 발톱과 곰의 발톱에서 건져내셨은즉 나를 이 블레셋 사람의 손에서도 건져내시리이다"(삼상 17:37). 그의 용기는 주님의 힘과 은혜에 근거한다.

다윗은 골리앗 앞에서도 마찬가지로 성경적인 용기를 보인다. 거인의 조롱에 맞서 다윗은 이렇게 말한다. "너는 칼과 창과 단창으로 내게 나아 오거니와 나는 만군의 여호와의 이름 곧 네가 모욕하는 이스라엘 군대의 하나님의 이름으로 네게 나아가노라 오늘 여호와께서 너를 내 손에 넘기시리니 내가 너를 쳐서 네 목을 베고"(삼상 17:45-46). 주님이 골리앗을 다윗의 손에 넘기실 것이다. 물론 다윗 역시 적극적으로 골리앗을 칠 것이다.

이것이 바로 주님의 이름으로 용기 있게 싸운다는 진정한 의미다. 다시 말해, 이러한 용기의 형태는 공격적이고 위험을 감수하는 군인에게 요구되는 것이기에 전쟁터와 싸움에서 발현된다.

한 번 더 돌파구로 돌격!

우리가 보는 책, 연극 그리고 영화는 다윗과 골리앗의 전투와 같은 장면들로 가득하다. 〈브레이브 하트〉부터 〈글레디에이터〉와 〈반지의 제왕〉에 이르기까지, 사람들은 영화에서 전선이 형성되고 지도자가 군대 앞에서 전의를 다지며 용기를 불타오르게 하는 순간에 감동한다. 그러한 장면은 대개 지도자가 선두에 서서 전장으로 돌진하며 용맹함과 담대함을 발휘하는 것으로 끝난다.

셰익스피어의 〈헨리 5세〉는 그린 장면을 담고 있는 고전적인 예다. 헨리 왕은 왕좌를 차지하기 위해 프랑스 군대에 맞서 수하를 이끈다. 그는 하플뢰르(Harfleur) 도시를 포위하고 문학상 가장 유명한 전쟁 연설을 하는데[1] 우리가 용기에 대해 살펴본 여러 진리를 구체적으로 표현한다.

한 번 더 저 돌파구로 돌격! 병사들이여, 한 번 더!
아니면 잉글랜드군의 시체로 그 틈을 메워버려라.

용기는 포기하지 않고 한 번 더, 한 번 더 한다. 그리고 다시, 또다시 한다. 이것이 용기의 표시인 불굴의 의지와 인내심이다.

평화로울 때는 부드러운 침묵과 겸손이야말로
남자의 미덕이겠으나
일단 전쟁의 회오리바람이 불어 귓전을 때리면
호랑이처럼 행동해야 한다.

평화로울 때 적절한 미덕이 있다. 부드러움, 겸손함, 고요함과 평온함 등 다 적합할 때가 있다. 그런데 전쟁이 닥치면, 우리는 다른 능력을 발휘해야만 한다. 즉, 반드시 호랑이의 행동을 따라야만 한다. 아니면 성경에서 말하듯이, "의인은 사자 같이 담대"(잠 28:1)해야 한다. 그런데 우리는 어떻게 호랑이를 닮을 수 있는가?

근육을 곤두세우고 피를 용솟음치게 하며
온화한 성품을 무섭게 화난 표정으로 무장하라.
눈을 날카롭게 번뜩여라.

성벽 틈 사이로 적을 노리는 대포처럼
두 눈을 부릅뜨고 노려보아라.
눈 위로는 눈썹을 치켜뜨며 사납게 보여야 한다.
깎아지른 듯한 바위 절벽이
거세게 몰아치는 바닷물에 깎이고 파인 바다 위에
불쑥 튀어나와 있듯이 말이다.
자, 이를 악물고 그 콧구멍을 크게 넓혀
숨을 힘껏 들이마시며 용기를 최대한 드러내는 거다!
돌진하는 거다, 돌진!

온몸으로 호랑이를 따라 해야 한다. 사나운 표정을 짓고, 눈썹을 치켜뜨고, 사납게 보이며, 이를 악물고, 콧구멍을 벌렁거리며, 근육에 잔뜩 힘을 주고 뛰쳐나갈 준비를 하는 것이다. 이처럼 헨리의 연설은 부하들에게 본받을 하나의 본을 제시한다.

고귀한 잉글랜드 용사들이여,
백전백승으로 단련된 그대 아버지들로부터
이어받은 피가 그 몸속을 돌고 있느니라.
그 아버지들은 한 사람 한 사람,
저마다 알렉산더 대왕이 되어
이 땅에서 아침부터 밤까지 싸웠으며

적이 보이지 않을 때까지 칼을 내려놓지 않았다.
그러하니 그 아버지의 자식임을 증명해 보여야 하느니라.
그렇지 못하면 어머니의 정조를 욕되게 하는 거다.
이제야말로 낮은 신분의 사람들에게 본보기를 보이며
어떻게 싸워야 하는지 방법을 알려주어라!

이제 헨리는 영국 귀족들에게 말한다. 그들은 먹이를 향해 뛰어들 준비가 되어 있는 호랑이를 닮아야 할 뿐 아니라, 호전적인 그들의 선조를 닮아야 한다. 이 선조들은 전투 경험이 풍부한 자들이다. 그들은 알렉산더 대왕과 같이 새벽부터 황혼까지, 동틀 녘부터 해 질 녘까지, 더 이상 싸울 상대가 남아 있지 않을 때까지 싸웠다. 용기를 내라는 호소는 그들의 아버지와 어머니의 명예와 영예에 부응하라는 호소다. 용기란, 조상의 이름을 간직하고, 자신에게 전해진 명성에 걸맞도록 사는 것이다.
 더 나아가, 귀족들은 그들의 용기를 평민들에게 용기를 전하고 싸우는 방법을 가르쳐야만 했다.

자, 우리 향사들이여,
잉글랜드에서 태어나 갈고닦아 온
그 기개를 보여주어라.
그대들이 조국에 부끄럽지 않은 백성이라고

내가 떳떳이 말하게 해다오.
물론 나는 이 점을 의심치 않으니
그대들 눈빛엔 기품이 넘치며
비열하고 못난 자는 단 한 사람도 없느니라.

마지막으로, 헨리는 평민들에게 나라의 영광을 위해 일어서라고 촉구한다. 그들의 태생이 평범하든 또는 아무리 미천하든, 헨리는 그들의 눈에서 고결함을 본다. 그들은 용감하고 담대한 잉글랜드 사람들이다.

그대들은 오늘 가죽끈을 팽팽히 잡아당기고 있는
사냥개처럼 뛰어나가려 으르렁대고 있다.
자, 사냥감이 눈앞에 나타났다. 용기를 내어 나아가자.
그리고 외치자. "신이여, 해리 왕을 도와주소서.
수호천사인 조지 성인이여, 잉글랜드를 지켜주소서!"

이제 마지막 외침, 마지막 **격려**의 소리다. 헨리 왕은 함성을 지르며 부하들에게 하나님과 그들이 달성하기 위해 싸우는 선을 일깨운다. 그리고 부하들이 다시 한번 돌파구로 돌격하도록 이끈다. 그의 용기는 공격적인 대담성, 승리라는 목표를 달성하는 길에서 위험을 감수하고 장애물을 극복하려는 의지로 명확하게 나타난다.

이 용기는 전염성이 있어 헨리로부터 귀족들에게로, 귀족들에게서 평범한 군사들에게로 퍼져나간다. 헨리의 말과 행동은 부하들을 북돋아 그들이 두려움을 이기고 얽매이지 않으며 강력하게 싸워 승리하도록 만든다.

가장 먼저 나서고, 가장 나중에 물러서고, 가장 크게 웃기

헨리의 연설과 같은 글들은 지난 사백 년 동안 우리의 이야기 속에서 계속 회자되어 왔다. 나는 셰익스피어가 헨리를 묘사한 글이 루이스가 『말과 소년』에서 왕권을 묘사한 글에 영향을 줬다고 생각한다. 그 책에서 룬 왕은 아들들에게 왕권의 정수를 이렇게 표현한다.

왕이 된다는 것은 다음과 같으니라.
모든 필사적인 공격에는 가장 먼저 나서는 것이며
모든 필사적인 후퇴에는 가장 나중에 물러서는 것이며
그 땅에 기근이 들 때는(지금도 그렇듯이 힘든 그 시절에도)
그 땅의 어느 사람보다 부족한 식사를 하면서도
더 좋은 옷을 입고 더 크게 웃는 것이니라.[2]

그런데 오해하지는 말라. 룬 왕은 그냥 말만 하는 사람이 아니라 행동으로 뒷받침한다. 라바다슈(Rabadash)와의 전투 중에 안바드(Anvard)의 문이 열리자, 적과 가장 먼저 맞선 사람이 룬이었다. 그는 지도자가 된다는 것은 먼저 죽는 특권을 소유한다는 뜻임을 마음속 깊이 알고 있었다.

그러나 다스리는 일은 전투와 전쟁이 전부가 아니다. 다른 시련(가뭄과 같은) 가운데서도 지도력을 발하는 것이다. 더욱이, 우리는 용기 있는 왕권의 핵심 요소가 웃음에 있다는 루이스의 강조점을 놓치지 말아야 한다. 용기는 무뚝뚝한 결의와 체념으로 고난에 맞서는 것이 아니라, 시련 가운데서도 가장 크게 웃는 것이다.

다윗은 시편 19장 5절과 6절에서 기쁨으로 자기 길을 달려가는 전사를, 하늘을 가로지르는 이글거리는 태양으로 비교함으로써 용기의 이러한 모습을 가리킨다. 다윗의 용사 중 하나인 요셉 밧세벳이 불타는 눈으로 창을 들고 목적을 가지고 **기쁨으로** 전쟁터를 향해 달려가는 모습을 그려보라.

용기란, 고난에 직면해서도 기꺼이 안정을 누리고 희망으로 가득 차 있는 마음가짐이다. 루이스는 다른 책에서 웃음과 유쾌함과 진실한 마음이 "용기에 필연적으로 수반되는 것"[3]이라고 규정한다. 전쟁터이든 그 외의 어느 곳이든 말이다.

현실은 위험하고 두려움이 완연할지 모르지만, 진정한 용기는 마음을 다해 모든 것을 다 쏟는 것이기에, 모든 장애물을 극복하는 노력을 즐거워한다.

용기와 두려움은 모두 전염되기에 리더는 담대한 모습을 보여야 할 때가 있음을, 그리고 희망과 기쁨을 드러내며 걱정에 빠진 자들을 **격려해야** 하는 때가 있음을 안다.

누군가는 영화 〈신데렐라맨〉(Cinderella Man)에 나오는 지미 브래독(Jimmy Braddock)을 떠올릴 것이다. 그는 아직 배고파하는 딸에게 자기 아침을 주면서 저녁으로 스테이크 먹는 꿈을 꿨더니 아직 배가 부르다고 한다.

아니면 로베르토 베니니(Roberto Benigni)가 〈인생은 아름다워〉(Life Is Beautiful)에서 보여준 귀도 오레피체(Guido Orefice)를 떠올리는 이도 있을 것이다. 귀도는 이탈리아계 유대인인데 가족 모두 홀로코스트 중 강제 수용소로 내몰린다.

그는 악에 직면해서도 어린 아들의 순진성을 지키기 위해 모든 일이 게임인 척한다. 그래서 아들인 지오수(Giosue)에게 1,000점을 얻어 탱크를 받으려면 울거나 불평해서는 안 된다고 말한다. 귀도는 영화 끝까지 게임을 이어가는데, 독일군 장교가 자신을 끌고 가서 처형하는 마지막 순간까지도 지오수를 상자에 숨게 하고는 놀이를 한다. 그는 익살스럽게 상자 옆을 지나치며 아들에게 윙크를 한다. 공포에 직면한 순간에도 아들을 위해 가장 큰 웃음을 터뜨린 것이다.

이러한 예는 전쟁, 죽음, 고난에 맞서 드러나는 남성적 용기의 표상들이다. 집이든, 교회든, 세상에서든 다른 이를 이끌도록 부름 받은 남성이라면, 하나님이 그들을 부르신 어떠한 일이든 즐거운 희생, 기꺼운 담대함, 위험을 감수하려는 개척자의 마음 그리고 강렬하지만 행복한 대담함을 보여주는 본이 필요하다. 가장 먼저 나서고, 가장 나중에 물러서고, 가장 크게 웃는 룬 왕의 용감한 정신을 하나님이 우리에게도 일으켜 주시기를 기대한다.

하나님께 소망을 두는 거룩한 여성들

그리스인들에게 용기와 결의는 특히 남성적인 미덕이었다. 그러한 미덕의 정점은 전장에서 육체적 힘과 공격하는 용맹함과 관련이 있었기 때문이다. 하지만 기독교는 고난과 악을 인내하는 것을 용기의 정점으로 격상함으로 이러한 고전적인 미덕을 완전히 바꾸어 놓았다. 그리스도인이 발휘하는 용기의 가장 분명한 표현 방식은 전장에서의 공격성보다는 순교가 되었다.

이렇게 강조점과 초점이 이동하면서 다양한 곳에서 용기의 표현 방식이 다양하게 나타난다. 즉, 용기가 더 이상 그저 강하고 신체 건강한 남성의 영역에 머물러 있지 않게 된 것이다. 오히려 여성, 어린이와 약자가 그 영혼을 안정하게 지키며 꾸준히 악을 인내함으로써 그리스도인의 용기를 함양하고 나타낼 수 있다.

사도 베드로는 그리스도인 아내들에게 전하는 권고에서 용기에 관해 이러한 관점을 정확하게 표출한다. 아내들은 남편들이 불순종하는 믿지 않는 사람이라고 할지라도 복종해야 한다. 그들은 육체적으로 과시할 수 있는 것들을 가지고 외적으로 자신을 꾸미기보다는 "온유하고 안정한 심령의 썩지 아니할 것으로 하라 이는 하나님 앞에 값진 것"(벧전 3:4)으로 단장해야 한다.

"온유하고 안정한 심령"은 성격 특성이 아니다(마치 하나님이 외향적인 사람보다 내향적인 사람을 좋아하신다는 것처럼 말이다). 부끄럼타는 수줍은 사람이 된다고 해서 내재적인 미덕이 있는 것이 아니다. 오히려 "온유하고 안정한 심령"은 영적인 결의, 감정적인 힘, 영적인 평정심을 말한다. 이러한 여성은 질서정연한 영혼, 즉 자신의 소명과 위치에 만족하여 차분한 정신을 지닌다.

안정한 심령은 소란스러운 심령과 반대다. 솔로몬이 금지된 여성, 즉 창녀에 관해 경고한 말을 생각해 보라.

"이 여인은 떠들며 완악하며
그의 발이 집에 머물지 아니하여"(잠 7:11).

사도 바울은 "게으름을 익혀 집집으로 돌아다니고 게으를 뿐 아니라 쓸데없는 말을 하며 일을 만들며 마땅히 아니할 말을 하"(딤전 5:13)는 여인들에 관해 비슷한 경고를 한다. 그렇게 소란스럽고 불만이 많은 여인들의 반대는 "시집가서 아이를 낳고 집을 다스리고 대적에게 비방할 기회를 조금도 주지"(딤전 5:14) 않는 자들이다.

베드로는 더 나아가 베드로전서 3장 4절의 "온유하고 안정한 심령"을 남편에게 순종하는 것과 분명히 연결한다. "전에 하나님께 소망을 두었던 거룩한 부녀들도 이와 같이 자기 남편에게 순종함으로 자기를 단장하였나니 사라가 아브라함을 주라 칭하여 순종한 것 같이"(벧전 3:5, 6). 4절에서 단장이란, 온유하고 안정한 심령을 말한다. 5절에서는 사라와 같이 남편에게 순종하는 일이고 6절에서 베드로는 이 모든 것을 용기와 연결한다. "너희는 선을 행하고 **아무 두려운 일에도 놀라지 아니하면** 그의 딸이 된 것이니라."

그렇게 한 후, 이 구절은 이 책 내내 제시된 용기에 관한 비전을 확언하고 확장한다. 이 구절의 여러 요소를 한데 모으면, 사라가 용기의 본보기로 제시되고 있음을 확인한다. 사라의 딸들은 "아무 두려운 일에도 놀라지 아니"한다. 여기서 용기란 내적 결의와 정신력의 문제다. 그것은 행동으로 표출되기 이전에 이미 "마음에 숨은 사람" 안에 있다.

이 내면의 힘은 하나님에 대한, 살아 있는 희망에서 나온다. 여호수아와 이스라엘 백성처럼 사라와 그의 딸들은 반드시 용기를 내어 강해져야 한다. 왜냐하면 그들은 하나님이 자신들과 함께하시고 자신들을 위하신다는 사실을 알고 또 믿기 때문이다. 더욱

이 하나님에 대한 그러한 소망으로 고난, 시련, 위험도 선을 위해 하나님이 사용하시는 도구임을 굳건히 믿는다. 그래서 소망을 갖고 하나님께만 매달려서 미래에 대한 두려움과 걱정의 격정을 가라앉힌다.

거룩, 소망 그리고 용기의 관계는 이전 말씀인 베드로전서 1:13-16을 상기하게 한다. 거기서 베드로는 이렇게 쓴다.

> "그러므로 너희 마음의 허리를 동이고 근신하여
> 예수 그리스도께서 나타나실 때에 너희에게 가져다주실 은혜를
> 온전히 바랄지어다 너희가 순종하는 자식처럼
> 전에 알지 못할 때에 따르던 너희 사욕을 본받지 말고
> 오직 너희를 부르신 거룩한 이처럼
> 너희도 모든 행실에 거룩한 자가 되라 기록되었으되
> 내가 거룩하니 너희도 거룩할지어다 하셨느니라"(벧전 1:13-16).

13절에서 세 문구에 주의하라. (1) "마음의 허리를 동이고" (2) "근신하여" (3) "너희에게 가져다주실 은혜를 온전히 바랄지어다."

첫 문구는 "각오를 단단히 하라"는 말이다. 현대적인 이미지로 하자면 "마음의 소매를 걷어 올리라"고 할 수 있다. 베드로는 독자들에게 무언가 진지한 정신적인 작업, 그것도 노력을 요구하는 일을 할 준비를 하라고 촉구한다. 이것은 잠옷을 입은 채로 침대

에서 뒹굴면서 할 수 있는 일이 아니다. 작업복을 입고 신발 끈을 확실히 묶고 제대로 해야 하는 일이다.

두 번째 문구는 술 취한 상태의 정반대를 말한다. 술에 취하면 우리의 지각과 판단력과 반응 시간이 약해진다. 술 취한 상태의 반대는 경계심, 명료한 정신 그리고 안정감이다. 그렇다면 당신 마음의 소매를 걷어붙이고 명료한 상태를 유지하고 진정하라는 말이다. 그런 후에는 무엇을 해야 하는가?

마지막 구문은 특별히 애정 어린 반응을 촉구한다. 소망은 미래를 지향하는 애정이다. 이는 앞으로 임할 무언가 좋은 일을 기쁜 마음으로 기대하는 것이다. 우리는 아직 그것을 소유하지는 않았는데 이미 소유한 것을 소망하지 않기 때문이다. 베드로는 우리가 이 세상의 염려와 근심에 어지러워져, 믿음이 아닌 두려움으로 미래를 바라보게 되기가 너무 쉽다는 사실을 안다.

그래서 다음과 같이 권고한다. 마음의 소매를 걷어붙여서 명료한 상태를 유지하고, 너희에게 가져다 주실 은혜를 온전히 바라라. 너희는 살아있는 소망, 즉 쇠하지 아니하는 유업으로 다시 태어났으니(벧전 1:3-5) 이제 임할 은혜의 파도를 온전히 바라라.

베드로는 이런 희망으로 가득하여 거룩하게 순종할 수 있는 근거를 계속 복음에서 찾는다. 즉, 그리스도가 보배로운 자기 피로 우리를 구속하셔서 우리는 그분을 통해 믿는 자가 되었다. "우리의 믿음과 소망이 하나님께 있게 하셨다"(벧전 1:17, 21).

그렇다면 사라는 남성과 여성 모두에게, 근신하면서 희망찬 마음으로 적법한 권위에 순종한 본보기가 된다. 사라의 온유하고 안정한 심령은 그저 성격 또는 단순한 체념과는 관련이 없다. 그녀도 자신의 두려움을 잠재우기 위해서 은혜로 인한 노력이 필요했다. 오류가 있는 한 남성에게 복종한다는 건 두려운 일이기 때문이다.

사라의 삶을 생각해 보라. 하나님이 아브람에게 우르를 떠나라고 했을 때 아브람을 따라간 일이나, 자신을 첩으로 삼으려 하는 전제적인 왕들의 지속적인 위협이나, 롯과 그의 가족을 잡아갔던 지방 군벌들의 위험을 생각한다면, 사라가 여러 두려운 사건에 직면했음을 깊이 이해할 수 있다. 하지만 그녀는 하나님께 소망을 품었기 때문에 그런 두려움을 이기고 온유하고 안정한 심령, 즉 먼저 하나님께 순종하고 남편에게도 순종하는, 근신하는 심령을 지킬 수 있었다.

그리고 여기서 우리는 사라의 여성성이 그녀의 용기에 어떤 영향을 끼쳤는지 확인할 수 있다. 그녀의 용기는 전사의 공격적인 용기와는 달랐다. 롯과 그의 가족이 납치되었을 때, 사라가 아브람과 그가 거느린 318명의 전사와 함께 구출하러 가지는 않았다. 오히려 그녀는 남편에게 기꺼이 순종하는 용기를 가졌다. 사라는 자신의 말("아브라함을 주라 칭하여")로 남편을 높였다.

또 베드로가 창세기 18장 12절에서 사라가 "주인"이라는 용어를 사용한 사실을 강조한다는 것도 의미심장하다. "사라가 속으로 웃고 이르되 내가 노쇠하였고 내 주인도 늙었으니 내게 무슨 즐거움이 있으리오." 베드로의 인용에서 눈에 띄는 점은 이 용어가 본 구절에서는 드러나지 않는다는 사실에 있다. 이 용어는 그저 사라가 자기 남편을 일컫는 방식으로만 보인다. 하지만 남편을 주인이라고 부른다는 것은 사라가 위대하고 거룩한 여인으로서, 하나님께 소망을 두고 남편을 높여서 그리스도인의 용기를 드러내는 본이 됨을 입증한다.

지혜와 용기

사라만이 성경에서 용기를 드러낸 여성인 것은 아니다. 사사기 4장에 등장하는 겐 사람 헤벨의 아내, 야엘도 생각해 볼 수 있다. 그녀는 이스라엘을 압제하는 가나안 장군의 관자놀이에 말뚝을 박아 넣는다. 그녀의 용맹은 여성적인 기민함과 모성에 기인한 속임수로 변형을 일으킨다. 시스라를 장막에 초대하여 우유를 권하고 침대에 누인 후 망치와 말뚝으로 그 두개골을 부순 것이다.

더 나아가 우리는 어리석은 나발이 둔 지혜롭고 분별력 있는 아내 아비가일을 생각해 볼 수 있다. 다윗이 자신의 양 떼를 보호해 주었지만, 나발은 다윗을 못되게 모욕한다. 그리고 다윗도 성급한 분노에 사로잡혀 나발의 온 집안을 공격할 계획을 세운다.

남편이 다윗을 모욕하는 바람에 집안에 재앙이 닥칠 것이라는 소식을 들은 아비가일은 남편의 어리석음 앞에서 집안을 위해 책임을 지기로 한다. 그런데 아브라함과 왕들의 이야기에 등장하는 사라와 마찬가지로, 자기 식솔을 지키기 위해 검을 드는 것이 아니라, 오히려 두려워하지 않는 온유하고 안정한 심령으로 하나님께 소망을 두는 모습을 보인다.

그녀는 즉시 다윗과 그 부하들을 위한 선물로 풍성한 음식과 포도주를 준비해 다윗 앞에 엎드려 은혜를 구하고 남편의 어리석음을 인정하며 다윗에게 선물을 바친다. 무엇보다도 가장 중요한 사실은, 그녀가 두 가지 근본적인 호소를 한다는 점이다.

첫째, 죄 없는 피를 흘리고 자기 손으로 구원을 이루려는 일을 멈추라고 촉구한다(삼상 25:26). 이러한 일을 삼감으로써 다윗은 자기 손으로 피를 흘리거나 친히 보복함으로 마음에 걸리거나 슬퍼할 일이 없을 것이라고 설득한다(삼상 25:31).

둘째, 그녀는 다윗에게 주님이 그를 위해 싸우실 것임을, 다윗의 생명이 "내 주의 하나님 여호와와 함께 생명 싸개 속에 싸였을 것"(삼상 25:29)임을 일깨운다.

이러한 호소가 왕의 경솔함을 막았다. 그 호소가 왕의 격분과 분노와 복수심을 저지한 것이다. 다윗은 발작적인 화로 인한 격정을 잠재울 수 있었고 아비가일의 지혜와 용기를 칭찬하며 축복한다. 그러면서 "오늘 내가 피를 흘릴 것과 친히 복수하는 것을 네가 막았"(삼상 25:33)다고 말한다. 그리고 아비가일을 보내셔서 자신의 손을 막아 그 여인과 남편의 온 가족을 해치는 큰 죄를 저지르지 않게 하신 주님을 찬양한다.

그리고 주님은 다윗이 정당하다고 하신다. 열흘 후 주님은 나발을 쳐서 죽게 하셔서 자신이 기름 부으신 자에 대한 모욕을 갚으신다(삼상 25:38, 39). 다윗은 자신을 지켜 악한 일을 하지 않았고 지혜롭고 분별력 있으며 용기 있는 아내의 조력도 얻게 된다.

헤르미오네와 파울리나

우리는 셰익스피어의 희곡 『겨울 이야기』(The Winter's Tale)의 등장인물인 헤르미오네와 그녀의 친구인 파울리나라에게서 사라와 같은 강인함과 아비가일과 같은 용기를 확인한다. 헤르미오네는 레온테스 왕과 결혼한 시칠리아의 왕비로서 임신한 상태다. 그리고 레온테스의 가까운 친구이자 보헤미아의 왕인 폴릭세네스가 아홉 달 동안 그곳을 방문하고 있었다.

그런데 격렬한 질투심에 사로잡힌 레온테스는 폴릭세네스가 자신을 속였으며, 그가 바로 헤르미오네가 가진 아이의 친부라고 의심한다. 실제로 레온테스의 의심은 잘못된 것이었지만, 폴릭세네스는 두려움으로 도망치게 되었고 이 때문에 레온테스의 의혹은 더욱 강해졌다.

그는 헤르미오네에게 분통을 터뜨리며 감옥에 가뒀고 델포스의 신탁으로부터 아내의 유죄가 확인되기를 기다린다. 그러던 중 아이가 태어나자, 헤르미오네의 친구인 파울리나는 대담하게도 왕의 분노를 누그러뜨리고자 아이를 왕에게 데려온다.

레온테스는 파울리나를 쫓아내려고 하지만, 파울리나는 용감하게도 자신이 남아서 진실을 말해야 한다고 주장한다. 그리고 그렇게 함으로 자신이 궁정의 비겁한 귀족들보다 더 용기 있는 사람임을 입증한다. 그 귀족들은 왕이 제기한 혐의를 믿지 않으면서도 공개적으로 왕에게 맞서지 못했기 때문이다.

파울리나는 자신이 "선한 여왕"[4]에게서 받은 기별을 전한다고 말하지만, 레온테스는 그 말을 일축하며 코웃음 친다. 그래도 파울리나는 단호하게 두 번 세 번 거듭 말한다.

선한 여왕입니다. 왕이시여, 선한 여왕입니다.
저는 "선한 여왕"이라고 말했습니다.
제가 만일 남자였다면 싸워서라도
그녀가 선한 여왕임을 입증할 것입니다.

레온테스는 계속 그녀를 내보내려고 하지만, 파울리나는 수그러들지 않는다. 그녀는 왕을 똑 닮은 아이를 왕에게 보여준다. 왕은 분노를 멈추지 않으면서 그 아이는 사생아이며 자신의 궁정은 배신자들의 소굴이라고 선언한다. 파울리나는 그러한 비난을 듣고 그 자리에 있는 유일한 배신자는 레온테스라고 선포한다.

당신이 배신자입니다.
당신 자신의 신성한 명예, 당신의 여왕,
당신의 상속자인 아들, 그리고 아기에 대한 배신자,
그들 모두를 험담에 빠지게 한 배신자.

레온테스는 분통을 터뜨리며 아이를 죽이라는 명령을 하고 파울리나를 산 채로 불태워 버리겠다고 위협한다. 하지만 파울리나는 이러한 일촉즉발의 위기에서도 계속해서 진실을 말하며 친구와 아기를 위해 탄원한다.

저는 당신을 폭군이라고 하지는 않겠어요.
하지만 아무 근거 없는 당신의 망상으로
당신의 여왕을 이렇게 잔인하게 대우하는 것은
확실히 폭정의 맛이 납니다.
앞으로 세상은 당신을 끔찍하고
추악한 존재로 여길 것입니다.

아비가일의 경우처럼, 우리는 여기서 남자처럼 전투하는 것이 아니지만, 터무니없는 불의에 맞서 침묵하지 않고 생명의 위협에도 신실한 중재자로서의 여성적 용기를 볼 수 있다.

재판을 받으며 고난을 견디는 헤르미오네는 영광스러운 용기를 보여준다. 그녀는 "우리 인간의 행동을 지켜보고" 바르게 심판하는 "신성한 힘"에 자신을 위탁한다. 그녀는 부정을 저질렀다는 죄목에 자신은 무죄하다고 주장하며, 남편(그녀는 계속해서 남편을 "나의 주"라고 말한다)에게 오랜 세월 신실했으며 순종했다고 말한다.

그녀는 폴릭세네스를 사랑하고 존경한 것은 남편의 절친한 친구이기에 사랑한 것으로, 왕비로서 적절한 행위였다고 고백한다. 그리고 자신은 진실을 고수하기에 죽음과 삶의 모든 쾌락을 경멸하고 신들의 심판에 자신을 맡긴다고 한다.

이렇게 우리는 파울리나와 헤르미오네 모두에게서 온유하고 안정한 심령이 지니는 불멸의 아름다움을 본다. 그들의 온유함은 수동적인 것이 아니며, 안정한 심령 때문에 진리를 말하지 못하는 것도 아니다. 오히려 그들은 침착하고 우아하다. 그들은 마음의 허리띠를 동이고 세상의 모든 압력과 위험에 직면하여서도 참되고 옳은 것을 고수한다.

그리고 두려움에 움츠러들거나 비겁하게 침묵하기를 거부한다. 사라와 아비가일과 마찬가지로 이들 역시 위의 것에 소망을 두고 어떠한 두려운 일에도 놀라지 않으며 선한 일을 행하기 위해 애쓴다.

나니아 여왕의 용기

마지막으로 나니아에서도 비슷한 형태로 나타나는 여성의 용기를 확인한다. 루시 여왕은 용맹한 사람(Valiant)으로 불리지만, 그녀의 용기는 보통 전쟁터에서 나타나는 용기는 아니다.[5] 그녀의 아버지 크리스마스가 말한다. "여성이 싸울 때 전투는 추하다." 그럼에도 불구하고 그는 루시와 수잔에게 무기를 준다. 하지만 "정말로 필요할 때만"[6] 사용하라고 가르친다.

핵심은 이것이다. 부득이한 경우가 아니라면, 여성이 전장에서 싸우는 것이 적절하지 않다는 것이다. 하지만 동맹국이 군대의 기습을 당하는 경우(『말과 소년』에서 처럼)나 소수의 충직한 나니아인들이 수많은 칼로르멘인 및 배신자들과 싸울 때(『마지막 전투』)와 같은 위급 상황에서는 여성 역시 전쟁에서 자신이 용맹함을 보일 수 있다. 하지만 여성의 용기는 주로 그런 방식으로는 나타나지 않는다.

대신 나니아 여왕의 용기는 권위에 기꺼운 마음으로 순종하는 모습으로 나타난다. 『캐스피언 왕자』(Prince Caspian)에서 에드먼드가 피터와 언쟁을 벌이자, 루시는 그에게 속삭인다. "그냥 피터가 하자는 대로 하는 게 낫지 않을까? 알다시피 그는 대왕이잖아."[7] 루시는 아슬란에 대한 순종이 종종 아슬란이 자신 위에 임명한 사람들을 존중하고 경외하며 그들에게 순종하는 것을 포괄한다는 사실을 알고 있다. 이렇게 해서 그녀는 권위 아래 있는 모든 남자와 여자에게 순종의 본이 된다.

동시에 루시는 이어지는 이야기에서 아슬란에게 명확한 지시를 받게 되는데, 이후에는 다른 사람이 무어라 하든지 피터의 말을 거역한다. 루시는 궁극적으로 자신이 아슬란에게 순종해야 하며 사람(대왕이든 그 누가 되었든)에게 순종해서는 안 된다는 사실을 안다. 게다가 루시는 가장 어려운 상황에서 자신과 가장 가까운 사람들을 실망시킬 각오를 하고 용기를 내야 한다.

나니아 여왕이 용기를 보여주는 예들은 이야기 곳곳에서 찾아볼 수 있다. 아라비스는 "강철처럼 진실한(true as steel)" 사람으로 묘사되며 자신이 좋아하든 싫어하든 절대로 동료를 버리지 않는다(『말과 소년』 6장). 친구 라사라린이 티스로크의 사악한 계획을 엿듣고 두려움에 사로잡혔을 때도 평정심을 유지한다. 루시가 모노포드(Monopods)를 대신해서 마법사의 집으로 향하겠다고 자원할 때, 루시의 용기는 캐스피언과 다른 모든 이의 칭송을 받는다(『새벽 출정호의 항해』 9장). 폴리는 디고리가 심부름 때문에 서쪽으로 가야 할 때 동행하겠다고 함으로써 자신이 진실하고 신실하며 용기 있음을 입증한다(『마법사의 조카』 12장).

성경이든, 셰익스피어든, 나니아 연대기든 우리는 하나님이 매우 소중하게 여기시는 내면의 힘과 인내하는 용기를 볼 수 있다. 용기는 인간에게 공통적인 특성이지만, 여성과 남성에게 각기 다른 방식으로 나타난다. 그리고 진정한 용기는 하나님에 대한 희망에 기초를 두고 내적인 두려움과 외적인 위험을 직면하는 것이 기에 어떤 형태를 취하든 놀랍고도 아름답다.

결론

이 책은 빌립보서 1장을 숙고하면서 시작했다. 그 본문은 위험과 두려움, 담대함과 용기를 다룬다. 그리고 이제는 시편 27편의 권고로 책을 마무리하려고 한다. 이 역시 위험과 두려움, 담대함과 용기에 관한 노래다. 이 시편은 질문으로 시작한다.

"내가 누구를 두려워하리오?
내가 누구를 무서워하리오?"

이 시는 다윗이 직면한 여러 위험을 묘사한다. 다윗에게는 원수들과 대적과 적수들이 있었다(시 27:2, 11-12). 악인들이 그를 먹으려고 습격하고(시 27:2) 군대가 그를 대적하여 진을 치고 전쟁이 일어난다(시 27:3). 거짓 증인들이 그를 중상하고 파멸시키기 위해 폭력과 거짓말을 숨 쉬듯 한다. 게다가 다윗의 가족들과 초기 지지자들도 그를 떠나버렸다. 위험과 고뇌의 나날에 직면한 다윗이 "내가 누구를 두려워하리오?"라고 물을 때, 사실 그 답은 뻔하다. 그는 원수들과 대적들과 적수들을 두려워해야 한다. 그의 평판을 잃을 판이며 신체의 해를 당할 것이고 죽음도 눈앞에 닥쳐왔다. 그래서 두려움은 너무나 당연한 일이다.

하지만 다윗은 두려워하지 않는다. 다윗은 두려움을 막을 자신이 있다. 외적인 위험이 존재하고 세속적인 지원은 부재하다고 할지라도 그의 마음은 동요되거나 고통스럽지 않다. 오히려 그는 견고하고 용기로 가득하다. 어째서 그럴까?

주님이 어둠 속에 그의 빛이 되시며 그의 구원이자 해방이시기 때문이다. 또 주님이 그의 요새이며 생명의 피난처이시기 때문이다(시 27:1). 그리고 하나님이 다윗을 평탄한 길로 인도하셔서 올가미와 덫을 피하게 하시기 때문이다(시 27:11). 다윗은 하나님이 자신의 원수를 처리해 주실 것으로 확신한다. 그들은 실족하여 자기가 놓은 덫에 자기가 빠질 것이다(시 27:2). 하나님은 다윗을 다툼에서 숨기실 것이다. 다윗은 하나님이 자신을 구조하시고 보호해 주신다는 사실을 구체적으로 묘사하기 위해 여러 심상을 사용한다. 하나님은 그를 초막 속에 비밀히 지키시고 장막 은밀한 곳에 숨기시며 높은 바위 위에 두실 것이다. 그리고 바로 그곳에서 다윗은 자기 원수에 대한 하나님의 승리를 지켜보고 하나님께 기쁨과 감사함으로 예배할 것이다(시 27:6). 그는 "산 자들의 땅에서"(시 27:13) 주님을 바라볼 것이라고 자신한다.

다른 말로 하자면 "내가 누구를 두려워하리오?"라는 다윗의 질문은 바울이 로마서 8장 31절에서 "만일 하나님이 우리를 위하시면 누가 우리를 대적하리요?"라고 던진 질문과 같다. 그리고 그 답은 이렇다. 모두가 대적하지만, 상대가 안 된다. 원수와 위험은 실존하지만, 상대가 안 된다. 그 이유는 그런 원수와 위험 중 그 무엇도 우리를 대적하여 성공할 수 없기 때문이다. 그 누구도 우리의 승리를 앗을 수 없다. 다윗은 이렇게도 말한다.

"하나님이 내 편이심을 내가 아나이다
내가 하나님을 의지하여 그의 말씀을 찬송하며
여호와를 의지하여 그의 말씀을 찬송하리이다
내가 하나님을 의지하였은즉 두려워하지 아니하리니
사람이 내게 어찌하리이까?"(시 56:9-11)

우리는 어떻게 대적이 우리를 절대 이길 수 없다고 확신할까? 하나님이 "자기 아들을 아끼지 아니하시고 우리 모든 사람을 위하여 내주"셔서 그분이 우리에게 아낌없이 자비롭게 모든 것을 주시기 때문이다(롬 8:32). 그리고 아무도 "하나님께서 택하신 자들을 고발"하고 그것을 입증할 수 없기 때문이다(롬 8:33). 또 하나님은 노하여 우리를 버리실 수 없기 때문이다(시 27:9). 그리고 그리스도 예수께서 우리를 위해 죽으셨고 더욱이 우리를 위해 다시 사셨기 때문이다. 더 나아가 하나님의 우편에 우리의 중보자로 앉아 계시기 때문이다. 그분 덕분에 우리는 산자의 땅에서, 부활의 영역 안에서 주님을 바라볼 수 있다고 자신할 수 있다.

어떤 위험도 우리를 하나님의 사랑에서 분리할 수 없다. "환난이나 곤고나 박해나 기근이나 적신이나 위험이나 칼"(롬 8:35)도 그렇게 할 수 없다. 우리를 두려움으로 쉽게 짓눌러 버릴 수 있으리라 생각되는 모든 위험도, 사실은 이제 하나님의 손안에 있는 도구다. 이 모든 일에 "우리를 사랑하시는 이로 말미암아 우리가 넉넉히 이기느니라"(롬 8:37). 바울과 다윗은 같은 확신을 지닌다. 하나님이 그들 편이시기에 두려워할 필요가 없다는 것이다.

하지만 하나님이 자신을 지키시고 구하신다는 다윗의 확신보다 그가 그 와중에 바라는 소망이 더 놀랍다. 그 순간 다윗의 불안함을 무디게 만든 것, 위험에 직면했을 때, 그의 마음을 강하게 만드는 것은 바로 이 한 가지다.

"내가 여호와께 바라는 한 가지 일

그것을 구하리니

곧 내가 내 평생에

여호와의 집에 살면서

여호와의 아름다움을 바라보며

그의 성전에서 사모하는 그것이라"(시 27:4).

다윗의 가장 큰 희망은 하나님의 임재 안에 거하며 그분의 아름다움을 영원히 바라보는 일이었다. 이방 나라들이 분노하며 대적들이 찾아 헤매며 땅이 변하고 물이 솟아날 때, 다윗이 단단히 붙잡은 것이 바로 이것이다.

하나님은 다윗에게 자신의 얼굴을 찾으라고 하신다. 다윗은 그 부르심에 이렇게 답한다. "여호와여 내가 주의 얼굴을 찾으리이다"(시 27:8). 그리고 다윗에게는 하나님의 얼굴로 충분했다. 그리고 우리에게도 그것으로 충분하다. 시편 27편 마지막에 다윗은 우리에게 자신의 용기에 동참하라고 권한다. "여호와를 기다릴지어다."

"너는 여호와를 기다릴지어다

강하고 담대하며 여호와를 기다릴지어다!"(시 27:14)

다른 말로 하자면, 당신이 쫓겨났을 때도 하나님이 당신을 데려가신다는 확신을 품고 마음을 돋우라는 것이다. 하나님이 당신에게 하나님 자신을 영원히 주셨다는 진리로 당신의 마음을 강하게 하고 영혼을 진정하라. 예수님의 말씀이다. "세상에서는 너희가 환난을 당하나 담대하라 내가 세상을 이기었노라(요 16:33)."

감사의 말

이 책은 비록 작지만, 엄청난 은혜의 결과물이다. 이 귀한 책을 만드는 데 기여한 모든 분께 감사의 빚을 갚기 원한다.

먼저, 이 시리즈에 참여하도록 나를 초대해 준 친구 마이크 리브스, 문장을 매끄럽게 다듬고 내용을 탄탄히 만들 수 있도록 좋은 질문을 해 준 톰 노타로, 책 집필(및 편집과 마케팅) 과정을 즐겁게 도와준 크로스웨이 팀, 셀 수 없이 많은 방식으로 저를 격려하고 도전해 준 베들레헴 대학 및 신학대학원 교수진과 시티즈 교회의 목사님들, 이 책을 읽고 귀중한 피드백을 준 친구들인 앤디 나셀리와 제니 나셀리, 톰 도즈와 애비게일 도즈 그리고 데이비드 매티스, 초안을 심층적으로 편집하고 일부 내용을 작성하는 데도 도움을 준 클린트 맨리에게 감사하다.

하나님의 은혜로 두려움에 맞서고 격정을 다스릴 수 있도록 영감을 주는 아들들인 샘, 피터, 잭 덕분에 나는 아들들이 용기의 사람이 되도록 도울 수 있게 되었다. (싸울 만한 가치가 있는 무언가를 소유하는 것만큼이나 용기를 만들어 내는 일은 없다.) 그리고 내가 유쾌하고 한결같으며 담대하고 용기 있는, 하나님이 원하시는 사람이 되도록 나를 늘 격려하는 아내 제니에게 감사하다.

독자들이 이 책을 통해 용기의 정의와 설명이 무엇인지 확인하는 데서 그치지 않고, 안정감과 강인한 정신력과 정서적인 힘이 얼마나 놀라운지 실제로 느끼길 바란다. 그래서 최고의 선을 향한 더 깊은 열망의 힘으로 위험을 감수하고 어려움에 직면할 때 두려움을 이겨냈으면 좋겠다. 다윗 왕부터 룬 왕까지, 사도 바울부터 라티머 씨와 리들리 씨에 이르기까지 다양한 형태의 용기를 독자들도 잘 발현했으면 좋겠다.

마지막으로, 내 친구 더그 윌슨만큼 나에게 용기를 준 사람은 없을 것이다. 15년이 넘도록 나는 그가 보여주는 확고한 마음, 희망에 찬 안정감 그리고 유쾌한 사역의 유익을 누릴 수 있음에 감사하다. 이 책을 통해 그 특성이 전달되기를 기도한다.

주

1. 용기를 정의하다

1) Jonathan Edwards, *Ethical Writings*, ed. Paul Ramsey, vol. 8 of *The Works of Jonathan Edwards* (New Haven, CT: Yale University Press, 1989), 539.
2) G. K. Chesterton, *Orthodoxy* (Chicago: Moody Publishers, 2009), chap. 6, Kindle; G. K. 체스터턴, 『정통』, 홍병룡 역, 아바서원.
3) G. K. 체스터턴, 『정통』, 6장
4) C. S. Lewis, *The Abolition of Man* (New York: HarperCollins, 2001), 14-15; C. S. 루이스, 『인간 폐지』, 이종태 역, 홍성사.
5) C. S. 루이스, 『인간 폐지』, 18-19.
6) C. S. 루이스, 『인간 폐지』, 16.
7) C. S. 루이스, 『인간 폐지』, 24.
8) C. S. 루이스, 『인간 폐지』, 24-25.
9) C. S. Lewis, *The Screwtape Letters* (New York: HarperCollins, 2001), 161; C. S. 루이스, 『스크루테이프의 편지』, 김선형 역, 홍성사.

2. 성경이 말하는 용기

1) C. S. Lewis, *Mere Christianity* (New York: HarperCollins, 2011), 31; C. S. 루이스, 『순전한 기독교』, 장경철, 이종태 역, 홍성사.
2) "And Can It Be, That I Should Gain" (1738), https://hymnary.org/

5. 용기와 성별

1) 윌리엄 셰익스피어, 〈헨리 5세〉, 3막, 1장. https://www.poetryfoundation.org/. 이 연설을 환상적으로 연기한 것을 보려면 제이미 파커(Jamie Parker)가 런던의 글로브 극장(Globe Theatre)에서 헨리 왕으로 출연한 영상을 찾아볼 것.

2) C. S. Lewis, *The Horse and His Boy* (New York: HarperCollins, 2009), 185; C. S. 루이스, 『말과 소년』, 햇살과나무꾼 역, 시공주니어.

3) C. S. Lewis, *Mere Christianity* (New York: HarperCollins, 2001), 119; C. S. 루이스, 『순전한 기독교』, 장경철, 이종태 역, 홍성사.

4) William Shakespeare, *The Winter's Tale*, act 2, scene 3, https://shakespeare.folger.edu/; 윌리엄 셰익스피어, 『겨울 이야기』, 김동욱 역, 동인.

5) Joe Rigney, *Live Like a Narnian: Christian Discipleship in Lewis's Chronicles* (Minneapolis: Eyes & Pen, 2013), 155-57; 조 리그니, 『나니아인처럼 살기: 루이스의 연대기에 나타나는 기독교 제자도』.

6) C. S. Lewis, *The Lion, the Witch and the Wardrobe* (New York: HarperCollins, 2009), 108-9; C. S. 루이스, 『사자와 마녀와 옷장』, 햇살과나무꾼 역, 시공주니어.

7) C. S. Lewis, *Prince Caspian* (New York: HarperCollins, 2009), 88; C. S. 루이스, 『캐스피언 왕자』, 햇살과나무꾼 역, 시공주니어.

사명선언문

너희가 흠이 없고 순전하여……세상에서 그들 가운데 빛들로
나타내며 생명의 말씀을 밝혀 _ 빌 2:15-16

1. 생명을 담겠습니다
만드는 책에 주님 주신 생명을 담겠습니다.
그 책으로 복음을 선포하겠습니다.

2. 말씀을 밝히겠습니다
생명의 근본은 말씀입니다.
말씀을 밝혀 성도와 교회의 성장을 돕겠습니다.

3. 빛이 되겠습니다
시대와 영혼의 어두움을 밝혀 주님 앞으로 이끄는
빛이 되는 책을 만들겠습니다.

4. 순전히 행하겠습니다
책을 만들고 전하는 일과 경영하는 일에 부끄러움이 없는
정직함으로 행하겠습니다.

5. 끝까지 전파하겠습니다
모든 사람에게, 땅 끝까지, 주님 오시는 그날까지
복음을 전하는 사명을 다하겠습니다.

서점 안내

광화문점	서울시 종로구 새문안로 69 구세군회관 1층 02)737-2288 / 02)737-4623(F)	
강남점	서울시 서초구 신반포로 177 반포쇼핑타운 3동 2층 02)595-1211 / 02)595-3549(F)	
구로점	서울시 동작구 시흥대로 602, 3층 302호 02)858-8744 / 02)838-0653(F)	
노원점	서울시 노원구 동일로 1366 삼봉빌딩 지하 1층 02)938-7979 / 02)3391-6169(F)	
일산점	경기도 고양시 일산서구 중앙로 1391 레이크타운 지하 1층 031)916-8787 / 031)916-8788(F)	
의정부점	경기도 의정부시 청사로47번길 12 성산타워 3층 031)845-0600 / 031)852-6930(F)	
인터넷서점	www.lifebook.co.kr	

복음대로 삶 시리즈
Worthy

복음대로 삶

그리스도인이 추구할 최우선 가치

Worthy: Living in Light of the Gospel, Growing Gospel Integrity series
by Sinclair B. Ferguson

Copyright © 2023 by Sinclair B. Ferguson
Published by Crossway, a publishing ministry of Good News Publishers
Wheaton, Illinois 60187, U.S.A.

This Korean edition copyright © 2023 by Word of Life Press, Seoul, Republic of Korea.
Published by arrangement with Crossway through rMaeng2, Seoul, Republic of Korea.
All rights reserved.

이 한국어판의 저작권은 알맹2를 통하여 Crossway와 독점 계약한 생명의말씀사에 있습니다.
신저작권법에 의하여 한국 내에서 보호받는 저작물이므로 무단 전재와 무단 복제를 금합니다.

복음대로 삶

ⓒ 생명의말씀사 2023

2023년 12월 20일 1판 1쇄 발행

펴낸이 ㅣ 김창영
펴낸곳 ㅣ 생명의말씀사

등록 ㅣ 1962. 1. 10. No.300-1962-1
주소 ㅣ 서울시 종로구 경희궁1길 6(03176)
전화 ㅣ 02)738-6555(본사) · 02)3159-7979(영업)
팩스 ㅣ 02)739-3824(본사) · 080-022-8585(영업)

기획편집 ㅣ 유영란, 박경순
디자인 ㅣ 박소정
인쇄 ㅣ 영진문원
제본 ㅣ 보경문화사

ISBN 978-89-04-16859-0 (04230)
　　　978-89-04-70099-8 (세트)

저작권자의 허락 없이 이 책의 일부 또는 전체를
무단 복제, 전재, 발췌하면 저작권법에 의해 처벌을 받습니다.

복음대로 삶

그리스도인이 추구할 최우선 가치

율법주의를 넘어선,
은혜 안에서 가능해지는
온전한 순종

싱클레어 B. 퍼거슨 지음 | 구지원 옮김

생명의말씀사

추천사

율법주의와 율법폐기주의는 샴쌍둥이처럼 동일한 심장을 공유한다. 이 둘은 그 자체가 왜곡되어 있기에 외부의 의에 의한 칭의와 다른 존재를 닮아 감에 의한 성화에 움찔한다. 싱클레어 퍼거슨의 오랜 말씀 사역은 언제나 저 두 질병을 강타했다. 목양적인 온기와 빼어난 설명과 스코틀랜드식 진지한 농담이 잘 어우러진 『복음대로 삶』은 신자들의 마음을 살찌우고 낯선 이들이 의자를 앞당겨 앉게 할 식탁을 풍성하게 차려 준다.

마이클 호튼(Michael Horton)
캘리포니아 웨스트민스터 신학교
조직신학 및 변증학의 J. 그레섬 메이첸 교수

하나님은 상황을 뒤집는 것을 좋아하신다. 사람들은 복음에 합당한 사람은 위대한 인물일 거라고 생각한다. 싱클레어 퍼거슨은 복음에 합당한 사람은 자기 죄로 인해 마음이 낮아진 사람, 그리스도의 십자가로 인해 변화된 사람, 주님 알기를 갈망하는 사람임을 보여 준다. 여기에 못 미치는 것은 복음에 합당하지 않다. 강력히 추천한다!

조엘 R. 비키(Joel R. Beeke)
퓨리턴 리폼드 신학교 총장

싱클레어 퍼거슨은 수년간 내가 그리스도와의 연합을 경험적으로 이해할 수 있도록 도와주었다. 퍼거슨의 설교와 저서는 그 여정에서 친구가 되어 주었고 영적 성숙과 하나님과 동행하는 삶으로 이끌어 주었다. 『복음대로 삶』은 얇은 책이어서 내가 이제껏 읽고 들은 가르침의 요약판 같다. 그래서 오히려 참신한 통찰과 목양적 지혜가 각 장에 응축되어 있다. 책 읽기를 마칠 무렵, 나는 우리 교회 성도들이, 심지어 나의 십대 아이들마저 이 책을 읽어 얼마나 흥분되는지 모른다고 다른 사람들에게 계속 이야기하고 다녔다.

존 스타크(John Starke)
뉴욕 아포슬스 교회 담임 목사
『기도의 가능성』(*The Possibility of Prayer*) 저자

오직 너희는

그리스도의 복음에

합당하게 생활하라

빌립보서 1장 27절

Worthy
contents

시리즈 서문 _11
서문 _15

chapter 1   까맣게 잊힌 권고 _19

chapter 2   몇 가지 기초 문법 _37

chapter 3   우리를 변화시키는 하나님의 도구 _57

chapter 4   복음에 합당한 마음가짐 _79

chapter 5   복음에 합당한 삶 _93

주 _115

시리즈
서문

복음대로 사는 삶은 오늘날의 교회에 가장 중요한 필수 요건이다. 이 온전함은 진리의 복음에 우리의 머리와 가슴과 삶을 완전히 일치시키는 것으로, 도덕이나 정통 교리보다 더 필요하다.

사도 바울은 빌립보서 독자들에게 복음의 백성답게 살라고 호소하면서 복음대로 사는 삶이 무엇인지 그 네 가지 특징을 제시한다.

첫째, "너희는 그리스도의 복음에 합당하게 생활하라"(빌 1:27a). 즉 복음의 백성은 복음에 **합당한** 삶을 살아야 한다.

둘째, "한마음으로 서서 한 뜻으로 복음의 신앙을 위하여 협력"(빌 1:27b)하라. 달리 말하자면, 복음대로 사는 삶은 함께 **연합하는** 신실한 태도를 요구한다.

이 두 가지 태도에는 "고난"과 "싸움"(빌 1:29-30)이 뒤따른다. 그래서 바울은 셋째로 "두려워하지 아니하"(빌 1:28a)도록 당부하면서 이런 **용기**가 분명한 "구원의 증거"(빌 1:28b)라고 설명한다.

마지막으로 넷째, 바울은 이렇게 말한다.

"그러므로 그리스도 안에 무슨 권면이나 사랑의 무슨 위로나 성령의 무슨 교제나 긍휼이나 자비가 있거든 마음을 같이하여 같은 사랑을 가지고 뜻을 합하며 한마음을 품어 아무 일에든지 다툼이나 허영으로 하지 말고 오직 겸손한 마음으로 각각 자기보다 남을 낫게 여기고"(빌 2:1-3).

이처럼 바울은 **겸손** 없이는 그리스도인의 진정한 온전함이 불가능하다고 분명히 밝힌다.

'복음대로 삶' 시리즈의 목적은 바울의 복음주의적 요청, 곧 복음에 **합당하게, 연합하여, 용기 있고, 겸손하게** 살아가라는 요청을 다시 되새기는 것이다. 하지만 우리는 이 네 가지 특징이 추상적인 도덕적 자질이나 덕목을 뜻하지 않는다는 사실을 기억해야 한다. 바울이 뜻하는 바는 **복음대로 사는 삶**의 매우 구체적인 특징과 모습들이다. 이처럼 이 시리즈의 책들은 어떻게 복음이 우리 안에 있는 이러한 자질을 북돋우고 형성하는지를 당신에게 보여 줄 것이다.

이 작은 시리즈를 통하여 하나님이 영광 받으시고, "주 예수 그리스도의 은혜가 여러분의 심령과 함께 있기를"(빌 4:23, 새번역 성경) 기도한다.

'복음대로 삶' 시리즈 기획자
마이클 리브스(Michael Reeves)

서문

이 작은 책의 제목에도 포함된 **합당하다**라는 단어는(이 책의 원제 'Worthy'는 "복음에 합당하게"[빌 1:27]에 해당하는 "be worthy of the gospel"[ESV]에서 나왔다–편집자 주) 한 가지 이유를 밝혀 달라고 부르짖고 있다. 성경 시대부터 대대로 그리스도인들은, 하나님은 합당하신 반면 우리는 그렇지 못하다고 늘 단언해 오지 않았는가. 그런데도 동료 그리스도인들에게 **합당한** 삶을 살라고 강권한 이는 다름 아닌 자신의 합당하지 못함과 하나님의 놀라운 은혜와 자비를 누구보다 깊이 인식했던 사람, 사도 바울이었다.

그래서 이 책은 '복음에 합당하라'는 주제를 다룬다. 바울이 자신이 아낀 빌립보 교회의 그리스도인 벗들에게 했던 권고에 관한 것이다.

이 책을 쓰면서 "바울은 지금 수신자들에게 '복음에 합당한 삶을 살라'고 강권하기 때문에 복음에 합당한 삶의 의미와 방법을 설명하는 걸까?"라고 자문하는 나를 자주 발견하곤 했다. 우리가 바울의 말을 깊이 묵상한다면, 그가 자신의 권고가 무엇을 의미하고, 몸소 그 권고를 어떻게 성취했으며, 우리도 그 같은 경험을 어떻게 할 수 있는지를 (때로는 절제된 방식으로) 보다 자세하게 설명하고 있음을 발견하게 될 것이다.

그래서 『복음대로 삶』이 빌립보서의 주해서는 아니지만, 우리는 바울이 빌립보서에서 무엇을 말하는지를 계속해서 되새겨 보려 한다. 바울이 편지를 쓰던 당시에, 그의 마음에는 그리스도인들에게 복음에 합당하게 살라고 강권하는 일이 특별한 사명감으로 다가왔던 것 같다. 그는 비슷한 시기에 쓰인 에베소서와 골로새서에서도 이를 언급했다. 데살로니가전서에서도 이미 이를 강조했다.

이렇듯 그에게 복음에 합당하게 살라는 권고는 분명 부차적이거나 지엽적인 문제가 아니었다. 어쩌면 바울은 합당하라는 권고가 제자들을 바라보는 구주의 마음에도 과제로 받아들여졌음을 알았을 것이다. 왜냐하면 그분도 "아버지나 어머니를 나보다 더 사랑하는 자는 내게 합당하지 아니하고 … 또 자기 십자가를 지고 나를 따르지 않는 자도 내게 합당하지 아니하니라"(마 10:37-38)고 말씀하셨기 때문이다.

합당함은 예수님의 제자의 확실한 표지로 드러난다. 정말이지, "**오직** 너희는 그리스도의 복음에 합당하게 생활하라"는 바울의 말은 첫눈에는 부차적인 일을 제안하는 것처럼 보일 수도 있다. 하지만 이 말은 바울의 마음에 우연히 떠오른 문제가 아니었다. 앞으로 살펴보겠지만, 바울은 이것을 최우선순위에 둔다.

내가 오늘날 그리스도인들은 그만큼 우선순위에 두지 않는 것 같다고 말하면 당신이 내 생각에 동의해 줄지 궁금하다. 당신은 바울의 가르침에 관한 설교나 강의를 들어 본 적이 없을 수도 있고, 복음에 합당한 삶에 관한 책(이 책처럼 얇은 책조차도!)을 단 한 권도 읽어 본 적이 없을 수도 있다.

하지만 그럴수록 우리가 바울의 말에 경청하는 것이 무엇보다 중요하다.

―

『복음대로 삶』은 빌립보서 1장 27절-2장 3절의 바울의 가르침을 토대로 마이클 리브스가 기획한 시리즈 중 한 권이다. 『복음대로 삶』은 시리즈 주제들을 소개하고 전체 내용을 요약 정리한다. 나는 이 시리즈에 기여해 달라는 초청에 감사하고, 이 책이 나머지 책들도 읽는 데도 격려가 되기를 소망한다. 무엇보다도 이 책이 너무나 자주 잊어버리는 바울의 권고를 상기시켜 주기를 소망한다.

chapter 1

까맣게 잊힌 권고

"오직 너희는 그리스도의 복음에 합당하게 생활하라"(빌 1:27).

"오직"의 영어 번역어 'only'는 이 문장이 "기다려 줘, 나 겨우(only) 1, 2분 후면 도착이야"처럼 가벼운 진술이라고 깜빡 속게 만든다.

하지만 사실 정반대다. 여기에 가벼운 것은 전혀 없다. 바울은 "오직"이라고 말할 때 헬라어 '모논'(monon)을 사용한다. 당신에게 헬라어 지식이 없더라도 충분히 그 의미를 추측할 수 있을 것이다. 여기에 쓰인 "오직"은 '유일한', '필요한 한 가지'를 의미한다. "**오직** 너희는 그리스도의 복음에 합당하게 생활하라"는 타협할 수 없다는 뜻이다.

그런데 우리는 오늘날 이런 표현을 거의 사용하지 않는다. 그리스도인 친구의 삶을 '복음에 합당하다'고 묘사하는 걸 마지막으로 들은 때가 언제인가? 대답이 "자주는 아니다"일 가능성이 높고, "한 번도 없다"일 가능성은 더 높다. "그리스도의 복음에 합당하게 생활하라"는 21세기 교회에서는 우선순위가 높지 않다. 하지만 바울은 그 우선순위를 높게 매겼다. 이것이 바로 그가 빌립보 교회뿐 아니라 에베소 교회, 골로새 교회, 데살로니가 교회에도 이를 강조한 이유다.[1]

왜 까맣게 잊혔을까?

그런데 왜 바울의 이 권고(그리고 그리스도인의 삶에 관한 그의 사고방식)는 그가 그토록 중요하게 생각했음에도 구닥다리가 되었을까?

의심할 바 없는 한 가지 이유는, 누군가가 하나님 앞에서 합당한 자격을 갖출 수 있다는 생각에 우리가 (바람직하게도) 알레르기 반응을 일으키기 때문이다. 우리는 모두 "저는 주님을 내 집에 모셔 들일 만한 **자격이 없습니다**"(눅 7:6, 새번역 성경)라고 말한 로마의 백부장, "내가 하늘과 아버지 앞에 죄를 지었습니다. 이제부터 나는 아버지의 아들이라고 불릴 **자격이 없습니다**"(눅 15:21, 새번역 성경)라고 고백한 탕자와 같다. 로마서 1장 18절부터 3장 20절까지 바울의 핵심은 우리를 구석으로 몰아서 우리가 자격 없음을 인정할 수밖에 없도록 논증하려는 것 아닌가? 하늘의 거룩하신 하나님 앞에서 모든 이가 입도 뻥끗하지 못하는 것은 우리가 다 죄인이고, 다 자격이 없기 때문이다(롬 3:19-20). 우리는 죽어 가는 마르틴 루터와 더불어 이렇게 말할 수밖에 없다. "우리는 거지입니다. 이것이 참입니다." 우리의 찬송가(혹은 이를 띄운 스크린)는 결코 "나는 합당하네, 나는 합당하네"라고 노래하라고 가르치지 않는다. 그저 "주님, 당신은 합당하십니다, 당신은 합당하십니다"라고 가르칠 뿐이다.

이렇듯 복음은 우리의 합당치 못함을 가르친다. 우리는 자격이 아닌 은혜로 구원받는다.

그런데도 바울은 우리에게 합당하게 생활할 책임이 있음을 강조한다. 그렇다면 왜 우리는 바울의 말을 액면 그대로 받아들이기를 꺼리는가?

율법주의라는 잠재된 두려움

대답의 일부는 우리가 가진 두려움, 곧 복음에 합당하라는 권고는 그 정의상 율법주의이거나 적어도 율법주의로 귀착된다는 두려움 때문이다. 하지만 만약 그렇다면 은혜의 사도인 바울이 왜 이에 대해 말했을까?

최근 은혜는 설교와 수업에서 머리기사 역할을 할 때가 많다.

너무 많은 그리스도인이 온갖 종류의 율법주의에 취약하다고 느끼게 된 젊은 복음주의 목사들 사이에서 특히 그렇다. '하라'와 '하지 말라'의 분위기가 너무 강하다.

분명 너무나 많은 그리스도인이 하나님의 용납을 조건적이라고 느끼며 고통을 겪어 왔다. 마치 우리를 향한 하나님의 사랑이 결국 우리의 행위에 달려 있다는 듯이 말이다. 그러면 하나님은 만족스러운 성과에 기뻐하는 학교 선생님이나 법규를 잘 지키는지 확인하는 경찰처럼 되시고 만다. 하지만 복음은 하나님의 은혜에 관한 것이다. 복음은 "모든 은혜의 하나님"(벧전 5:10)으로부터 오기 때문이다.

이것을 강조하는 데는 매우 중요한 이유가 있다. 에덴동산 이후로 우리는 모두 본성상 율법주의자이기 때문이다. 우리는 다 어느 정도 하나님의 호의를 얻으려면 무언가를 해야 한다고 가정한다. 이 가정은 모든 인간의 마음에 저절로 작동하는 디폴트값이다. 그래서 세계 대부분의 종교가 이를 공통된 특징으로 공유한다.

그래서 복음은 우리에게 하나님의 은혜 안에 잠기라고 말한다.
하지만 바울은 율법주의에 반발하여 그리스도 안에 있는 하나님의 은혜를 **강조하는 것**이 그리스도 안에 있는 하나님의 은혜를 **이해하는 것**과 반드시 일치하지 않는다는 것을 잘 알았다.

한 가지 예화가 핵심을 말해 줄 듯하다. 어떤 설교자가 하나님의 은혜를 강조하는 신약성경 구절을 주해하는 것을 들은 기억이 난다. 하지만 동시에 그 구절에는 (많은 구절이 그렇듯) 거룩함에 대한 권고가 뚜렷이 드러나 있기도 했다. 주해가 진행되는 동안, 설교자가 적어도 그 설교를 듣고 있는 사람들 중 일부(아마도 대부분!)가 여전히 하나님의 은혜를 조건적이라 여기고 있다고 생각하는 것이 분명해졌다.

그가 옳았을 수도 있다. 하지만 그 설교자는 하나님의 은혜가 어떻게 하나님의 계명에 순종할 힘을 주는지를 보여 주고, 하나님의 은혜와 우리의 반응 사이에 어떤 연관성이 있는지를 보도록 돕는 대신, 그저 거룩함에 대한 권고를 무시했다. 그가 한 일이라곤 율법주의를 조심하라고 경고한 것뿐이었다. "하나님의 입으로부터 나오는 모든 말씀으로"(마 4:4) 살기 원하는 그리스도인들이 어떻게 주님처럼 하나님의 은혜**로 인해** 그분의 명령에 순종할 수 있는지에 대해서는 일언반구도 없었다. 그래서 그의 설교는 근본적인 복음의 원리를 가르칠 기회를 놓치고 말았다. 그리스도 안에 있는 하나님의 은혜를 더 풍성하고 온전하게 주해할수록, 결과석으로 그 은혜로부터 흘러나오는 진부를 요구하는 계명을 주해하는 일이 더 안전해진다는 원리 말이다.

신약성경이 꾸준히 가르치고 있는 바가 곧 이것이다. 바울이 서신서에서 "그러므로"와 "그러면" 같은 접속사로 자꾸 강조하는 것도 이 때문이다. 모든 것을 베푸시는 것이 하나님 은혜의 본질이지만, 모든 것을 베푸는 은혜는 또한 모든 것으로 보답받기를 원한다. 그보다 더 적은 것으로는 만족할 수 없다. 사랑에 빠진 젊은 남녀라면 누구나 이것을 안다.

그러므로 신약성경의 계명에 대해 음소거 버튼을 누르는 일은 하나님의 은혜를 강조하는 일이기보다는 사실상 하나님의 은혜를 전복하는 일이다.

은혜는 순종과 어떻게 관계 맺는가?

은혜와 순종의 참된 관계는 바울이 디도서에서 복음을 요약한 데서 기가 막히게 잘 표현되었다.

"모든 사람에게 구원을 주시는
하나님의 은혜가 나타나
우리를 양육하시되 경건하지 않은 것과
이 세상 정욕을 다 버리고
신중함과 의로움과 경건함으로 이 세상에 살고
복스러운 소망과
우리의 크신 하나님 구주 예수 그리스도의 영광이 나타나심을
기다리게 하셨으니
그가 우리를 대신하여 자신을 주심은

모든 불법에서 우리를 속량하시고
우리를 깨끗하게 하사 선한 일을 열심히 하는
자기 백성이 되게 하려 하심이라"(딛 2:11-14).

여기에 바울은 디도에게 한 걸음 더 나아간 권고를 한다.

"너는 이것을 말하고 권면하며 모든 권위로 책망하여
누구에게서든지 업신여김을 받지 말라"(딛 2:15).

이것은 은혜의 경이로움에 대한 묘사뿐 아니라 은혜의 함의를 설명하는 방식에서도 강력한 표현이다. 디도가 어떻게 해야 할지는 말할 것도 없다! 집의 기초가 탄탄할수록 건물 자체도 더 크고 튼튼해진다. 하나님의 은혜에 대한 주해가 더 풍성하고 온전할수록, 그 권고는 더 깊이 마음에 새겨진다.

게하더스 보스(Geerhardus Vos)는 뛰어난 통찰력으로 율법주의의 본질은 하나님의 인격과 하나님의 율법을 분리하는 것이라고 논평한 적이 있다. 율법주의는 "율법에 대한 독특한 복종으로서, 복종하는 규율에서 더 이상 인격적인 하나님의 손길을 느끼지 못하는 것"[2]이다. 그러므로 하나님의 은혜와 명령을 나누는 것은 율법주의가 된다. 하나님의 명령을 그분의 은혜에서 분리하는 것은 해결책이 아니다. 그것은 문제를 덮어 둘 뿐이지 결코 해결하지 못한다. 율법주의는 은혜와 율법을 비인격적인 실재로 바꾸어 우리가 하나님을 놓치게 한다. 그래서는 안 된다. 은혜의 하나님은 계명의 하나님이시다. 그 둘은 서로에게 속했고, 그리스도 안에서 함께 품어져야 한다. 달리 말하면, 그리스도를 구주로 아는 것과 주님으로 아는 것은 결코 분리될 수 없다. 칭의와 성화도 마찬가지다. 그 둘은 그리스도 안에서 서로에게 속했다. 장 칼뱅이 자주 언급했듯이, 그 둘을 떼어 놓는 것은 "그리스도를 산산조각 내는 것"[3)]이다.

'합당하다'의 의미

"오직 너희는 그리스도의 복음에 합당하게(axios) 생활하라"는 바울의 권고에 함축된 의미는 무엇일까?

헬라어 '악시오스'(axios)는 신약성경의 영역본에서 대개 "합당하다"(worthy)로 옮겨진다. 하지만 그 독특함이 어떤 구절에서는 '…와 일치하여'(in keeping with)로 표현된다(마 3:8; 행 26:20). 다른 많은 단어와 마찬가지로 '악시오스'의 어원은 배후에 한 그림이 있다. 그 단어는 "본래 '저울의 한쪽 편을 높이다', '평형을 이루다'를 의미하고, 결과적으로 '동등하다'를 의미한다."[4)]

기본 개념은, 그리스도의 복음에 합당한 삶이란 복음이 메시지의 형태로 가르치는 바를 삶의 형태로 표현하는 것이다. 이런 삶은 주 예수 그리스도의 성품을 반영하는 모습을 띤다.

어릴 적, 내가 아침마다 등교 전에 해야 할 일은 우리 가족이 그날 먹을 식사에 필요한 식재료를 준비하는 일이었다. 그중에는 동네 푸줏간에 가는 일도 있었다. 어머니는 나더러 고기의 특정 부위와 특정 중량을 요청하라는 임무를 맡기셨다. 요즘과는 모습이 사뭇 달랐던 우리의 푸줏간은 두 개의 접시가 달린 구식 저울을 사용했다. 한쪽에는 내가 요청한 중량의 저울추를 놓았다. 다른 한쪽에는 중량을 달 고기를 올려놓았는데, 고기를 추가하거나 잘라 내어 중심 바늘이 두 접시 사이에서 완벽한 균형을 이루게 했다. 단순하지만 기발한 방법이었다!

이것이 바로 '악시오스'라는 단어가 품은 그림이다. 한편에는 복음이 있다. 다른 편에는 당신의 삶이 있다. 바울의 권고는 이렇다. 당신의 삶이 복음과 '똑같은 무게가 되도록' 살라! 복음과 '일치하도록' 살고, 복음과 '어울리도록' 살라는 것이다. 이것이 바로 '균형을 이룬 그리스도인의 삶'의 모습이다. 복음은 예수 그리스도의 좋은 소식이고, 우리 삶은 그 좋은 소식의 구현이어야 한다. 달리 말해, 복음은 "구원을 주시는 하나님의 능력"(롬 1:16)이고, 우리는 그 능력으로 구원받은 대로 살아야 한다!

바울에게 이것은 사소한 문제도, 선택적인 문제도 아니었다. 오히려 '유일한' 일, 본질적인 일이었다.

시민권

'합당하다'가 바울이 여기서 사용하는 유일한 그림은 아니다. "복음에 합당하게 **생활하라**"고 쓸 때, 바울은 헬라어 '폴리테우오마이'(*politeuomai*)를 사용한다. 이 낱말은 도시('폴리스'[*polis*], '정치'[*politics*]의 어원)에 해당하는 단어에서 나왔다. 문자적으로 '시민으로 살다'를 뜻한다.

바울은 에베소서("너희가 부르심을 받은 일에 합당하게 행하여"[엡 4:1])와 골로새서("주께 합당하게 행하여"[골 1:10])에서처럼 '걷다'(개역개정 성경은 '행하다'로 옮김—역자 주)라는 동사를 사용할 수도 있었다. 그런데도 여기서 그가 시민권과 관련된 표현을 사용한 이유를 쉽게 추측해 볼 수 있다. 빌립보는 로마의 식민지였다. 그래서 시민의 삶은 로마의 법과 로마의 생활양식에 따라 구성되었다. 빌립보의 시민은 로마의 시민이었다. 그 지역 치안관들이 적법 절차 없이 옷을 찢고 매질을 한 뒤 감옥에 넣어 버린 남자가 사실 로마 시민이었다는 사실을 깨닫고는 그토록 두려워했던 이유가 바로 이 때문이었다. 그들이 바울에게 와서 잘못을 인정하고 머리를 조아린 것은 조금도 놀랄 일이 아니었다(행 16:22-23, 37-40).

빌립보서 1장 27절에서 바울은 단순히 "빌립보의 시민으로서 복음을 비추면서 살라"고 말했는지도 모른다. 하지만 분명 그 이상이 있다. 바울을 가장 먼저 환대했던 루디아는 아직 거기 있었을까? 바울이 그리스도께로 인도했던 그 간수와 가족은 확실히 거기 있었다. 그리고 바울이 학대하는 주인과 악한 영으로부터 건져 낸 어린 여종도 듣고 있었다. 바울은 그들에게 상기시키고 있었다. "우리의 시민권은 하늘에 있는지라"(빌 3:20).

빌립보는 이탈리아가 아니라 마케도니아에 있었다. 하지만 빌립보인은 마케도니아에서 로마의 시민으로 살았다. 로마의 법을 따랐고 로마의 생활양식을 따랐다. 그렇다면 바울의 메시지는, 그의 벗들이 비록 빌립보에 살고 있지만 진짜 시민권은 하늘에 있다는 메시지였다. 그들의 교회는 이 땅에 있는 천국의 거류지였다. 이것이 사실이었기에, 그들은 세속 도시의 생활양식에 따라서가 아니라 천국 도시인 새 예루살렘의 생활양식에 따라서 살아야 했다.

요약하자면, 그리스도인의 삶은 '이 땅에서의 천국' 버전이 되는 것이다. 이보다 더 큰 특권이 없지만, 이보다 더 높은 기준도 없다! 그러하기에 요구하는 것도 이보다 더 까다로울 수 없고, 아우르지 않는 영역이 없다. 그럼에도 바울의 권고는 율법주의와는 전혀 거리가 멀다. **왜냐하면 바울은 복음이 어떻게 작동하는지를 알았기 때문이다.**

그리스도 안에서 하나님의 은혜는 우리에게 새로운 정체성을 제공한다. 하늘의 정체성이다. 그리고 (우리의 타고난 정체성이 아니라) 하늘의 정체성이 모든 것을 결정한다. 우리의 정체성, 우리의 시민권은 하늘에 있다. 바울이 다른 데서도 말하듯이, 우리의 생명은

"그리스도와 함께 하나님 안에 감추어졌"고(골 3:3), 그리스도께서 나타나시면 우리는 그분과 같이 변화될 것이며, 그때 우리의 진짜 정체성이 분명해질 것이다(빌 3:20-21; 골 3:4; 요일 3:1-2). 그렇다면 이 세상에서 다른 세상의 시민권자로서 사는 것보다 무엇이 더 논리적이고 설득력 있겠는가? 구약의 다니엘처럼 우리는 비록 우리가 진짜로 속한 곳이 아닌 (아래에 있는) 바벨론에서 살고 있을지라도 우리가 속해 있는 (위에 있는) 예루살렘의 생활양식을 살아 내도록 부르심을 받았다.

그러므로 우리는 "이방 땅에서 … 여호와의 노래를" 불러야 한다(시 137:4). 이것은 율법주의의 문제가 아니다. 왜냐하면 "그의 계명들은 무거운 것이 아니"기 때문이다(요일 5:3). 예수님은 온유하고 겸손한 그분의 멍에를 메면 우리 영혼이 질병이 아닌 편안함을, 매정함이 아닌 쉼을 얻으리라고 말씀하신다(마 11:28-30).

나는 미국의 세 도시에서 살았다. 정기 비자 인터뷰에 가면 영사가 나에게 그 도시 중에 어디가 가장 좋았느냐고 물을 가능성이 있다(그렇다. 실제로 이 질문을 받았다!). 추측건대 그녀는 '저 사람이 내 앞에서 이 질문에 답할 수 있다면, 그는 서류가 말해 주고 지문이 보장해 주고 여권 사진이 보여 주는 그 사람일 가능성이 높지'라고 생각하는 것이다. 나는 요령 있게 대답한다. 내가 특별히 높게 평가하는 세 도시의 특징들을 각각 언급하는 것이다. 불가피하게 비슷한 것이 있기는 해도, 그 도시들에는 각각의 독특함이 있다.

어떤 도시에서 살기가 어떠했느냐고 물으면, 우리는 그곳의 독특함을 언급하게 된다. 다양한 억양과 지방색이 느껴지는 발음, 색다른 분위기와 생활양식, 심지어는 특유의 운전방식(!) 같은 것을 말이다. 우리는 우리가 살아가는 지역의 생활양식과 언어 습관을 받아들이는 경향이 있다.

호기심을 돋우는 차이점

미국에 사는 스코틀랜드인답게, 나는 고층 빌딩에서 엘리베이터(영국 영어로는 '승강기'[lift])에 타는 것을 좋아했다. 층층이 멈추는 것과 때로는 다른 이용객들과 인사를 나누는 것을 즐겼다. 나의 억양이 나를 배신할 때가 있기에, 어떤 사람은 내리는 나에게 "**출신지가 어디죠?**"라고 묻곤 했다. 엘리베이터에서 내리고 문이 닫히기 시작하면, 나는 늘 웃음을 지으며 엘리베이터에 남아 있는 서너 명에게 이렇게 말하기를 좋아했다. "사우스캐롤라이나주의 컬럼비아요." 문이 닫히는 찰나에 그들의 혼란스러운 표정은 이렇게 말하고 있었다. "그런 억양이면 여기 주변 출신일 리가 없는데요! **진짜 출신지가 어디죠?**" 나는 미국에서 살고 있었지만 그럼에도 전혀 다른 곳에 '소속되어' 있었던 것이 틀림없다.

이것이 바로 바울이 빌립보서 1장 27절에서 말하는 바다. 그의 그리스도인 벗들은 빌립보라는 로마 식민지에서 살고 있었지만 그들의 진짜 시민권은 하나님 나라에 있었다. 그들은 그것을 살아 냈다('산상수훈'의 생활양식을 생각해 보라). 그리고 그들이 그렇게 살았다면, 빌립보 사람들은 자연스럽게 이렇게 물었을 것이다. "당신네 진짜 출신지가 어디요? 당신들한테는 뭔가 특별한 게 있소. 콕 집어 말할 수는 없지만, 뭔가 다르오. 당신네는 여기 주변 출신은 아닌 것 같소."

나는 가끔 문이 닫힌 후 엘리베이터에서 무슨 일이 일어났을지가 궁금했다. 서로 무슨 말들을 했을까? 내 출신지를 맞혀 보려 했을까? 엘리베이터에서 그들을 다시 만난다면, 그들이 나를 기억하고 "당신 **진짜** 출신지가 어디죠? 당신 억양이 멋져요. 영국인(English)인가요?"라고 물어올까?(오 이런! 하지만 난 줄곧 '영국[England]의 스코틀랜드 출신인' 사람으로 소개되곤 했다! ["English", "England"는 '잉글랜드인', '잉글랜드'이기도 하다. 잉글랜드와 스코틀랜드는 역사적으로 오랫동안 갈등을 겪어 왔다—편집자 주])

이것은 초기 교회에서 일어났던 일에 대한 비유다. 그리고 오늘날의 교회와는 대조된다. 오늘날 그리스도인들은 일종의 전도 전략으로 비그리스도인들에게 던질 수 있는 질문을 고안해 보라는 격려를 받을 때가 많다. 그렇게 하면 복음에 관한 대화가 자극될 수 있다는 것이다. 이 방법이 신약성경의 가르침과 얼마나 뚜렷이 대조되는지를 깨닫는 이는 거의 없다. 시몬 베드로는 정반대의 경우가 일어나리라고 예상했다(벧전 3:15). 그는 그리스도인의 삶의 질이 비그리스도인들로 하여금 질문을 던지게 하리라고 예상했다. "무엇이 당신을 움직이게 하나요?" "당신에겐 무엇이 있는 거죠? 왜 이런 말을 하고 이런 행동을 하나요?" "하나님을 믿는 이유를 말해 주세요." "예수 그리스도가 누구죠?" "난 용서받을 수 있을까요?" "그리스도인이 된다는 게 무슨 뜻인가요?" 오늘날의 전도용 대화 시작법과 베드로가 예상했던 질문들 사이에 왜 이런 차이가 있는 걸까?

너무나 명확해서 우리가 좀처럼 깨닫지 못하는 것이 있다. 신약성경은 예수 그리스도를 어떻게 전해야 하는지 사실상 아무런 조언도 하지 않는다. 그럼에도 (책도, DVD도, TV 프로그램도, 인터넷도, 단체도, 전문가의 세미나도 없었으나 너무나도 명백했던) 초기 교회 전도의 영향력을 누가 의심하겠는가? 무엇으로 그 차이점을 설명할까? 왜 서구에서는 그리스도를 전하는 기술을 고안해 내야 할까? 어쩌면 그에 대한 간단한 답은 우리가 그리스도의 복음에 합당한 방식으로 살아오지 않았기 때문이다. 우리는 그리스도께서 계신 천국의 생활양식, 분위기, 억양을 너무 적게 가졌다.

C. S. 루이스(C. S. Lewis)는 기하학에서 증명을 어떻게 하는지를 배우기보다 그냥 암기하는 일부 학생들의 게으름에 대해 통찰력 있게 논평한다.[5] 그들은 쉬운 길을 택했지만 결국 그 길이 더 어려운 길로 판명된다는 것, 게다가 훨씬 더 많은 일을 하게 된다는 것, 그리고 결국에는 그 길이 아무짝에도 쓸모없게 된다는 것을 알지 못한다. 선생들은 종종 이것을 목격한다. 나는 어느 박사과

정 학생의 구술고사를 생생하게 기억한다. 그 학생은 예비종합고사에서 이미 열여섯 시간짜리 지필고사를 잘 마친 상태였다. 그런데도 그는 우리의 질문에 대답할 능력이 없어 보였다. 재시험이 끝나갈 무렵, 혼란에 빠진 동료 교수가(약간 과장하자면 나머지 교수들도 마찬가지였다) 그에게 말했다. "자네는 지필고사는 잘 치른 것 같네만, 구술고사는 형편없었네. 이 시험을 어떻게 준비했는가?" 그 학생은 어떻게 대답했을까? "사전의 해설을 암기했습니다." 그는 일백 개가량을 암기했다! 확신컨대 다른 교수들도 나처럼 생각했을 거다. "그냥 내용을 **이해하려** 했다면 더 쉬웠을 텐데!"

그리스도의 복음에 합당한 삶을 사는 것은 테크닉의 문제가 아니다. 그것은 그리스도인의 성품을 계발하는 것과 관련된다. 우리가 그리스도 안에서 어떤 사람이 되고 무엇에 적합하게 될지에 관한 것이다. 그리고 느리고 까다롭고 고된 과정이다. 더 쉽고 빠른 선택은 당신의 삶을 잘 정돈하고 일을 성공적으로 해내는 법을 배우는 것인 듯하다. 하지만 합당한 삶을 산다는 것은 이 땅에서 사는 동안 천국의 삶을 사는 문제다. 웨스트민스터 소요리문답에서 자주 인용되는 유명한 문구처럼, "하나님을 영화롭게 하고 그분을 영원토록 즐거워하는 것"[6)]의 의미를 아는 자가 되는 것이다.

지난 세기 미국의 가장 중요한 복음주의 신학자인 B. B. 워필드(B. B. Warfield)[7)]는 훌륭한 이야기로 이 내용을 설명한다.

잠시 어느 미 육군 장교의 개인적인 경험을 나누려 한다. 그는 격렬한 소동과 난폭한 폭동이 일어났던 시기에 서부의 대도시에 있었다. 위험한 군중이 매일 거리를 장악했다. 어느 날, 그는 침착하고 굳건한 기상을 갖춘 한 남자가 자신에게 다가오는 것을 보았다. 그의 그런 몸가짐은 신뢰를 불러일으켰다. 주변의 소란 속에서 그가 견지한 태도에 큰 감명을 받은 그는 그 남자가 지나갈 때 몸을 돌려 바라보았는데, 그 이방인도 똑같이 행동하는 것이 아닌가. 이방인은 그가 몸을 돌리는 것을 보고는 즉시 그에게 되돌아왔다. 그러더니 검지로 그의 가슴을 툭 치면서 다짜고짜 물었다. "인간의 제일 되는 목적은 무엇입니까?" 그는 암호를 받았다. "인간의 제일 되는 목적은 하나님을 영화롭게 하고 영원토록 그분을 즐거워하는 것입니다." "아!" 이방인이 말했다. "난 당신을 보고 당신이 소요리문답 소년인 줄 알아챘소!" 그가 돌린 답변은 이랬다. "이런, 나도 당신에 대해 똑같이 생각했소."

소요리문답 소년이 되는 건 가치 있는 일이다. 그들이 자라서 어른이 된다. 그리고 그보다 더 좋은 건, 그들이 하나님의 사람으로 자랄 가능성이 훨씬 높다는 것이다.[8)]

물론 궁극적인 목적은 단지 소요리문답을 배우는 것이 아니다 (가치 있는 일이기는 하다). 궁극적인 목적은 예수 그리스도의 복음이 어떻게 우리의 성품을 변화시켜서 그리스도를 닮아 가게 하는지를 배우는 것이다. 그리스도를 닮아 가는 일은 감추어질 수 없고, 다른 이들에게 감동을 준다. 그러므로 그리스도의 복음에 합당하게 되는 것은, 간단히 말하자면 주 예수님을 더욱 닮아 가는 것이다.

chapter 2

몇 가지 기초 문법

　최근 수십 년간 자기계발서가 놀랍도록 성공을 거두었다. 과거 방법론을 알려 주는 서적류는 어떤 일을 자기 손으로 해결하려는 이들을 위한 매뉴얼에 국한되었다. 소수의 베스트셀러가 자기계발, 인생계발 부류에 속했다. 데일 카네기의 명저 『인간관계론』 (*How to Win Friends and Influence People*) 같은 책 말이다. 그런데 지금은 이런 책 제목이 넘쳐 나고, 심지어 그리스도인들이 읽는 책에까지 성육신했다. 우리는 '그리스도인이 되는 방법론'을 알기 원한다.

　그런 책들은 제목이 대개 저것보다 더 교묘하다. 하지만 오늘날 많은 기독교 서적이 방법론을 알려 주는 부류에 속한다는 사실을 알게 된대도 그리 놀랍지는 않다. 기독교 베스트셀러들을 훑어보라. 우리의 자아, 잠재력, 잠재력의 성취 방법, 혹은 우리의 문제와 그 해결 방법에 관한 책들로 가득할 것이다. 하나님, 하나님이 그리스도 안에서 우리를 위해 하신 일, 그리스도인의 성품에 관한 책일 가능성은 별로 없다. **행함**의 방법에 관한 책은 더 많고, **존재**에 관한 책은 더 적으며, **궁극적 존재**에 관한 책은 극히 적다.

방법론 서적 중 일부는 목사들에게서 점점 더 인기를 얻고 있다. 이것은 『[성경 A 또는 B를] 가르치는/설교하는 방법』 같은 책이 있는 이유를 설명해 준다. 바쁜 목사들에게는 더 이상 주요 주석서를 완독하고, 기독론에 관한 책을 읽고, 삼위일체 교리와 씨름하고, 하나님의 형상의 의미를 묵상할 시간이 없다. 사람들은 자기 머리의 채움이 아니라 자기 문제의 해결을 원한다. 게다가 설교는 그 시대의 이슈를 다루어야 한다. 아니면 그래 보이기라도 해야 한다.

얼마 전, 젊은 사역자가 내게 찾아와서 선배 사역자가 자신에게 삼위일체에 관한 책을 읽은 적이 있느냐고 묻더라고 했다. 당신은 "그 선배 사역자를 위해 만세삼창을!"이라고 생각할지 모르겠다. 하지만 아니다. 젊은 사역자는 읽어 본 적이 있다고 조용히 대답했다(당신은 밥값 하는 목사라면 삼위일체에 관한 책은 당연히 읽었으리라고 생각할 것이다!). 그 **선배 사역자**는 자신이 이제 막 삼위일체에 관해 첫 번째로 읽어 왔던 책을 끝냈노라고 말했다(그는 그간 성부 성자 성령의 이름으로 세례를 주면서 대체 무슨 생각을 했을까?).

　이것이 우리의 영적 상태를 보여 주는 징후다. 이런 상황은 애통해하기 쉽고, 또 애통할 일이기도 하다. 하지만 우리가 (적어도) 조심해야 할 지점이 바로 여기다. 그렇다. 본질을 모른 채 방법에 집중하는 것은 복음을 전복한다. 마찬가지로, 방법에 대한 질문 없이 본질에 집중하는 것은 삶을 살찌움 없이 머리만 크게 부풀리기 쉽다. 그것은 복음을 싹둑 잘라 내는 일이다. 우리가 방법에 대해 질문해야 하는 이유는 신약성경이 이를 질문하고, 우리가 그 질문에 답할 수 있도록 돕기 때문이다.

　이것이 참이다. 그러나 그 참이 항상 명확한 것은 아니다.

　바울이 당신에게 **무엇**이 돼야 하는지는 말해 주면서도 **어떻게** 그럴 수 있는지는 말해 주지 않는 것 같을 때, 당신은 가끔 좌절감을 조금 맛보지 않는가? 어쩌면 그것이 그토록 많은 그리스도인이 책, 세미나, 혹은 방법론에 능한 교사를 찾는 이유를 설명해 주는 것 같다. 사실 이런 것들에 끌리는 이유는 아마도 ① 그것들이 **우리**에 관해 말하고 있고 ② 가르침이 매우 실용적이기 때문일 것이다.

　하지만 성경은 우리에 관해서도 말한다. 그리고 확신컨대 올바른 생각을 가진 그리스도인이라면 성경이 실용적인 책이 아니라고는 말하지 못할 것이다. 그러므로 문제는 우리가 성경을 제대로 읽어 본 적이 없고, 충분히 주의 깊게 듣지 않았다는 것이다.

정말이지 만약 우리가 성경 구절을 조금만 더 인내하여 묵상한다면, 우리는 본질에 관한 가르침 안에 방법에 관한 가르침도 함께 새겨져 있음을 발견할 것이다.

그렇게 하려면 우선 복음이 말하는 언어를 배워야 한다. 특히 예수 그리스도의 복음에는 고유한 문법이 있음을 알아야 한다. 우리의 삶이 그리스도께 합당하게 되려면 복음의 문법을 배워야 한다.

복음의 문법

우리는 무의식적으로 모국어의 문법 규칙을 습득한다. 어떤 면에서 이것을 '규칙'이라고 부르는 것이 유감이지만, 규칙은 우리의 소통과 페어플레이를 돕는다. 럭비 경기는 규칙에 따라 진행된다(경기에서 '스로인'이 아닌데도 공을 집어 앞으로 던지는 미국인은 화 있을진저. 럭비는 언제나 공을 뒤로 던지면서 앞으로 전진하는 경기이기 때문이다!). 규칙은 경기 진행이 가능하게 해 준다.

언어도 마찬가지로 작동한다. 우리는 경기에 참여하면서 '언어 게임'의 규칙을 사용한다. 그리고 언어 잔소리꾼이 나타나 언제 "윌리엄과 내가(I)"가 되어야 하고 언제 "윌리엄과 나를(me)"이 되어야 하는지를 말해 주기 전에는 좀처럼 그 규칙에 대해 따지지 않는다.

외국어를 배울 때의 큰 도전은 사람들이 사용하는 문자와 억양 뿐만 아니라 표기법과 문법도 다르다는 것이다. 이 모든 것이 불가능하리만큼 어려워 보이는 이유는, 그것이 우리에게 너무나 저항적이기 때문이다.

초등학생 때의 추억 중 하나는 선생님과 의견 차이가 있었던 경험이다. 그 자체가 놀라운 일이다. 우리는 수업 시간에 말을 해서는 안 될 때를 제외하고는 거의 말을 하지 않았기 때문이다! 선생님이 칠판에(맞다, 칠판!) '높이'(height)라는 단어를 쓰셨다. 나는 손을 들고 "선생님, 철자가 틀렸는데요. h-i-g-h-t인데요. '높은'(high)을 h-i-g-h로 쓰니까요. h-i-g-h-t가 되어야 해요"라고 말했던 기억이 난다!

그때 기억에 민망하다. 나는 철자의 논리에 상당히 완고하고 까다로운 사람이었던 것이 분명하다! 하지만 그날에야 나는 영어가 논리적이지 않다는 것을 깨달았다. 적어도 일곱 살짜리의 논리에는 맞지 않았다.

복음도 그러하다. 복음만의 논리가 있고, 자체의 문법으로 표현된다. 그리고 말할 때는 자체의 억양이 드러난다.

우리가 그리스도인이 되기 전에는 이 새로운 언어가 우리의 논리를 거스르는 것처럼 보인다. 예수님이 니고데모에게 어떻게 말씀하셨는지를 생각해 보라. 사람이 "거듭나지" 않으면 하나님 나라를 볼(see) 수 없다고 하셨다. ("이스라엘의 선생"[요 3:10]이었던) 니고데모는 이렇게 대답했다. "예수님, 저는 그걸 **이해할**(see) 수가 없는데요." 예수님은 니고데모에게 사람이 거듭나지 않으면 하나님 나라를 볼 수 없다고 말씀하셨고, 니고데모는 그건 옳을 수가 없다고 대답했다. 왜? 그가 이해하지 못했기 때문이다! 그는 이 새로운 언어를 알아듣지 못했기에 "보세요, 예수님, 사람이 두 번째 모태에 들어갔다가 다시 태어날 순 없잖아요?"라고 말할 수밖에 없었다.

복음에는 그 자체의 문법이 있다. 바울은 우리가 다른 나라의 시민으로 살아야 함을 상기시킨다. 이것은 우리가 다른 언어로 말한다는 뜻이다.

복음이라는 새로운 언어를 지배하는 규칙이 무엇일까? 우리는 더 성숙한 그리스도인들에게 귀를 기울이고 그들을 관찰함으로써 자연스럽게 그 규칙을 배운다(이것이 교회 가족의 아름다움이다). 덕분에 복음 문법에서 가장 기초적인 요소에 집중할 수 있다. 여기 몇 가지 요소가 있다.

법

우리에게는 기분(moods)이 있고, 동사에는 법(moods)이 있다! 그런데 문법에 관해 말하자면, 법은 정말로 모드(mode, 동사가 작동하는 방법)의 변형이다. 우리의 목적에 비추어 볼 때 중요한 두 가지 법은 ① 동사가 사실을 표현하는 '직설법'과 ② 동사가 명령을 발하는 '명령법'이다.

자, 이 점을 염두에 두고 예수님과 니고데모의 대화를 다시 한 번 생각해 보라. 예수님은 '하나님 나라를 보고 하나님 나라에 들어가려면 반드시 거듭나야 한다'는 사실을 진술하신다. 니고데모는 '어떻게 그것이 가능한가' 근본적으로 되묻는다. 그는 하나님 나라에 받아들여지는 방법이 우리의 행함에 의한 것이라고 생각한다. 명령법을 직설법과 혼동하는 것이다.

대개 그런 식으로 생각하지 않는가? 하나님께 용납되는 방법은 우리가 최선을 다하는 것이라고, 그러면 하나님이 우리를 받아 주실 것이라고 말이다. 물론 우리는 완벽하지 않지만, 하늘은 스스로 돕는 자를 돕는다고 말이다. (다른 사람만큼만 잘하면 안전할 수 있다고 생각하며) 최선을 다하는 한, 우리는 통과될 것이라고 말이다.

문법 용어로 말하자면, 사람들이 따르는 본능적인 규칙은 다음과 같다.

명령법 '최선을 다하라'는
직설법 '그러면 하나님이 당신을 구원하실 것이다'로 이어진다.

하지만 복음은 다른 문법을 사용한다. 그 규칙은 다음과 같다.

직설법 '그리스도께서 우리 죄를 위하여 죽으셨다'(고전 15:3)는

명령법 "주 예수를 믿으라 그리하면 너와 네 집이 구원을 받으리라"(행 16:31)로 이어진다.

다시 말하자면,

직설법 '하나님이 그리스도 안에 계시사 세상을 자기와 화목하게 하셨다'(고후 5:19)는
명령법 "너희는 하나님과 화목하라"(고후 5:20)로 이어진다.

직설법과 명령법은 서로에게 속하고 하나가 다른 하나와 연결되지만, 순서를 혼동하면 복음이 심하게 훼손된다. 비록 문장 순서에서 명령법이 직설법보다 앞선다 해도, 복음 문법의 논리 순서로는 하나님의 직설법이 언제나 하나님의 명령법을 위한 토대다. 하나님의 은혜가 언제나 우리 순종을 위한 기초이자 동기다. 결코 다른 순서는 없다.

성경은 이런 예시로 가득하다. 창세기 2장의 태초부터 그렇다.

직설법(은혜) "각종 나무의 열매는 네가 임의로 먹되"(창 2:16)는
명령법(순종) "선악을 알게 하는 나무의 열매는 먹지 말라"(창 2:17)로 이어진다.

출애굽기 20장에서 하나님이 십계명을 주실 때도 같은 논리임을 아는 것이 중요하다.

직설법 "나는 너를 애굽 땅, 종 되었던 집에서 인도하여 낸 네 하나님 여호와니라"(출 20:2)는
명령법 "너는 나 외에는 다른 신들을 네게 두지 말라"(출 20:3)로 이어진다.

바울은 빌립보서를 쓰기까지 수년 동안 '복음 문법'을 사용해 오고 있었다. 복음 문법은 이미 그에게 너무나 자연스러운 것이 되어 있었다. 그러나 바울은 전혀 다른 언어의 문법을 사용하던 옛 시절을 떠올릴 수 있었다. 그때 그는 자신이 "율법에서 난" 의를 가졌다고, 그래서 자신은 "흠이 없는 자"라고 믿었다(빌 3:6, 9). 그가 전에 사용하던 언어는 본질적으로 다음과 같이 작동했다.

명령법 '계명을 지키라'는
직설법 '그 결과 너는 하나님 앞에서 흠이 없게 될 것이다'로 이어져야 했다.

하지만 바울은 그리스도를 만나 복음을 이해하기 시작했고, 복음의 언어를 유창하게 배웠다. 그래서 정반대 사실을 발견했다.

직설법 '하나님 앞에서 의롭다 함은 그리스도를 통해 온다'는
명령법 '의를 위해 예수 그리스도만을 믿으라. 그리하면 너는 하나님으로부터 온 의를 갖게 될 것이다'로 이어진다.

왜 이 점을 장황하게 이야기할까? 우리가 자꾸 잊어버리고 앞뒤 순서를 바꾸기 때문이다. **그리스도인이 되기 전에만이 아니라 그리스도인이 된 후에도 그런다.** 복음 문법의 이 규칙은 그리스도인이 된 첫날부터 끝날까지 불변한다. 하나님의 직설법은 모든 명령법의 토대다. 하나님의 섭리가 우리의 변화의 원천이다. 우리가 어쩔 수 없이 우리의 힘에 기대게 되는 일은 없다. 우리는 언제나 그분의 섭리에 초대된다.

그러므로 "복음에 합당하게 생활하라"는 **바울의 명령법**을 읽을 때, 우리는 반드시 "이 명령법은 어떤 **하나님의 은혜의 직설법** 위에 놓여 있는가?"를 물어야 한다. 그만큼 압도적인 명령법이기 때문이다. 이 명령법이 우리를 으스러뜨릴 수 있고, 또 저절로 그렇게 할 것이다. 자, 저 명령법은 무엇이 지탱하는가?

그렇다. "제가 어떻게 복음에 합당하게 생활할 수 있을까요?"라고 묻는 것은 맞다. 하지만 먼저 "이 일이 가능하도록 **하나님은 무엇을 하십니까?**"라고 묻고 그분의 섭리를 받아들여야 한다. 이 질문에 답할 때 중요한 부분은 복음 문법의 또 다른 특징인 전치사를 이해하는 것이다.

전치사

전치사(prepositions)는 문장의 요소들을 서로 다른 방식으로 연결한다. 당신이 친구에게 "나는 모임 **전에** 심부름을 가야 해. 우리는 점심 식사 **후에** 이야기할 수 있어"라고 말한다고 하자. '전에'와 '후에'는 시간의 전치사다. 당신이 친구에게 "식당 **밖에서**" 만날 거라고 말한다면, 당신은 장소의 전치사를 사용한 것이다.

기독교 용어에서 가장 중요한 전치사는 장소의 전치사인 **안에**(in)다. 그리고 이 용어의 가장 중요한 용례는 "그리스도 안에"(in Christ)라는 표현이다. 바울은 "그 안에"(in him 혹은 in whom) 등의 유사한 표현을 제외하고도 여든 번 이상 사용한다. 게다가 "주 안에"(in the Lord)라는 표현은 마흔 번 이상 사용한다.

바울이 **그리스도인**이라는 단어를 사용했다는 증거가 전혀 없다는 사실이 놀랍다. 사실 그가 그 단어를 들어봤으리라 확신할 수 있는 경우는 딱 한 번뿐이다(더구나 그때 그 단어는 경멸 조로 사용되었다!).[1] 바울은 자신을 "그리스도 안에 있는 한 사람"으로 이해했다.

청소년 때 "내가 그리스도 안에 있는 한 사람을 아노니 그는 십사 년 전에 셋째 하늘에 이끌려 간 자라"(고후 12:2)는 바울의 말을 읽고 어리둥절했던 것이 기억난다. 바울이 알던 이 사람은 대체 누구지? 나중에야 그가 자신에 대해 말하고 있음을 알게 되었다! 그가 바로 "그리스도 안에 있는 한 사람"이었다. 이 표현이 그가 그리스도인의 의미를 설명하는 가장 기본적인 방법이었다. 그리스도인이란 그리스도와 연합한 자다. 그래서 그리스도께서 그를 위해 하신 모든 것이 그의 것이 되었다. 그리스도인이 된다는 말은 이제 더 이상 '아담 안에' 있지 않다는 뜻이다. 바울은 말한다. "그런즉 누구든지 그리스도 안에 있으면 새로운 피조물이라 이전 것은 지나갔으니 보라 새 것이 되었도다"(고후 5:17). 이것이 바로 바울이 에베소서 1장 3-14절에서 그리스도 안에 있는 자들은 그분 안에서 모든 신령한 복을 누리게 되었다고 말하는 이유다.

바울은 성경의 두 부분(롬 6:1-14; 골 3:1-17)에서 이를 매우 자세하게 설명한다. 이 두 부분은 '그리스도께 속하다'와 '그리스도 안에 있다'가 무슨 의미인지를 숨이 막힐 만큼 멋진 그림으로 그려 보인다.

여기서 간략히 정리해 보자면, 신자는 믿음을 통해 주 예수님과 연합한 자로서 죄의 지배권 또는 통치권에 대해 죽었으며 새 생명으로 다시 살아났다. 그뿐 아니라 지금 우리의 진짜 생명은 하나님 안에서 그리스도와 함께 감추어져 있다. 사실 우리는 그리스도와 너무나 깊이 연합되어 있어서 죽음조차도 그리스도와 우리의 연합을 깨뜨리지 못할 것이다. 그리스도께서 나타나실 때 우리는 영광 중에 그리스도와 함께 나타날 것이다.

신약성경에서 매우 중요한 구절인 로마서 6장 1-14절에서 바울은 복음에 합당한 삶의 토대는 그리스도 안에서 우리가 누구인지를 아는 것이라고 분명히 밝힌다. 여기서 바울은 우리가 공동의 특성을 공유하는 새로운 부류의 인간임을 시사한다. 우리는 죄에 대해 죽었고 새 생명으로 다시 살아났다는 사실에 의해 정의된다. 바울이 **"죄에 대하여 죽은 우리**가 어찌 그 가운데 더 살리요"(롬 6:2)라고 물을 때, 그는 같은 부류(죄에 대하여 죽고 새 생명으로 다시 태어난 자들의 부류)에 속한다는 뜻을 함축하는 인칭대명사("우리"-역자 주)를 사용한다. 이것이 바로 지금의 우리에 대한 정의다. 이것이 우리다. 우리의 새로운 정체성이다. 왜냐하면 바울이 로마서 5장 12-21절에서 설명했듯이 우리는 더 이상 '아담 안에' 있지 않고 '그리스도 안에' 있기 때문이다.

우리가 그리스도 안에 있다면, 우리에 관한 진리는 이렇다. '우리는 더 이상 죄의 지배권 아래 있지 않다.' 우리는 그리스도 안에서 죄로부터 해방되었다.

"그[그리스도]가 죽으심은 죄에 대하여 단번에 죽으심이요 그가 살아 계심은 하나님께 대하여 살아 계심이니 이와 같이 너희도 너희 자신을 죄에 대하여는 죽은 자요 그리스도 예수 안에서 하나님께 대하여는 살아 있는 자로 여길지어다 그러므로 너희는 죄가 너희 죽을 몸을 지배하지 못하게 하여 몸의 사욕에 순종하지 말고"(롬 6:10-12).

자, 이것이 **우리**다. **우리의 정체성**이다. 자신에 대해 이런 식으로 생각하지 못하면 영적인 정체성을 상실하고 고통당하게 된다. 그렇게 되면 내가 예수 그리스도의 복음에 합당한 삶을 살지 못한대도 놀라운 일이 아니다. 그렇게 되면 나는 복음이 성취한 바를 싹둑 잘라 낸 채 이해하게 되는 것이다!

복음 문법의 이 두 번째 규칙은 이와 연관된 세 번째 규칙으로 우리를 안내한다.

시제

우리는 말하거나 쓸 때 시제(tenses)를 사용한다. 가장 기본적인 시제는 과거, 현재, 미래다. 복음은 우리가 그리스도인으로서 현재를 살아야 한다고 가르친다. 그런데 과거와 미래에 비추어, 즉 '이미'와 '아직'에 비추어 그리스도 안에서 산다는 사실을 의식하고 현재를 살아야 한다고 가르친다.

주 예수님은 죽음과 부활과 승천으로써 **이미** 우리의 구원에 필요한 모든 것을 이루셨다. 하지만 **아직** 그분의 사역을 완성하지 않으셨다. 사역의 완성은 예수님의 재림을 기다린다. 우리가 그리스도 안에 있기 때문에, 우리는 **이미** 죄에 대하여 죽었고 더 이상 죄의 지배 아래 있지 않다(롬 6:14). 하지만 죄는 **아직** 우리 안에서 죽지 않았다. 그래서 그때까지 우리는 평생 죄와 싸워야 할 것이다. 놀라운 진리는, 가장 중요한 일들은 **이미** 성취되었다는 것이다. 우리를 지배하는 죄의 군림은 **이미** 끝났다. 그것이 바로 죄가 **아직** 우리 안에서 말살되지 않았음에도 우리에게 미치는 죄의 영향력에 우리가 저항할 수 있는 이유다!

이런 식으로 생각해 보자. 내 영국 친구 중에는 미국 시민이 된 이들이 있다. 만약 영국 정부가 그들에게 당장 군대에 가야 한다고 편지를 보내온다면, 그들은 이렇게 답장을 쓸 수 있을 것이다. "아시다시피, 여전히 내겐 그렇게 해야 한다는 느낌이 남아 있습니다. 하지만 당신은 더 이상 내 주인이 아닙니다! 나는 당신의 권위 아래 있지 않아요. 나는 당신의 권위로부터 놓여났거든요."

죄의 지배도 마찬가지다.

이것은 우리 삶이 복음의 문법을 표현하는 방식에 더욱 심오한 영향을 미친다. 그리고 또 다른 요소로 우리를 데려간다.

부정문과 긍정문

일반적인 진술문(직설법)과 명령문(명령법)은 긍정문(positives, 이것을 하라)이거나 부정문(negatives, 이것을 하지 말라)이다.

복음은 풍성하고 멋진 긍정문으로 가득하다. 그리스도 안에서 우리는 새 생명으로 다시 태어났고 모든 신령한 복을 받았다(엡 1:3-14). 하지만 그 긍정문들도 우리 삶에 부정문을 도입하도록 요구한다.

오늘날 부정문은 구닥다리 취급을 받는다. 삶의 모든 영역에서 우리는 부정성을 제거하라는 독촉을 받는다. 유일하게 부정해도

되는 것은 … 부정적인 것이다!

하지만 그리스도인의 삶에서는 그렇지 않다. 복음의 깊은 논리는 긍정적 의미와 부정적 의미 둘 다로 이어지기 때문이다.

빌립보 교인들을 예로 들자면, 그들은 복음에 합당한 삶을 살라는 강권을 받았다. 그들은 "그리스도 예수 안에"(빌 1:1) 있기에 하늘의 시민권자였다. 그들에게는 새로운 정체성이 있었다. 그들은 죄의 지배권에 대해서는 죽고 새 생명으로 다시 태어난 자들의 나라의 시민권자였다.

하지만 동시에 그들은 "빌립보에" 있었다. 그들은 옛 세상에서 새 생명을 살아 내고 있었다. 게다가 그들은 아직 부활의 몸으로 새 생명을 사는 것이 아니었다. 이 같은 현실이 참인 이상, 빌립보 교인들에게는 부정성이 필요했다. 예를 들어, 그들은 "원망과 시비"(빌 2:14)와 '육체를 신뢰함'(빌 3:3), '영적으로 이미 도달했다고 생각함'(빌 3:12)을 부정해야 했다. 그리고 "그리스도의 십자가의 원수"(빌 3:18)로 행하는 자들의 영향력을 깊이 부정해야 했다.

따라서 바울은 빌립보의 그리스도인들에게 하늘의 시민권자로서 살라고 긍정적으로 강권한다. 그런데 그 말은 그들이 빌립보에 속한 것처럼 살아서는 안 된다는 뜻을 부정적으로 함축한다. 바울은 로마서의 유명한 구절에도 본질적으로 이와 같은 생각을 담는다. "너희는 이 세대를 **본받지 말고** 오직 마음을 새롭게 함으로 **변화를 받아**"(롬 12:2)라. 물론 이 부정 명령법과 긍정 명령법은 다음의 영광스러운 직설법에 토대를 둔다. "그러므로 형제들아 내가 하나님의 모든 자비하심으로 너희를 권하노니"(롬 12:1). 그들은 이제 자기가 누구(그리스도의 아우이자 공동 상속자)인지를 생각해야 한다. 하나님의 자비를 받았기 때문이다.

이 패턴에는 우리가 돌아가야 할 깊이가 있다. 하지만 지금은 이 구절에 표현된 삶의 리듬을 생각해 봐야 한다. 복음에 합당한 삶을 사는 사람은 영적으로 **부정적인** 발걸음('본받지 말라'와 같은)과 **긍정적인** 발걸음('변화를 받으라'와 같은) 둘 다를 떼며 두 발로 균형 있게 걷는다. 복음의 문법에 언제나 직설법과 명령법이 있듯이, 복음에 합당한 삶에는 언제나 긍정-부정의 리듬, "예"와 "아니오"가 있을 것이다.

그러므로 그리스도의 복음에 합당한 삶은 디도서 2장 11-13절을 일상에서 구현하는 삶이다.

직설법 "모든 사람에게 구원을 주시는 하나님의 은혜가 나타나"
명령법 "우리를 양육하시되"
부정문 "경건하지 않은 것과 이 세상 정욕을 다 버리고"
긍정문 "신중함과 의로움과 경건함으로 이 세상에 살고 복스러운 소망과 우리의 크신 하나님 구주 예수 그리스도의 영광이 나타나심을 기다리게 하셨으니"

그리고 이 구절에 관해 생각할 때는 '이미'와 '아직'에 주목하라.

이미 은혜가 이미 나타났고, 우리는 새로운 '**현재**'(개역개정 성경에서는 "이 세상"-역자 주)를 살고 있다.
아직 우리는 "예수 그리스도의 … 나타나심을 기다리"고 있다.

성경에 이런 패턴이 반복되고 있다는 것을 깨닫기 시작할 때 우리는 차츰 은혜의 언어에 유창해지는 법을 배운다. 그 문법이 점점 더 자연스럽게 스며든다.

복음의 위대한 직설법적 토대를 깊이 파 내려가서 결국 매우 까다로운 은혜의 명령법에 응답할 수 있다. 이 과정에서 우리는 여전히 이 세상에서 살면서 그리스도 안에 있다는 것이 무슨 의미인지를 점점 더 잘 이해한다. 그 결과 그리스도께서 우리를 **위해** 그리고 우리 **안에**(이외에도 사용법을 익혀야 할 전치사가 더 있다) 이미 성취하신 것에 기뻐하면서, 이를테면 두 발로 굳건히 걷는다. 우리는 그리스도께서 우리 안에서 **이미** 시작하신 일이 **아직** 완료되지 않았음을 깨닫는다. 그래서 죄에 대한 부정적 반응과 은혜에 대한 긍정적 발전이라는 리듬이 안정적으로 전개되어야 할 이유를 이해하기 시작한다.

동행

우리 가족은 스코틀랜드인이다. 스코틀랜드인을 (적어도 어느 정도) 규정하는 특징은 골프를 친다는 것이다(감사하게도 스코틀랜드는 여전히 거의 어느 곳이든 적당히만 번다면 동네 골프 클럽 회원비를 감당할 수 있는 곳이다).

어느 여름날의 저녁을 기억한다. 나는 라운드를 마친 두 아들을 데리러 골프 클럽에 갔다. 당시는 누구나 핸드폰을 들고 다니던 시절이 아니어서, 난 그 애들이 너무 재미있어서 몇 홀을 더 치기로 했다는 사실을 모르고 있었다. 기다리는 동안 해가 기울어지기 시작했다. 그때 지평선에 두 개의 실루엣이 나타났다. 두 아이의 나이 차가 일곱 살이어서 당시에는 한 아이가 다른 아이보다 훨씬 더 컸다. 두 아이는 17번 그린에서 18번 티로 천천히 걸어갔다. 키가 작고 어린 동생이 형을 따라가고 있었다. 그 아이들을 바라보는 동안 내 마음에 특별한 애정이 일었다. "내 아들들이다." 나는 생각했다. "난 어디서든 이 애들의 걸음걸이를 알아볼 수 있어. 형을 따라가는 동생을 바라보니 마음 깊이 감동과 사랑이 일어나는구나!"

그리스도인인 우리에게도 이와 유사함이 있다. 복음은 우리가 어디서든 알아볼 수 있는 걸음걸이를 걷게 한다.

그날 저녁 아들들에게 느꼈던 그 특별한 애정은 또 다른 애정에 대해 생각하게 했다. 우리의 하늘 아버지께서 우리에게 똑같은 감정을 느끼신다면 어떨까? 그리스도께서 "많은 형제 중에서 맏아들이 되"시도록 우리가 "그 아들의 형상을 본받"는다면?(롬 8:29) 하늘 아버지도 우리에 대한 사랑에 북받쳐서 나지막하게 이렇게 말씀하실까? "내 아들들이다. 난 어디서든 이 애들의 걸음걸이를 알아볼 수 있어. 맏아들 주 예수를 따라가는 동생들을 바라보니 마음 깊이 감동과 사랑이 일어나는구나!"

이것이 진실이라면(물론 진실이다), 이것은 사랑의 순종이라는 명령법에 응답하도록 도와주는, 충분히 강력한 은혜의 직설법이지 않은가?

chapter 3

우리를 변화시키는 하나님의 도구

그리스도를 믿기 전, 복음은 우리에게 외국어나 다름없다. 그리스도인이 된 후에도 복음을 배우는 일에는 몇 가지 중요한 적응 과정이 필요하다.

새로운 언어 배우기

어떤 외국어는 우리가 쓰는 영어와 연결 지점이 있다. 어원이 공통되거나 같은 알파벳을 사용한다. 하지만 어떤 언어는 처음에는 습득이 불가능해 보일 정도로 우리에게 충격을 안겨 준다. 적응해야 할 점이 너무 많은 것이다.

히브리어를 예로 들어 보자. 내 책 중에 히브리어로 번역된 책이 있다. 당신에게 그 책을 건넨다면 가장 먼저 문자가 전혀 다르게 생겼다는 사실을 알아챌 것이다. 게다가 책 뒤표지를 앞표지로 착각해서 책을 거꾸로 들 가능성도 있다. 왜냐고? 책의 '뒷면'이 앞면이기 때문이다! 말이 안 되는데! 히브리어는 오른쪽 페이지에서 왼쪽 페이지 방향으로 읽는다는 것을 기억해야 한다. 이것이 바로 책의 앞면이 '뒷면'이 되는 것이 논리적으로 완벽하게 말이 되는 이유다.

혼란스러운가? 더 있다. 당신에게 히브리어 성경을 보여 준다면, 단어 **밑에** 표기된 이상하게 생긴 표시를 보게 될 것이다. '모음 부호'라는 것이다. 하지만 내가 당신에게 현대 히브리어로 번역된 책을 보여 준다면, 그런 모음 부호가 없음을 알아챌 것이다. 히브리어를 모국어로 사용하는 사람들은 모음의 도움 없이도 단어의 의미를 안다. 그것에 익숙해지려면 시간이 좀 걸린다. 그래도 내가 "Th_ c_t s_t _n th_ m_t"라고 쓴다면 당신이 "The cat sat on the mat"(고양이가 매트 위에 앉았다)라고 알아채는 데는 큰 어려움이 없을 것이다.

하지만 처음 히브리어를 배우는 것이 대부분의 사람에게 힘든 일이다. 새로운 문자들! 같은 물건을 가리키는 낯선 단어들! 평상시 내는 소리와는 다른 소리들! 뒷면부터 펼치는 책들! 반대 방향으로 읽는 단어들! 단어 밑에 있는 이상한 꼬부랑이들! 모음이 없는 단어들! 대체 누가 이런 언어를 배울 수 있다는 말이지? 그런데도 사람들은 배운다. 아마도 당신의 목사님은 히브리어를 배워 본 적이 있을 것이고, 어쩌면 그 질서 정연한 아름다움을 사랑하게 됐는지도 모른다!

(히브리어처럼) 우리의 모국어와는 다른 어족(語族)에 속한 언어를 배우는 일은 하나의 과정이다. 모국어의 작동법을 허무는 일종의 해체가 발생하는 동시에 우리의 지성 안에 히브리어의 작동법이 차츰 재건된다.

죽음과 부활의 패턴

우리가 복음의 언어를 배우고 그리스도의 복음에 합당하게 되려면 이와 비슷한 일이 일어나야 한다. 바울은 그리스도를 알게 된 일을 말할 때 아주 생생한 표현을 사용한다.

"내가 그리스도와 그 부활의 권능과 그 고난에 참여함을 알고자 하여 그의 죽으심을 본받아 어떻게 해서든지 죽은 자 가운데서 부활에 이르려 하노니"(빌 3:10-11).

바울은 죽음과 부활이라는 패턴을 자주 사용한다. 마치 자신의 삶을 들여다보게 해 주던 안경 렌즈가 정상 시력이 적힌 처방전에 맞게 새로이 바뀌는 것과 같다. 이제 바울은 십자가에서 죽으시고 부활하신 그리스도와의 연합 차원에서 자기 삶의 모든 것을 바라보았고, 죽음과 삶, 또는 해체와 재건의 패턴을 만들었다.

훗날 저술가들도 성경에 새겨진 동일한 패턴을 보았다. 굳이 라틴어를 공부하지 않더라도, 장 칼뱅이 이를 **죄 죽임과 은혜 살림**(mortificatio et vivificatio)이라 하며 성경이 이를 **내적인 동시에 외적**(interna et externa)이라고 가르침을 깨달았다고 말할 때[1] 그 말뜻을 짐작할 수 있다.

이것은 무엇을 의미하는가? 우리가 그리스도 안에 있으면 우리는 죄에 대한 그의 죽으심과 새 생명에 대한 그의 부활하심 안에서 그리스도와 연합된다. 그래서 이것이 죄를 죽이고 그리스도를 옷 입는 방식으로 우리 삶 전체에 작동한다(골 3:1-4, 5, 12).

또한 우리 삶의 내적인 면뿐 아니라 외적인 면에도 작동한다. 그래서 바울은 다음과 같이 생생하게 말할 수 있었다.

"우리가 항상 예수의 죽음을 몸에 짊어짐은 예수의 생명이 또한 우리 몸에 나타나게 하려 함이라 우리 살아 있는 자가 항상 예수를 위하여 죽음에 넘겨짐은 예수의 생명이 또한 우리 죽을 육체에 나타나게 하려 함이라 그런즉 사망은 우리 안에서 역사하고 생명은 너희 안에서 역사하느니라"(고후 4:10-12).

바울은 하나님이 자신을 복음이 어떻게 우리 삶에 깊은 패턴을 새기는지를 보여 주는 큰 본보기로 삼으셨다고 느꼈던 모양이다. 바울의 삶을 읽다 보면, 우리 삶에서는 훨씬 더 작은 규모로 작동하는 패턴을 바울의 삶에서는 매우 크게 볼 수 있다. 그리스도의 죽으심과 부활하심 안에서 이루어지는 그리스도와의 연합이 그리스도인의 삶의 근본에 있기에, 그리스도인의 삶은 처음부터 끝까지 해체와 재건을 수반한다.

내 기억 속에는 내가 처음 마르틴 루터의 로마서 서문을 읽었던 대학 기숙사의 방 번호가 아로새겨져 있다. 그는 이렇게 썼다.

> 로마서의 핵심 요점은 '육신의 모든 지혜와 의를 허물고 뽑아내고 파괴하라'는 것이다. … 그리스도께서 선지자 이사야를 통해 말씀하시듯, 우리 안에 있는 모든 것(즉, 우리에게서 왔고 우리에게 속했기 때문에 우리를 기쁘게 해 주는 모든 것)을 "뽑고 파괴하며 파멸하고 넘어뜨리"(렘 1:10)라는 것이다. 그리고 우리 밖에 있고 그리스도 안에 있는 모든 것을 "건설하고 심"으라는 것이다.[2]

이것이 복음이 작동하는 방법(해체와 재건)이다. 하나님은 우리 삶을 은혜롭게 돌보심을 통해 이 일을 하신다. 하나님은 그분의 주권적이고 지혜로우며 때로는 고통스러운 섭리를 통해 우리의 성품을 빚어 가신다. 그 밖의 다른 요소들은 우리가 "땅에 있는 지체를 죽이"고 그리스도의 은혜를 "옷 입"기를 추구하려고 노력하는 방식에 있다(골 3:5, 12). 이것이 오랜 원리다.

마르틴 루터는 하나님이 본래 예레미야에게 말씀하신 내용을 복음의 작동법을 설명하는 데 적용했다.

"뽑고 파괴하며

파멸하고 넘어뜨리며

건설하고 심게 하였느니라"(렘 1:10).

4세기 후에 C. S. 루이스는 이와 비슷하게 『순전한 기독교』(Mere Christianity)에서 건물의 비유를 사용했다.

당신이 살아 있는 집이라고 상상해 보라. 하나님이 그 집을 보수하러 오신다. 처음에는 아마도 하나님이 무엇을 하시는지 이해한다. 배관을 바로잡으시고 지붕 새는 곳을 고치신다. 그런 작업이 필요하다는 것을 알고 있었기에 당신은 놀라지 않는다. 그런데 이제 하나님은 잔인하게 상처를 입히시고 도통 말이 안 되는 방식으로 집을 거칠게 다루기 시작하신다. 대체 하나님은 뭘 하시려는 거지? 이에 대한 설명은, 하나님은 당신이 생각했던 것과는 사뭇 다른 집을 짓고 계시다는 것이다. 여기서 곁채를 없애고, 저기에 한 층을 더 내고, 탑을 세우고, 뜰을 만드신다. 당신은 작고 깔끔한 오두막이 될 것이라 생각했지만, 하나님은 궁전을 짓고 계시다. 하나님의 의도는 그 집에 들어와 직접 사시는 것이다.[3]

해체와 재건, 이것이 거룩한 변화의 패턴이다. 우리의 삶과 생각과 동기와 욕망과 행위의 패턴이 죄로 복잡하게 얽혀 버렸기 때문에, 하나님이 우리의 엉킨 것을 푸시고 우리에게서 독소를 제거하시고 우리를 복음에 합당하게 만드시는 일은 때로는 고통스럽고 기나긴 과정처럼 보인다. 하지만 목표는 본질적으로 간단하다. 우리의 하늘 아버지는 우리를 자신의 성육신하신 아들처럼 만드시려는 것이다. 아들을 닮도록 우리를 변화시키시려는 것이다. 하나님의 단순한 "뜻"은 우리가 "그 아들의 형상을 본받"는 것이다. 그래서 예수님이 "많은 형제 중에서 맏아들이 되게 하려 하심"이다(롬 8:28-29). 이것이 바로 "그리스도의 복음에 합당하게" 되는 것의 의미다.

하나님은 매우 힘든 예술품 복원 작업에 참여하고 계시다. 하나님은 그분의 형상과 모양이 죄로 인해 훼손되고 파괴된 인생들을 회복하신다. 하나님은 땜질에 만족하지 않고 온전한 복원을 목표하신다. 그 과정에서 오래 참으면서 오리지널 예술품을 망쳐버린 두꺼운 오염물을 제거하실 것이다. 본래의 색깔을 복원하고 우리 인생의 캔버스가 입은 손상을 복구하실 것이다. 그러고는 영화(glorification)라는 최종 광택제를 바르실 것이다.

이 모든 과정에서 하나님은 성령님을 통해 우리를 복음에 합당하게 만드시기 위해 그리스도 안에 쌓아 두신 모든 자원을 총동원하신다. '합당한 것'의 복원은 언제나 '합당하지 못한 것'의 제거를 포함한다.

이런 패턴은 신약성경에 매우 분명하게 나타난다. 누구보다도 바울 자신이 이를 보여 주는 큰 본보기였다. 하지만 하나님의 계획은 성경 전체를 관통하여 흐른다. 다른 사람들의 인생도 이 패턴의 '큰 글자판'처럼 읽힌다. 그들은 우리가 우리 삶에서도 그 패턴의 축소판을 읽을 수 있게 해 준다. 하지만 우리 삶이 아무리 축소판에 불과할지라도 우리가 착용한 성경의 렌즈로 본다면 그 패턴은 우리가 충분히 읽어 낼 수 있을 만큼 아주 선명하다.

우리에게 친숙하고 사랑받는 요셉의 이야기는 그 패턴의 고전이며 큰 글자판이다.[4]

오색찬란한 요셉의 인생

장면을 그려 보자. 야곱의 잘생긴 열일곱 살 아들 요셉이 가족과 함께 아침 식사 자리에 앉아 있다. 요셉은 "채색옷"을 입고 있다. 그의 아버지가 "여러 아들들보다 그를 더 사랑하므로"(멍청한 사람!) 그를 위하여 특별 제작해 마련한 옷이다. 야곱의 지혜 없음이 그 아들에게서 반복된다. 스코틀랜드식으로 표현하자면, 그 아들이 벌써부터 형들을 '밀고'한 것이다. "그가 그들의 잘못을 아버지에게 말하더라." 놀랄 것도 없이, 형들은 "그를 미워하여 그에게 편안하게 말할 수 없었"다(창 37:1-4).

요셉은 어리석고 무디게도 조심성 없이 아침 식사 자리에서 불쑥 이렇게 말한다.

"모두 들어 보세요. 지난밤에 제가 꿈을 꾸었답니다. 우리가 다 추수하는 밭에서 곡식단을 묶고 있었어요. 그런데 **여러분의** 곡식단이 모두 **나의** 곡식단에 와서 절하지 뭐예요!"

자신이 불러일으킨 짜증에 요셉은 만족하지 못했나 보다. 어쩌면 자아도취가 너무 심해서 자신이 다른 사람에게 이미 입혔거나 지금 입히고 있는 상처를 감지하지 못했는지도 모른다. 요셉은 다음에도 아침 식사 자리에서 두 번째 꿈을 말한다. 이번에는 그 꿈에 땅이 아닌 하늘의 것이 등장했다. "해와 달과 열한 별이 내게 절하더이다"(창 37:9).

자비롭게도 그의 어머니의 반응이 기록되어 있지 않다! 내 어머니라면 "내 아들이면 그렇게 멍청할 수 있을지 생각해 보거라!"고 말씀하셨을 것이다.

물론 다음 이야기에서 눈을 떼지 못하게 만드는 것은 그 꿈들이 실현되는 과정이다. 하지만 그 이야기를 **교훈**으로 만드는 것은 어떻게 이런 일이 일어나고 무슨 결과로 이어지느냐다.

결말에 이르기까지 적어도 세 가지 반전이 일어났다.

① 아버지 야곱이 아들들에 대한 태도를 바꾸었다.
② 형들이 아버지와 요셉에 대한 태도를 바꾸었다.
③ 요셉이 자신의 꿈을 내뱉을 때는 갖추지 못했던 모든 것(즉, 겸손, 지혜, 인내, 배려)을 갖추게 되었다.

주제만 놓고 보면 총리 요셉은 결국 그가 열일곱 살에 경험했던 꿈에 '합당하게' 되었다고 말할 수 있다. 그는 그 당시에는 그 꿈이 아무도 모르게 펼쳐지게 하는 데 필요한 인내가 부족했다. 세심함과 지혜가 부족했다. 입단속을 하지 않고 계속해서 떠들어 댔다. 가족보다는 자신과 자신의 꿈을 더 좋아했다. 그 모든 것은 변화되어야 했다.

주목할 만한 것은 전체 이야기가 요셉의 이런 결점들에 상당히 의존한다는 사실이다. 하지만 그것은 오직 하나님이 은혜와 주권과 지혜와 섭리로 요셉을 위해 일하셔서, 요셉을 해체하신 후 재건하셨기 때문이다.

창세기는 반복된 표현으로 일이 어떻게 진행되고 있는지를 설명한다. '여호와께서 요셉과 함께하셨다'(창 39:2, 21, 23). 그래서 이야기가 마무리될 무렵, 요셉은 자신의 지혜가 하나님의 선물임을 아는 사람이 되어 있었다.

요셉은 풍년과 흉년을 다루는 방식과 특히 가족을 다루는 방식에서 정말 놀라운 인내를 보여 준다. 형들이 흉년의 때에 애굽을 방문해서 자신들이 거래해야 할 총리가 사실은 동생인 것을 깨닫지 못하고 있을 때, 요셉은 자신의 정체를 즉시 발설하지 않는다. 형들이 그 앞에 절할 때 "저예요, 요셉! 제가 이렇게 될 거라고 말했잖아요!"라고 하는 일은 없다. 형들을 대할 때 오직 인내와 지혜와 배려만이 있다. 그렇게 형들이 변화되고 궁극적으로 가족 간의 유대가 회복된다.

위대한 이야기들은 종종 유사한 구조를 공유한다. 줄거리가 소용돌이치며 하락하다가 가장 밑바닥에 이른다. 그 후 터닝포인트가 찾아오고 줄거리는 상승하여 환희에 찬 결론에 이른다. 이야기를 전개하면서 작가는 사건의 결말에 이르러서야 비로소 이해되는 디테일과 실마리를 심어 놓는다.

여기서도 그렇다.

요셉의 이야기에는 시간의 흐름에 관한 두 가지 중요한 암시가 있다. 우리가 요셉을 처음 만날 때 그는 열일곱 살이다(창 37:2). 지혜와 배려와 인내가 다 부족한 사람으로 그려진다. 하나님 중심적이라기보다 자기중심적이다.

이후의 세월은 그의 인생을 추락하는 소용돌이로 채운다. 우리는 그가 강간 미수 혐의로 누명을 쓰고 사람들에게서 잊힌 해몽가로 감옥에 머무는 것을 본다.

그런데 그때 터닝포인트가 찾아온다. 바로의 꿈을 해석해 달라는 요청을 받는다. 그가 애굽의 총리로 임명됨으로써 성령님이 주신 그의 지혜가 알려진다.

바로 이때 화자는 "요셉이 애굽 왕 바로 앞에 설 때에 삼십 세라"(창 41:46)는 말을 이야기에 슬그머니 넣는다. 성경의 대략적인 계산에 의하면, 우리가 그를 처음 만난 이래로 십사 년이 흘렀다. 화자는 여기서 우리에게 뭔가를 말하고 있다. 하나님은 십사 년 동안 요셉과 함께하셨고, 다가올 십사 년(칠 년의 풍년과 칠 년의 흉년)을 위해 그 자신도 모르게 그를 준비시키셨다.

느리고, 때로는 고통스러운 해체에는 놀라운 재건이 포함되어 있다.

요셉은 이제 하나님이 계획하신 **때**와 하나님이 의도하신 **장소**에 있다. 그에게 중요한 것은 그의 인생에 놓인 하나님의 손길이다. 요셉이 형들에게 자신을 밝힐 때 한 말을 기억하라. "나는 당신들의 아우 요셉이니 당신들이 애굽에 판 자라 … 하나님이 생명을 구원하시려고 나를 당신들보다 먼저 보내셨나이다 … 하나님이 … 당신들의 후손을 세상에 두시려고 나를 당신들보다 먼저 보내셨나니 그런즉 나를 이리로 보낸 이는 당신들이 아니요 하나님이시라"(창 45:4-8).

무엇보다 중요한 것은, 요셉이 해체와 재건의 세월을 통과하는 동안 하나님이 그를 때와 장소에 맞는 **그 사람**으로 빚으셨다는 것이다. 하나님은 그분의 위대한 일을 위해 그를 준비시키고 계셨다. 많은 생명을 "보존"하고 "구원"하기 위해서뿐 아니라(창 45:5, 7; 50:20) 가족 안에 화해를 낳기 위해서였다. 이제 요셉은 지혜와 인내와 배려와 하나님 중심성을 갖추었다!

해체와 재건, 철거와 복원, 잡초를 뽑고 좋은 씨앗을 심는 것. 죽음과 부활의 메아리는 그리스도께서 사역을 완수하신 이후(예를 들어, 바울 안에서)뿐 아니라 이전(요셉과 같은 사람들 안에서)에도 들리는 것 같다. 당연하다! 오늘날 우리가 이미 오신 그리스도와 연합되어 그의 죽으심과 부활의 수고를 공유하듯이, 구약의 신자들 역시 믿음으로 약속된 그리스도와 연합되어 있었다.

이렇듯 그리스도 안에 계시된 최종 청사진이 모든 시대, 주님의 모든 백성에게서 표현된 것과 마찬가지로 이미 요셉에게서 표현되었다. 우리는 성경에서, 그리고 교회 역사 속에서 이 청사진을 반복적으로 보다가, 그것이 우리 삶을 빚고 만들어 가시는 데 다시 한번 사용되는 것을 보게 된다.

하나님은 악의가 없으시다. 그러나 하나님은 자신의 목적을 진지하게 여기신다. 그래서 복음에 합당하게 되려는 우리의 열망도 진지하게 여기신다. 우리 안에 사람의 모습으로 하나님의 형상을 표현하신, 값을 매길 수 없을 만큼 진귀한 하나님의 예술품이 도난당했다. 하지만 하나님의 아들이 강도에게서 그 예술품을 되찾아 오셨다. 이제 하나님은 수고로운 복원 작업을 시작하신다. 오염물을 제거하고 캔버스 작업을 하고 총천연색으로 본래의 형상을 회복하신다. 하나님은 천사들에게 솜씨를 드러내시고 자기 백성을 가리켜 이렇게 말씀하신다. "나의 작품을 보라!"(엡 3:10 참고)

만약 그림들이 감각하고 말할 수 있다면, 그것들은 예술품 복원 과정이 정말 아프고 따가웠다고 말할지 모른다! 하지만 완성된 작품을 바라보는 사람들의 얼굴에 피어난 감탄을 보는 것은 그 모든 고통을 감내할 가치가 있다.

그리스도인도 마찬가지다.

하나님은 어떻게 이런 복원 작업에 참여하실까? 어떻게 오염물을 제거하고 덧칠된 물감층을 긁어내고 손상된 캔버스를 복구하실까? 어떻게 원작을 회복해 그 가치를 높이실까? 기본적으로 두 가지 방법을 통해서다. 하나는 그분의 섭리의 손을 통해서이고, 다른 하나는 그분의 입에서 나오는 말씀을 통해서다.

섭리의 손

하나님은 우리가 그 아들의 형상을 본받게 하려고 마찰을 일으키신다. 성경은 여러 곳에서 이를 보여 준다. 우리에게 첫 번째 중요한 원리를 제공하는 것이 로마서 5장 3-4절이다. "우리가 환난 중에도 즐거워하나니 이는 환난은 인내를, 인내는 연단을, 연단은 소망을 이루는 줄 앎이로다."

바울은 우리가 의롭다 하심을 얻었음을 아는 일이 어떻게 하나님의 영광에 대한 소망과 확신 중에 즐거워하는 것으로 이어지는지를 설명하는 중이었다. 그리스도께서는 "우리가 범죄한 것 때문에 내줌이 되고 또한 우리를 의롭다 하시기 위하여 살아나셨"다(롬 4:25).

우리 죄를 담당하신 주 예수님은 그분의 부활하심으로 하나님이 보시기에 "의롭다"고 선포되었다. 우리가 그리스도와 연합할 때 하나님은 우리도 그분이 보시기에 의롭다고 선포하신다. 우리가 받은 칭의는 사실상 우리를 위한 그리스도의 칭의이기에, 우리는 영광의 소망 중에 즐거워할 수 있다.

바울은 로마서에서 몇 장을 할애해 우리가 우리 자신의 의로는 의롭다 하심을 얻을 수 없음을 보여 준다. 마찬가지로 빌립보서에서도 바울은 오직 우리가 율법을 지킴으로써 의를 얻으려는 노력을 버리고 그리스도를 믿을 때만 하나님께로부터 난 의를 누릴 수 있다고 말한다(빌 3:9). 그 의가 그리스도 안에서 우리의 것이 되었기에, 우리는 그 의가 그분의 부활만큼이나 불가역적이고 완벽하고 온전하다는 사실을 안다.

생각해 보라. 당신은 그리스도를 믿었던 순간보다 더 의로워질 수 없다! 가장 위대한 성인도 갓 태어난 신자보다 더 의롭게 여겨질 수 없다! 그 칭의는 확실하다. 완벽하다. 불가역적이다. 그러므로 최종적이다. 반드시 보장된다!

그렇다면 우리가 우리의 확신 안에서 하나님의 영광을 즐거워하고 자랑하고 환희한대도 놀랄 것이 없다(롬 5:2). 하지만 바울은 그 이상이 있다고 말한다. 영광을 바라며 즐거워하는 것 이상이라고? 그보다 더 놀라운 것이 있을 수 있을까?

다음과 같이 생각해 보자. 당신이 이런 확신 때문에 즐거워하는 건 **이해할 만한** 일이다. 하지만 당신이 **고난 중에** 즐거워한다면 그건 놀라운 일이다. 이것이 바로 바울이 말하고자 하는 바다.

바울은 피학증 환자가 아니었다. 고통을 비뚤어지게 즐기지 않았다. 주목하라. 바울의 즐거움을 야기한 것은 고통이 아니라 고통의 **생산성**이다. "환난이 인내를 **낳는다**"(롬 5:3, 쉬운성경). 그리고 인내는 "연단된 인품(즉, 시험을 통과한, 입증된 성품)을 **낳는다**"(롬 5:4, 쉬운성경). 이것이 다시 우리를 하나님의 영광에 대한 소망과 확신으로 인도한다. 그런데 이번에는 우리가 소망하는 그 영광이 **우리를 위할** 뿐만 아니라 **우리 안에** 계실 것이다.

"인내"는 헬라어 '휘포모네'(*hypomonē*)를 번역한 것이다. 기본 개념은 '무엇 아래에 남아 있을 수 있다, 서 있을 수 있다'다.

올림픽 역도 선수를 생각해 보라. 그의 온몸이 바벨의 엄청난 무게 아래서 떨고 있다. 그 무게 아래서 버틸 수 있는 것은 아침 식사로 특별한 시리얼을 먹기 때문이 아니다. 오직 그들이 체육관에서 수많은 시간을 보냈기 때문이다. 그들의 힘은 압력을 통해 향상된다. 우리도 마찬가지다. 힘, 인내, 끈기, 지속력과 같은

'시험을 통해 증명되는 성품'은 압력을 통해서만 계발된다.

"연단된 인품"이라고 번역된 바울의 단어 '도키메'(*dokimē*)는 '시험을 통해 인정된 자질'을 의미한다. 그것은 우리 삶에 성품, 본질, 힘, 신뢰, 신임, 의존할 만함을 가져다준다. 연단된 인품은 맨땅에서 솟아나지 않는다. 하나님이 시련을 통해(심지어는 환난을 통해) 우리 인생을 다듬으신 결과다.

어렸을 때 어머니는 내가 어머니를 도와 집 안의 놋쇠로 된 모든 물건(촛대부터 문패, 손잡이에 이르기까지)을 닦고 빛내게 하셨다. 어머니가 물건 표면에 광택제를 바르고 마를 때까지 내버려 두시면 우리가 돌아와서 부드러운 천으로 신나게 문질렀다. 어머니가 성공 여부를 시험해 보는 방법은 함께 문손잡이까지 자세를 낮추어 우리 얼굴이 거기에 비치는지를 보는 것이었다.

그 기억은 내게 하나님이 우리 삶에서 압박과 마찰을 어떻게 사용하시는지를 잘 설명해 주는 추억으로 남아 있다. 하나님은 그분의 형상이 우리에게서 비칠 때까지 우리의 은혜를 '빛내고 계신다.' 그것이 바로 하나님이 섭리 가운데 일하시는 손으로 우리를 복음에 합당하게 빚으시는 방법이다. 고난과 영광의 관계는 시간순일 뿐 아니라(지금은 고난, 나중은 영광) 인과적이기도 하다. "우리가 그[그리스도]와 함께 영광을 받기 위하여 고난도 함께 받아야 할 것이니라"(롬 8:17). "우리가 잠시 받는 환난의 경한 것이 지극히 크고 영원한 영광의 중한 것을 우리에게 이루게 함이니"(고후 4:17).

하나님의 입의 말씀

하나님은 섭리의 손을 사용하셔서 우리 삶에 영광의 빛줄기를 비추기도 하시지만, 또 한편으로는 성경을 통해 우리에게 말씀하셔서 우리를 변화시키기도 하신다. 그것은 결국 "하나님의 입으로부터 나오는 모든 말씀"(마 4:4; 신 8:3)이다. 우리 신앙의 선조들이 이해했던 것처럼, 어쩌면 그들이 지금의 우리보다 더 잘 알고 있을 것 같은데, 하나님은 특히 성령님의 은혜와 능력 안에서 우리에게 주해되고 적용되는 말씀 선포를 통해 이 일을 하신다.[5]

바울은 데살로니가 교인들이 "우리에게 들은 바 하나님의 말씀을 받을 때에 사람의 말로 받지 아니하고 하나님의 말씀으로 받음"을(살전 2:13) 감사하면서 설교에 대해 언급한다. 그러고는 이 말씀이 "너희 믿는 자 가운데에서 **역사**"한다고 덧붙인다.

이 단순한 말씀이 설교 신학의 전부를 담고 있다. 그러므로 우리에게 설교하는 사람들이 이 말씀을 이해하는 것이 중요하다. 그리고 우리 신자들이 이 말씀이 설명하는 것, 즉 하나님의 말씀이 우리 삶에서 역사하심을 경험하는 것이 중요하다.

때로 그리스도인은 설교를 다음과 같이 생각한다.

- 설교는 무엇보다도 하나님이 우리를 위해 하신 일을 말해 준다.
- 설교는 또한 우리가 그 반응으로 해야 할 일을 말해 준다.

이것은 우리가 앞서 복음의 문법에 관해 말한 바(직설법이 명령법의 토대를 형성한다)와 일치해 보이기까지 한다.

지금까지는 좋다. 하나님이 우리를 위해 하신 일을 가르침과 하나님께 대한 우리의 순종은 매우 중요하다. 하지만 이 둘을 동등하게 여기는 것은 바울의 논리의 연결고리를 무시하는 것이다. **선포된 하나님의 말씀은 우리에게 일하라고 말할 뿐만 아니라 그 자체로도 일한다.** 선포된 말씀은 우리에게 역사하고 우리 안에서 역사한다. 선포되는 동안만 아니라 그 이후에도 역사한다.

언어철학자들은 어떤 진술은 **기술적**("태양이 빛난다")인 반면 어떤 진술은 **수행적**(그 진술이 사실상 말하는 바를 수행한다)이라는 사실을 흥미로워한다. 복음 사역자들은 이런 진술을 자주 사용한다. "두 사람을 부부로 선포합니다" 같은 말은 상황을 묘사할 뿐 아니라 일종의 행위를 수행하고, 사실상 뭔가를 이루어 낸다(이 경우에는 '결혼'이다).

하나님의 말씀을 설교하는 것도 마찬가지다. 설교는 하나님이 그리스도 안에서 우리를 위해 하신 일과 우리가 그 반응으로 해야 할 일을 말해 주는 것만이 아니다. 설교는 우리에게 영향을 미친다. 설교는 우리 안에서 역사한다.

바울은 디모데후서 3장 16절-4장 5절에서 이것을 자세히 기술한다. 3장 16절에서 바울은 디모데에게 하나님의 말씀이 유익하다고 말한다. 하나님의 말씀은,

- 교훈하기에 유익하다. 그래서 마음을 새롭게 함으로 변화를 받으라고 말한다(롬 12:1-2).
- 책망하기(양심에 닿아 죄를 깨닫게 하기)에 유익하다.
- 바르게 하기(에파노르도시스[epanorthōsis], 세속 헬라어에서는, 예를 들어 부러진 뼈를 붙일 때와 같은 의료 상황에서 사용되는 단어다. 달리 말해 망가지고 일그러진 감정과 인격을 치유하기)에 유익하다.
- 의로 교육하기(파이데이아[paideia], 자녀를 양육하기)에 유익하다.

하나님의 말씀은 **그 자체로** "살아 있고 활력이 있"다(히 4:12). 디모데후서의 장 구분 때문에 간과하기 쉬운 것이 있는데, 바울은 3장에서 디모데에게 성경이 유익한 이유가 이러이러하다고 말하고는 성경을 설교할 때 "범사에 오래 참음과 가르침으로 경책하며 경계하며 권하"(딤후 4:2)는 방식이어야 한다고 이어 간다. 이 단어들은 바울이 언급했던 네 가지 유익을 사실상 반복한다. 디모데는 **말씀이 본래 의도된 사역을 성취하도록** 설교해야 한다!

이것이 바로 하나님이 우리가 그리스도의 복음에 합당하게 생활하도록 능력을 주시는 하나의 방법이기 때문에, 설교하는 자와 청중 모두에게 중요한 함의가 있다. 다음 두 가지다.

첫째, 목사와 교사는 네 가지 유익의 방면에서 하나님의 말씀을 설교하고 주해할 책임이 있다는 것을 기억해야 한다. 왜냐하면 하나님이 설교를 통해서 청중에게 (개별적으로, 은밀하게, 심오하게) 일하시기 때문이다. 이렇듯 모든 성경 주해는 넓은 개념에서 상담이다. 그 과정에서 성령님이 우리에게 복음의 경이로움과 능력을 보이시고 우리 마음의 은밀한 것을 밝히신다.

설교는 단순히 정보가 입으로 나오는 말에 의해 전달되는 것이 아니다. 성경 구절을 주해하는 것은 구어 형식으로 대중적인 수준의 해설을 하기 위함이 아니라, 말씀하시는 하나님과의 만남을 위한 것이다. 그러므로 목사는 자신이 설교하는 동안 그 설교의 청중이 되어야 한다. 목사를 통해 말씀을 선포하는 분은 결국 그리스도이시기 때문이다. 그렇다면 "사람은 오직 자기 영혼에게 선포하는 설교문만 다른 사람들에게도 잘 선포한다. … 말씀이 우리 **안에** 능력 있게 거하지 않는다면, 우리**에게서** 능력 있게 나가지도 않는다"[6]라는 말에 놀랄 것도 없다.

둘째, 이것은 우리의 삶을 하나님 말씀의 생생한 영향력 아래 두는 것이 왜 그렇게 중요한지를 설명한다. 하나님이 설교의 영향력을 통해 우리 안에 생산해 내시려는 것을 우리 힘으로는 생산할 수 없다. 그런 시도를 한다면, 우리는 영양 부족 상태에 너무 익숙해져서 더 이상 우리가 처한 상태를 깨닫지 못하게 될 가능성이 높다. 우리가 듣는 설교가 성경적이지 않다면 분명 그럴 것이다. 하나님의 섭리로 성경적인 설교를 만나게 될 때까지 우리는 잘 지내고 있는 줄로 착각한다. 우리가 히브리서의 경고를 놓치지 않고 감각을 잃어버리지 않는 한, 우리는 그 차이를 분별

할 수 있다.[7)]

성령님의 은혜와 능력 안에서 풀이되는 하나님의 말씀을 듣는 것은 자기 양을 부르시는 선한 목자의 음성을 듣는 것이다. 하나님은 우리의 생각을 조명해 새롭게 하겠다고 약속하셨다. 우리 죄를 드러내어 우리가 자신의 죄를 보고 느끼고 고백하게 하고 죄에 대한 용서를 경험하게 하겠다고 약속하셨다. 그리스도께서 우리의 상처를 치유하시고 우리에게 하나님의 영광을 위해 살 힘을 주시는 것은 설교를 통해서다. 요약하자면, 하나님의 말씀 자체가 우리가 복음에 합당한 삶을 살도록 돕고 우리 안에 그리스도의 닮은 꼴을 창조할 것이다. 설교는 하나님의 도구이기 때문이다. 설교에 힘입어 "우리가 다 수건을 벗은 얼굴로 거울을 보는 것 같이 주의 영광을 보매 그와 같은 형상으로 변화하여 영광에서 영광에 이르니 곧 주의 영으로 말미암음이니라"(고후 3:18). 그래서 성령님은 성경 주해를 통해 이 일 하기를 좋아하신다.

이것을 경험해 보지 못한 사람이 이를 이해할 수 있을지 모르겠다. 하지만 일단 경험되면, 변화가 일어난다. 그 변화는 어떠할까? 자, 이제 그 질문으로 넘어가자.

chapter 4

복음에 합당한 마음가짐

'그리스도의 복음에 합당하다'가 '하나님의 형상으로 회복되어 주 예수님의 성품을 반영하기 시작하다'를 뜻한다고 말하는 것은 매우 좋다. 그런데 이것이 무슨 뜻일까?

신약성경은 우리가 이 의미를 자의적으로 지어내게끔 내버려 두지 않는다. "이것에 대해 내가 생각하는 바는…"이라고 말하는 것을 허락하지 않는다. 실제로 바울은 빌립보의 벗들에게 "복음에 합당하게 생활하라"고 강권하고는 몇 구절 후에 그것이 "너희 안에 이 마음을 품으라 곧 그리스도 예수의 마음이니"(빌 2:5)라는 뜻이라고 설명한다.

복음에 합당하다는 것은 "그리스도 예수의 마음(mind, 혹은 마음가짐

[mindset])"을 공유하는 것이 포함된다. 빌립보서 2장 5-11절에서 바울은 그 마음가짐에 대한 설명을 계속해 나간다. 사실 이 구절들은 그리스도의 **행위들**을 묘사한다. 그런데 그런 행위들은 그리스도의 **마음가짐**의 외적 표현이다. 그래서 그 마음가짐을 공유하는 것이 그리스도의 복음에 합당한 삶의 근본이 된다. 바울이 성숙한("온전히 이룬") 자들은 그가 생각하는 것처럼 생각할 거라고 후술하는 것을 보면(빌 3:15), 그도 같은 목표를 갖고 있다.

그렇다면 그리스도의 마음을 갖는다는 것은 무슨 뜻일까?

겸손의 본

나는 빌립보서 2장 1-11절만 생각하면 늘 대학에 갓 입학했던 첫 몇 주간의 어느 저녁이 떠오른다. 나는 기독학생회(Inter-Varsity) 모임에 참석해서 탁월한 성공회 사제인 존 R. W. 스토트(John R. W. Stott)가 이 구절을 주해하는 것을 경청하고 있었다.

그는 차분히 "그리스도인의 연합의 비밀이 무엇입니까?"라는 질문으로 시작했다. 그러고는 (놀랍게도!) 잠시 멈추더니 학생 중에서 대답이 나오기를 기다렸다. 열일곱 살의 나는 지혜가 엄청나지는 않지만, 그래도 '난 대답하지 않을 거야. 틀리고 말걸!'이라고 생각할 만큼은 지혜로웠다. 실제로 첫 번째로 대답한 학생이 틀리자 존 스토트는 우리를 고통에서 벗어나게 해 주었다. 그가

"그리스도인의 연합의 비밀은 …"이라고 말하자 우리는 기대감에 차서 기다렸다. 난 아직도 럭비(럭비[Rugby]시의 유명한 공립학교-역자 주)와 케임브리지에서 교육받은 그가 세련된 악센트로 이 단어를 발음하던 것이 귓가에 생생하다. "겸손입니다."

수십 년이 흘러 그의 설교를 마지막으로 들었을 때 나는 그가 했던 말을 기억났다. 그는 당시에 일과성 허혈 발작(TIA)을 겪고 있었는데, 한참 주해하다가 어디까지 했는지를 놓치고 말았다. 그는 회중 앞에서 조용히, 어떤 의미에서 무력하게 서 있었다. 그때까지 나는 그가 평범한 목사들이 으레 그러듯이 단어 하나라도 놓치는 것을 본 적이 없었다. 그랬던 존 스토트가 기품 있게, 마치 영원 같았던 그 잠시 동안 말없이 서 있었을 때, 내 기억은 열일곱 살 때 그가 발음했던 "겸손입니다"를 들었던 그 방으로 옮겨졌다. 나는 생각했다. '이제 당신은 예전에 우리에게 가르쳤던 그리스도의 겸손을 몸소 보여 주고 계시는군요.'

나는 후에 그와 친구가 되었고 그를 알게 되었다. 그래서 그가 자기 설교의 본보기가 된 것이 얼마나 감동적인지를 깨달았다.

어쩌면 당신도 이와 같은 인상을 남긴 그리스도인들을 아는 특권을 누려 왔는지 모르겠다. 바울에 의하면 우리는 그들을 보고 그들을 닮아 가야 한다. "형제들아 너희는 함께 나를 본받으라 그리고 너희가 우리를 본받은 것처럼 그와 같이 행하는 자들을 눈여겨 보라"(빌 3:17).

그런데 이런 모범에서 우리가 보는 것은 무엇인가? 그리스도를 닮음이 아닌가? 그것의 본질은 구주의 마음가짐, 즉 '겸손'이다.

닮아 감은 복제가 아니다

지금이 경고의 말을 하기에 적당한 타이밍인 것 같다. 다른 이를 닮아 가라는 성경적 원리는 '복제'(cloning)의 문제가 아니다. 성경적인 닮아 감은 패턴과 원리를 인식하고 그것을 우리의 행동방식에 장착하는 것이다. 하지만 우리가 복제품이 되려 한다면, 그 과정에서 우리를 잃게 된다. 우리는 결코 우리가 복제하는 그 사람이 될 수 없고, 그렇게 되면 더 이상 진정한 우리 자신도 아니게 된다. 그리고 분별 있는 눈은 우리를 꿰뚫어 본다. 진정한 닮아 감은 기계적이지 않고 유기적이다. 외적이지 않고 내적이다.

이런 경고는 특히 젊은 목사들에게 해당할 것이다. 위험(어쩌면 유혹)이 목사들에게 너무나 확실하다. 그들의 공적 역할 때문이다. 보통 사람들은 대체로 수십 명에서 수천 명의 사람들에게 매주 관찰당하지는 않는다!

나는 어느 미국인 설교자가 역시 목사인 아버지가 그에게 했던 통찰력 있는 조언을 전해 주는 걸 들었다. "많은 목사가 사역의 첫 5년을 다른 사람이 되려고 애쓰면서 보낸다. 다음 5년은 자기가 진정 누구인지를 발견하려고 애쓰면서 보낸다. 그리고 남은 평생은 주님이 바라시는 설교자가 되기 위해 보낸다."

이것이 진실인 경우가 많다. 어떤 때는 정말 너무나 명백히 진실이다. 그러므로 경고한다. '성경적인 **닮아 감**은 단순히 **외적인 복제**가 아니다.' 그것은 버릇이나 억양이나 말씨나 특유의 표현법을 따라 하는 문제가 아니다. 그런 것들이 설교자의 풍성함의 원천이라고 생각한다면 얼마나 이상하고 피상적인가. 물론 단지 순진해서인 경우도 있다. 그러나 때로는 유용함을 보이기 위해, 심지어는 슬프게도 깊은 인상을 주거나 영향력을 발휘하기 위해 지름길로 나아가려는 시도처럼 보이기도 한다. 동기가 항상 좋은 것은 아니다. 그리스도 안에서 뿌리, 줄기, 가지를 양육하려는 마음 없이, 마술사 시몬(행 8:9-13)처럼 그저 남이 보여 주는 열매를 욕망할 수도 있다.

사람이 자기 아닌 것을 복제하려 할 때, 그는 하나님이 의도하신 그 사람이 되기를 멈춘다. 게다가 복제가 그가 훈련받는 기관의 (틀림없이 암암리의) 목표라면 상황은 더 안 좋다. 그렇게 되면 지속적인 풍성함을 낳는 은혜를 회복하는 데 어떤 위기나 전문 분석가가 필요하게 된다.

어쩌면 이미 당신은 남이 가진 것을 가지려고 자신을 잃어버린 누군가를 목격했을 수도, 또는 이런 일을 겪었을 수도 있다. 설교의 경우, 당신은 설교자가 누구를 모방해 설교하려 했는지 눈치채거나, 설교자에게 진정성이 부족하다는 것은 적나라하게 느끼기도 한다. 그런 설교는 영적 양육이 아닌 일종의 가식이자 우리 앞에서 펼치는 연기다. 여기서 빠진 것은 겸손과 사랑에서 비롯된, 발을 씻기는 마음가짐이다. 진심으로 당신 앞에서 무릎 꿇는 사람의 설교와 당신 위에 군림하는 사람의 설교 사이에는 차이가 있다. 슬프게도 그 차이가 항상 드러나는 것은 아니다. 하지만 어떤 사람은 당신을 이용하는(심지어 학대하는) 한편, 어떤 사람은 당신을 섬긴다.

우리가 존경하는 설교자들의 어떤 특성은, 틀림없이 우리에게 '들러붙는다.' 만약 그렇다면 우리 스스로 먼지를 털어 내야 한다. 그렇지 않으면 우리는 가짜 설교자는 되지 않더라도 설교자로서 가짜가 될 수 있다. 그렇게 된다면 우리 사역이 그리스도의 복음에 합당하게 되기 위해 우리는 한층 더 해체되어야 할 것이다. 우리는 자신의 것이 아닌 설교로 사람들에게 감동을 주려고 표절하지는 않았을지 모른다. 하지만 타인의 명성과 사역적 영향력을 소유하려는 야망을 성취하려고 타인의 성품과 인격을 표절했는지 모른다.

무엇을 놓쳤을까? 겸손이다. 우리는 하나님이 우리에게 주시지 않은 것을 원했고, 하나님이 우리에게 의도하시지 않은 사람이 되어 그것을 얻으려 했다. 우리는 하나님과 동등됨을 취하려고 하지는 않았을지 몰라도, 누군가와는 동등됨을 취하려고 했다. 그것은 예수님 닮은 모습이 아니다. 아니나 다를까, 그 놓친

것은 바울이 데살로니가 교인들의 마음 문으로 들어간 열쇠다. **"우리가 이같이 너희를 사모하여 하나님의 복음뿐 아니라 우리의 목숨까지도 너희에게 주기를 기뻐함**은 너희가 우리의 사랑하는 자 됨이라"(살전 2:8).

우리가 다른 누군가의 복제품이 되어 자신을 잃어버렸다면, 그것이 우리가 사랑하는 주 예수님이 "자기를 비워 종의 형체를 가지"신(빌 2:7) 것처럼 하나님의 백성을 사랑하기 때문은 아닌 듯하다. 그러므로 복음의 선포자로서 복음에 합당하게 되는 것은 고린도후서 4장 5절에서 바울이 한 말, "우리는 우리를 전파하는 것이 아니라 오직 그리스도 예수의 주 되신 것과 또 **예수를 위하여 우리가 너희의 종 된 것**을 전파함이라"를 반향하는(제대로 닮아 가는) 능력을 요구한다. 바울은 그리스도를 "주"라고 선포했다. 하지만 그의 설교에 진정성을 부여한 것은 그가 다락방의 예수님처럼 된 점이었다. 바울은 설교할 때 설교를 듣는 자들 앞에서 내적으로 무릎을 꿇었다. 바울은 그들이 동경하는 은사를 지닌 자가 되려 하기는커녕 자신을 그들의 종으로 여겼고, 그들이 자신의 섬김을 받기를 원했다.

그리스도를 닮아 감에 관하여

그래서 겸손은 복음에 합당한 삶의 표지다. 겸손이야말로 그리스도를 진정으로 닮아 가는 것이기 때문이다. 물론 우리는 하나님의 본체도 아니고, 말 그대로 십자가에서 죽음을 맞지도 않았다. 하지만 우리는 "너희 안에 이 마음을 품으라 곧 그리스도 예수의 마음이니"(빌 2:5)라는 부르심을 받았다. 뒤이은 구절에서 그 의미를 엿볼 수 있다.

> "그는 근본 하나님의 본체시나
> 하나님과 동등됨을
> 취할 것으로 여기지 아니하시고
>
> 오히려 자기를 비워
> 종의 형체를 가지사
> 사람들과 같이 되셨고
>
> 사람의 모양으로 나타나사
> 자기를 낮추시고
> 죽기까지 복종하셨으니
> 곧 십자가에 죽으심이라"(빌 2:6-8).

이것은 자연스럽게 "하나님이 그를 지극히 높"이신 이유를 설명한다(빌 2:9). 하나님은 높임받을 만한 자들을 진실로 높이시는

데, 이는 그들의 마음가짐이 겸손의 하나이기 때문이다.

이 겸손한 마음가짐이 외적으로 표현되는 방식 중 하나가 나를 내려놓는 것(self-forgetfulness)이다. 애나 레티시아 워링(Anna Laetitia Waring)은 이렇게 묘사했다.

자신으로부터 느긋한 마음을,
위로하고 공감할 수 있도록.[1]

바울이 빌립보서 2장에서 젊은 동료 디모데에 대해 감동적으로 묘사해 이를 거의 즉각적으로 설명한 것은 주목할 만하다. "뜻을 같이하여 너희 사정을 진실히 생각할 자가 이밖에 내게 없"다(빌 2:20). 반면 다른 이들은 "다 자기 일을 구하고 그리스도 예수의 일을 구하지" 않는다(빌 2:21). 바울은 계속 말을 이어 간다. "디모데의 **연단**을 너희가 아나니 자식이 아버지에게 함같이 **나와 함께 복음을 위하여 수고**하였"다(빌 2:22). 디모데는 그리스도의 마음가짐을 공유했기에 복음에 합당한 삶의 모범이었다. 그리고 그리스도의 마음가짐을 공유했기에 그는 그리스도를 닮아 가기 시작했다.

만약 "복음에 합당하게"가 그리스도를 더욱 닮는 것을 의미한다면, 우리는 더 깊은 질문을 던져야 한다. 우리가 자주 묵상해야 할 질문은 바로 **주 예수님은 실제로 어떤 분인가**다.

그리스도를 닮아 감의 참된 의미

저 질문에 어떻게 대답할 수 있을까? 좋은 출발점은 히브리서 13장 8절 "예수 그리스도는 어제나 오늘이나 영원토록 동일하시니라"를 기억하는 것이다.

이 말은 단순히 '그리스도는 영원하시다'를 길게 늘어뜨린 표현이 아니다. "영원토록"은 영원무궁하다는 뜻이다. 그런데 "어제"는 '오늘의 하루 전날'이라는 뜻이 아니다. 앞서 히브리서에서 사용된 문구인 "육체에 계실 때에"(히 5:7)와 같은 뜻이다. 우리 주님의 이 땅에서의 삶을 가리킨다. 그리고 "오늘"은 '어제의 다음 날'이라는 뜻이 아니다. 앞서 이야기된 바와 같이(히 3:6-13) 그리스도의 초림과 재림 사이의 모든 시간을 가리킨다.

요점은 이렇다. 예수 그리스도는 지금 지극히 높여지셔서 성부 하나님의 오른편에 계시다. 더 이상 수치와 굴욕을 당하지 않으시고 영화롭게 되셨다. **그러나 그분 자신은 변하지 않으셨다.** 그분은 여전히 우리가 복음서에서 읽는 그 예수님이다. 오늘도 여전히 그때의 그분이다. 그래서 우리가 그분의 복음에 합당하다는 의미는 우리가 복음서에서 읽은 바로 그 예수님과 닮았다는 뜻이다. 우리가 복음에 합당하게 되는 방법은 의식적으로나 무의식적으로나 그분을 닮아 감으로써다. 자신에 대한 평가에서는 **낮아지고** 겸손에서는 **자라나는** 것이다.

장 칼뱅이 차용해서 발전시킨 아우구스티누스의 말을 당신도 잘 알고 있을 것이다.

어느 수사학자가 웅변에서 최고의 원칙이 무엇이냐는 질문을 받았다. 그는 "전달"이라고 대답했다. 두 번째 원칙이 무엇이냐는 질문에 "전달"이라고 대답했다. 세 번째 원칙이 무엇이냐는 질문에 "전달"이라고 대답했다. 만약 내게 기독교 개념 중에서는 무엇이 최고이냐고 묻는다면, 나는 첫째도, 둘째도, 셋째도 언제나 "겸손"이라고 답하겠다.[3]

예수님의 겸손한 마음가짐이 복음서에 기록된 행위들에서 어떻게 드러났는지를 생각해 보라. 예수님은 작디작은 인간 아기의 모습으로 오셔서 기꺼이 우리 중 하나같이 되셨다. 인생의 모든 시련과 괴로움과 실망을 공유하셨다. 제자들의 더러운 발을 씻으셨다. 갈보리 십자가에서 우리의 수치를 짊어지셨다.

예수님에 대해 어떻게 기록되었는지도 생각해 보라.

"그는 다투지도 아니하며 들레지도 아니하리니
아무도 길에서 그 소리를 듣지 못하리라
상한 갈대를 꺾지 아니하며
꺼져가는 심지를 끄지 아니하기를 심판하여 이길 때까지 하리니"(마 12:19-20; 사 42:2-3 인용).

아니면 예수님이 자신에 대해 뭐라고 말씀하셨는지를 생각해 보라.

"수고하고 무거운 짐 진 자들아 다 내게로 오라 내가 너희를 쉬게 하리라 나는 마음이 온유하고 겸손하니 나의 멍에를 메고 내게 배우라 그리하면 너희 마음이 쉼을 얻으리니 이는 내 멍에는 쉽고 내 짐은 가벼움이라"(마 11:28-30).

온통 겸손이다. 겸손이 사람들을 주 예수님께 이끌었다. 사람들이 예수님께 가서 마음을 열고 자신의 필요를 말해도 괜찮다는 것을 본능적으로 알았던 이유는 바로 그분의 겸손 때문이었다. 사람들이 자신과 인생의 은밀한 비밀과 슬픔과 실망을 그분께 맡겼던 이유가 바로 그분의 겸손 때문이다. 겸손한 마음을 갖지 못한 사람에게는 그렇게 하지 않는다. 당신을 위해서나 그 자체로나 오직 겸손한 마음만이 충분히 크다.

바울이 자신에게 마음을 닫은 고린도 교인들에게 어떻게 자기 마음을 열었는지를 기억하는가? 바울은 "그리스도의 온유와 관용으로"(고후 10:1) 그들에게 호소했다. 바울이 몇 개의 복음서를 알았는지 우리는 모른다(나는 생각보다 많을 거라고 생각한다). 그러나 그는 틀림없이 마태복음 11장 28-30절에 기록된 예수님의 위로의 말[3]에 대해 잘 알고 있었을 것이다.

이것이 예수님의 모습이다. 그러므로 이것이 바로 당신이 닮아 가라고 부르심을 받은 모습이다. 예수님이 바로 복음이다. "복음에 합당한" 삶이란, 복음에 상응하는 삶이란, 그분을 반영하는 삶이다. 이것은 그리스도인의 삶에서 부차적이지 않다. 삶의 목표이고, 어떤 의미에서는, 삶의 전부다. 마지막 날에 이르기까지 당신의 삶과 성품에서 그리스도를 닮은 것만이 영원토록 지속될 것이다.

대체로 그리스도인은 로마서 8장 28절의 장엄하고 확신에 찬 바울의 말을 잘 안다. "우리가 알거니와 하나님을 사랑하는 자 곧 그의 뜻대로 부르심을 입은 자들에게는 모든 것이 합력하여 선을 이루느니라." 그런데 바울은 이 구절에서 자신의 생각을 끝맺지 않는다. 그의 끝맺음은 여기서다. "하나님이 미리 아신 자들을 또한 그 아들의 형상을 본받게 하기 위하여 미리 정하셨으니 이는 그로 많은 형제 중에서 맏아들이 되게 하려 하심이니라"(롬 8:29).

우리가 예수 그리스도를 닮아 변화되는 것이 창세전부터 우리를 향하신 하나님의 목적이었다. 이것이 우리를 향한 그분 목적의 중심을 차지한다. 그리고 하나님은 이를 성취하시기까지 결코 멈추지 않으실 것이다. 그 아들의 형상을 본받게 하기 위하여 어떤 것도 아끼지 않으실 것이다. 그러실 줄을 우리가 아는 이유는, 이를 위해 하나님이 "자기 아들을 아끼지 아니하시고 우리 모든 사람을 위하여 내주"(롬 8:32)셨기 때문이다.

자, "복음에 합당하게 생활하라"는 바울의 권고에 우리는 어떻게 반응해야 할까?

무엇보다도, 기도로써다. "주님, 제가 더욱 예수님을 닮게 해 주십시오. 예수님의 형상에 일치되게 해 주십시오. 다음 글귀를 제 마음에 새겨 주십시오."

> 예수님의 아름다움이 제게서 보이게 하옵소서,
> 그분의 놀라운 열정과 순결 전부가요.
> 오 성령님, 제 모든 본성을 깨끗하게 하옵소서,
> 예수님의 아름다움이 제게서 보일 때까지요.[4)]

chapter 5

복음에 합당한 삶

'그리스도의 복음에 합당하다'의 의미는 예수님을 더욱 닮아 간다는 뜻이다. 우리는 바울이 새로운 삶의 태도에 헌신하라고 강권하는 것을 살펴보았다. 이어서 바울은 이것이 그리스도의 마음가짐이 우리의 마음가짐이 되는 것을 의미한다고 말해 준다. 그렇게 겸손이 탄생한다.

그리스도께 속한 자들, "그리스도 안에" 있는 자들인 우리가 그리스도를 닮아 가는 일은 어떻게 해서 일어날까?

이미 우리는 이 일이 부분적으로는 그리스도를 모방함을 통해서 일어난다고 살펴보았다. 일종의 영적 삼투에 의해 우리가 본 바와 들은 바를 모방하기 시작하고, 점진적으로 그것은 우리 것이 된다.

복음에 합당한 삶의 향기

다른 곳에서 바울은 그리스도인이 향기를 지녔다고 말한다(고후 2:14-15). 비유적인 의미에서 우리 모두가 그렇다. 우리의 삶, 인격, 성향, 행동, 말, 모든 것이 종합적으로 우리 삶에 분위기를, 주변 공기에 향기를 만들어 낸다.

우리는 때로 사람을 '냄새'로 묘사한다. 어떤 사람을 '달콤하다'(sweet), 즉 '상냥하다'고 말한다. 누군가 엘리베이터에 탔다가 내릴 때 당신은 공기를 맡고 그가 흡연자임을 알게 된다. 누군가 곁을 지나갈 때 몇 초 후 당신은 그가 향수를 뿌린 것을 알게 된다. 이런 인상은 그가 몸담은 환경이 흡연이냐 요리냐 등에 따라 달라질 것이다. 수천 가지 자잘한 방식으로 우리는 우리가 진정 누구인지를 거듭 뿜어내고 표현한다. 감추려고 애쓸 수는 있어도, 결코 감출 수 없다.

스코틀랜드에서 보낸 초등학생 시절, 매일 아침 우유병이 든 상자가 교실로 배달되었다. 정부는 소위 '우유 시간'을 정했고, 우리는 정당하게 공부를 멈추고 종이 빨대로 할당된 우유를 마셨다. 수년 후에 나는 한 일본인이 모든 스코틀랜드인에게서는 우유 냄새가 난다고 언급한 것을 읽고는 재미있어했다! 나는 생각했다. '놀랄 일도 아니지. 우리가 어릴 적에 마신 양을 생각하면 말이야!' 하지만 우리 중 그걸 인지한 사람은 한 명도 없었다.

그리스도인의 삶도 마찬가지가 아닌가? 우리 중 누구도 대화를 마치거나 방에서 나갈 때 자신이 무슨 향기를 뒤에 남기는지 정확히 모른다. 향수나 애프터셰이브 로션처럼, 다른 사람이 그 향기를 식별해서 이름을 붙일 수 있을 거라는 보장도 없는 것이 사실이다. 하지만 복음에 합당한 삶은 필연적으로 복음의 향기, 곧 주 예수님의 향기를 남긴다. 거기에는 그리스도 같은 겸손이 있기 때문이다. 이 같은 겸손은 그리스도를 닮았다는 것 외에 다른 방식으로는 설명이 불가능하다. 그러므로 복음과 일치하는 삶은 복음에 합당하다. 뒤에 그분의 임재의 향기를 남긴다.

이런 일은 어떻게 일어날까? 우리는 이미 바울이 복음에 합당하라고 권고할 때 그 의미와 방법도 설명한다는 사실을 살펴보았다. 그렇다면 바울이 어떻게 자신의 삶에서 이런 일이 일어났는지를 보여 주고 그 경험을 다른 사람을 위한 효과적인 본보기로 묘사한대도 그리 놀랄 일이 아니다.

다소 사람 사울이 복음에 합당한 삶을 발견하다

우리가 성경에서 로마 시민인 다소 사람 사울을 처음 만날 때, 그의 목표는 그가 합당하다고 생각한 삶의 태도였다. 어린 시절부터 그는 그에 걸맞도록 양육되었고, 점점 자라면서 비록 오도된 길이었지만 그런 태도를 의도적으로 함양해 나갔다.

빌립보 교회에 편지를 쓸 때, 바울(그때부터는 이 이름으로 알려졌다)은 유대 배경을 가진 거짓 교사 무리로 인해 걱정했다. 그들은 하나님의 선택된 백성 중에 속하고 싶은 사람이라면 누구나 하나님이 아브라함과 그 자손에게 주신 할례라는 옛 표지를 받아야 한다고 주장했다.[1] 사도는 벗들에게 이 거짓 가르침이 "육체를 신뢰하"는(빌 3:3) 것에 불과하다고 경고했다.

이제까지 바울은 회심 이전의 삶을 깊은 슬픔과 부끄러움으로 회고했지만, 이 경우에는 하나님의 섭리 안에서 이전 삶이 큰 도움이 된다는 사실도 깨달았다. 왜냐하면 저 복음의 대적자들과 같은 이력을 바울 역시 공유했기 때문이다. 바울은 그들이 어디서 틀렸고, 어떻게 그것을 고쳐야 하는지를 정확하게 알았다.

그뿐이 아니었다. 사람들이 혈통의 순수성과 종교 행위를 자랑하길 원한다면, 그들은 적수를 제대로 만난 것이었다. "만일 누구든지 다른 이가 육체를 신뢰할 것이 있는 줄로 생각하면 나는 더욱 그러하리니"(빌 3:4).

이것은 자랑이 아니었다. 그냥 사실이었다.

예전에 한 친구가 나와 다른 몇 명을 런던의 유명한 사교 클럽의 점심 식사에 초대했다. 벽에는 과거 위대한 인물들의 초상화가 가득했다. 그들을 둘러보며 나는 가벼운 마음으로 친구에게 말했다. "제 생각엔 당신이 이 사람들과 친척이 아닐까 싶은데요." 그는 미소 지으며 고갯짓으로 초상화 하나를 가리켰다. 그런데 거기에 18세기 대영제국의 수상 윌리엄 피트가 있지 않은가.

그의 아들(최연소로 수상이 되었다)은 윌리엄 윌버포스의 절친이었다. (글래스고 동부 끝에서 자람) 내가 대영제국 수상의 후손 옆에 서 있다니! 물론 그리스도 안에서 스코틀랜드인도 잉글랜드인도 없다는 것은 훌륭한 설명이다. 하지만 초대받은 손님 중 누구도 내 친구 앞에서 자신의 혈통을 자랑할 수 없었다!

혈통 면에서 아무도 바울을 능가할 수 없었다. 그런데 그 이상이었다. 행위 면에서도 누구도 그를 능가할 수 없었다. 바울은 유대인 중에서 가장 엄격한 바리새파에 헌신했다. 그런데 그것조차 하나님의 율법을 향해 품었던 그의 "열심"을 미처 입증하지 못한다면, 그는 거기에 "교회를 박해"한(빌 3:6) 이력을 덧붙였다.

이러했던 그가 이제는 무엇이든지 자신에게 유익하던 것을 주 그리스도 예수를 아는 지식과 비교하면서 "해" 곧 "배설물"(빌 3:7-8)로 여기게 되었다.

대체 무슨 일인가? 우리는 즉각 "다메섹 도상의 경험" 때문이라고 답할지 모른다. 하지만 이야기는 그보다 더 복잡하다. 이것이 탐구할 가치가 있는 이유는, 바울이 그리스도의 복음에 합당하게 생활하라고 말할 때 무엇을 염두에 둔 것인지 그 실마리를 제공해 주기 때문이다.

우리는 다소 사람 사울의 이야기가 시작되는 지점으로 돌아가야 한다.

영적으로 그는 어디에 있었을까?

사울은 유대인 중 "가장 엄한 파"(행 26:5)에 속하기로 선택했다. 그는 바리새인이었다. 하지만 모든 바리새인이 다 교회를 박해하지는 않았다. 산헤드린에서 크게 존경받았던 인물이자 예루살렘에서 사울의 교리 스승이었던 바리새인 가말리엘(행 22:3)도 교회를 박해하는 일에 **반대했다**(행 5:33-39). 자, 첫째, 그리스도의 교회를 무너뜨리려는 사울의 욕망에 불이 붙다니, 둘째, 그의 욕망이 무슨 대가를 치르더라도 그리스도를 알고 섬기는 것으로 변화되다니, 대체 무슨 일이 일어난 걸까?

사울의 열심과 변화의 실마리

교리적으로 말하는 것은 불가능할 수 있지만, 몇 가지 실마리가 그의 이야기를 하나로 엮어 준다.

첫 번째 실마리는 갈라디아서 1장에서 발견된다. 회심 전의 바울을 떠올려 보면, 그는 "내가 내 동족 중 여러 연갑자보다 유대교를 지나치게 믿어 내 조상의 전통에 대하여 더욱 열심이 있었으나"(갈 1:14)라고 말한다. 약간 당혹스러운 회상 방법인 것은 틀림없다. "나는 종교적으로 일인자였어. 아무도 나보다 뛰어나지 못했지."

두 번째 실마리는 빌립보서 3장에 있다. 회심 전에 바울은, 적어도 그의 관점에 의하면 "율법의 의로는 흠이 없는 자"였다(빌

3:4-6, 복음서의 부자 청년 관리가 스스로를 딱 이렇게 느꼈던 것 같다[눅 18:18-21]).

세 번째 실마리는 사도행전 6장에 나타난다. 누가는 사도행전 6장 8절에서 예루살렘 교회에 서린 긴박감을 배경으로 어느 청년에게 주목한다. 그(스데반)의 존재가 뒤이어 두 장을 지배한다. 사울의 다른 이름이 '파울루스'(바울)인 것처럼, '스테파노스'(스데반)는 히브리식 이름이 아니다. 아마도 그들은 둘 다 외부인이었을 것이다.

그리스도께서는 스데반에게 놀라운 선물을 주셨다. 그는 충만함을 다섯 겹으로 지니고 있었다. 그는 "**지혜**가 충만"했고 "**믿음**과 **성령**이 충만"했다(행 6:3, 5). 게다가 "**은혜**와 **권능**이 충만"했다(행 6:8). 나중에 밝혀지듯이, 그는 히브리 성경의 가르침에 해박했고 그 메시지가 어떻게 구주의 오심을 가리키고 어떻게 구주의 오실 길을 준비하는지를 능숙하게 보여 주었다. 이를 설교한 결과, 스데반은 박해의 대상으로 지목당했다.

바로 여기서 누가는 모든 것을 잠시 늦추는 정보를 내러티브에 끼워 넣는다. 그는 스데반을 반대한 핵심 인물들인 회당의 구성원을 상세히 기록한다. "이른 바 자유민들 즉 구레네인, 알렉산드리아인, 길리기아와 아시아에서 온 사람들의 회당에서 어떤 자들이 일어나 스데반과 더불어 논쟁할새"(행 6:9).

우리는 "스데반이 지혜와 성령으로 말함을 그들이 능히 당하지 못하여"(행 6:10)라는 주요 핵심으로 들어가기 위해 이 구절을 얼버

무리고 넘어가는 경향이 있다. 그런데 왜 이렇게 상세하게 기술했을까? 이 구절은 이야기의 전개에 아무 영향도 안 마치고 앞으로 펼쳐질 드라마의 속도를 늦추기만 하는 듯하다. 누가가 문학적으로 실수한 것일까? 문학평론가는 그렇게 논평할 터이다. 그리고 우리 대부분은 무심히 지나친다.

하지만 거기 있을 필요가 없는 것이 그곳에 있다면, 대개 그럴 만한 이유가 있어서 거기에 있는 것이다! 여기서 누가는 내러티브의 속도를 늦추고 읽는 이가 멈추어 생각해 보게 한다. 우리가 나중에 기억해 내도록 말이다. 누가는 우리에게 앞으로 올 무언가에 대한 열쇠를 주고 있다. 사도행전 9장 11절에서 사울(사도행전 6장까지는 아직 전면에 등장하지 않았다)이 다소 출신이라고 말해 줄 것이기 때문이다.

다소는 길리기아에 있었다. 예루살렘 밖에서 온 유대인들이 이 도시의 유대인 회당에 참여했던 것으로 보이므로, 스데반에 대한 반대를 주도했던 이 회당은 사울이 출석했던 회당임이 거의 틀림없다. 게다가 그 구성원들이 헬레니즘 세계에서 왔으므로, 이 회당은 스데반이 한때 속했던 회당이었을 것이다.

점들을 이어 가다 보면 하나의 그림이 나타나기 시작한다.

다소 사람 사울은, 스데반이 등장해 그의 영적 은사를 공개적으로 강력하게 드러냈을 때 아마도 난생처음으로 자신이 중요시하는 모든 면, 즉 성경 지식, 의, 열심, 은혜와 성령이 충만한 삶에서 자신의 우월함에 필적할 만한 동시대 사람을 만난 경험을 한 듯하다. 만약 그렇다면, 이것이 마지막 실마리를 설명하는 데 도움이 된다.

네 번째 실마리는 로마서 7장에서 발견된다. 바울은 과거를 회상하면서 이렇게 말한다. "전에 율법을 깨닫지 못했을 때에는 내가 살았더니 계명이 이르매 죄는 살아나고 나는 죽었도다"(롬 7:9). 그는 흥미롭게도 여기서 (전체적인) "율법"과 "계명"을 구분한다. 그는 특히 십계명의 열 번째 계명 "탐내지 말라"(롬 7:7)를 염두에 두고 있음을 보여 준다. 그러고는 "죄가 기회를 타서 계명으로 말미암아 내 속에서 온갖 탐심을 이루었나니"(롬 7:8)라고 덧붙인다. 그가 우리에게 "전에 율법을 깨닫지 못했을 때에는 내가 살았더니 계명이 이르매 죄는 살아나고 나는 죽었도다"(롬 7:9)라고 말한 것은 바로 **이런 문맥**에서다.

그는 왜 특별히 그 계명을 지목한 것일까?

한 가지 일반적인 대답은 십계명의 마지막 계명이 내적 동기를 다루기 때문이라는 것이다. 사실이다. 하지만 모든 계명이 내적 동기를 함축한다. 다른 설명이 반드시 필요하다. 마음속 은밀한 탐심을 깨닫게 해 준 사건이 사울의 일생에 일어났던 것이 틀림없다. 전에는 결코 경험해 본 적 없는 깊은 수준의 사건 말이다. 그 결과, 이제 "죄는 살아나고 나는 죽었도다"(롬 7:9).

누군가가 (분명히 의도적으로) 스데반을 그리스도와 가장 닮게 묘사한

것은 놀라운 일이 아니다.[2)]

다소 사람 사울은 스데반이 돌로 쳐 죽임을 당해도 된다고 승인했다(행 8:1; 7:58 참고). 그때 사울은 자기 안에서 무슨 일이 일어나는지를 분석하고 이해하려는 생각이 전혀 없었다. 하지만 난생처음 그가 평생 얻기 위해 분투해 왔음에도 부족했던 것, 즉 지혜, 성령, 의, 하나님의 진리에 대한 깊은 이해와 그 진리를 설명하고 적용하는 능력, 하나님의 손길이 그의 인생에 함께한다는 명백한 증거, 그리고 매우 귀중한 자질인 은혜를 가진 사람을 만났다는 사실은 매우 명확해 보인다. 그래서 다소 사람 사울은 두 가지 선택지를 앞에 두게 되었다. 첫째는, 사울에게는 없고 스데반에게는 있는 그것을 스데반이 어떻게 획득했는지를 묻는 것이다. 이것은 자신을 낮추고 그리스도를 구하는 것이다. 둘째는, 분노하며 자신에게 탐심을 일으킨 자를 파괴하는 것이다. 사울은 후자를 선택했다. 그리고 그 과정에서 그리스도께 시선을 고정한 한 남자를 보았다.

사울의 마음을 움직인 것은 스데반의 **승리에 찬 죽음**만이 아니었다. 스데반의 **그리스도를 닮은 삶**이었다. 스데반은, 처음은 아니었을지라도 너무나 확실하게 그리스도를 엿보게 해 주었다. 다소 사람 사울은 한 번도 경험해 보지 못한 일이었다.

나는 바울이 나중에 그리스도를 닮음에 관해 생각할 때마다 스데반을 떠올렸을 거라고 생각한다. 스데반을 직접적으로 언급하지 않은 이유는 당신도 이해할 수 있을 것이다. 바울이 그의 순교에 관여했다는 사실은 틀림없이 그가 무덤까지 가져갈 상처였을 것이다. 그래서 그는 그 이야기를 친구 누가에게로 넘겼다. 누가는 스데반의 죽음과 사울의 회심 사이에 뚜렷한 연관성이 있음을 분명히 밝혔다. 스데반은 땅에 떨어져 죽은 밀알 한 알 같았다. 그 결과 "많은 열매를 맺"었다(요 12:24).

스데반이 그리스도의 복음에 합당하게 생활했다는 것을 누구라서 의심하겠는가?

그렇다면 그리스도를 닮음의 중요성이 바울의 가르침에 깊이 흐르고 있다는 사실에 놀라서는 안 된다. 여기서도 우리는 스데반의 흔적을 찾을 수 있다. 실로 바울의 가르침 중 상당 부분은 그리스도에 대한 그의 믿음이 싹트기 시작한 이 요람기로까지 추적해 올라갈 수 있다.

그런데 이것을 전개해 나가기에 앞서, 잠시 이 이야기의 또 다른 면을 살펴보는 것이 좋겠다.

무대 뒤의 겸손한 종

어떤 사람들은 교회에서 남들보다 우위에 있는 역할을 맡은 것처럼 보이지만, 실상은 훨씬 복잡하다. 신약성경은 스데반에게 상대적으로 적은 분량을 할애한다(사도행전이 아니었다면 우리는 그의 존재조차도 몰랐을 것이다). 하지만 바울에게는 많은 분량을 할애한다. 게다가 사도행전에서 스데반이 차지하는 분량조차 사도행전 7장에서 스데반이 전개하는 성경 신학 강의를 훑어보고 서둘러 사울의 회심으로 달려가려는 독자들에게는 지나치게 많아 보일 수 있다. 하지만 하나님의 경륜으로는 스데반이 사울의 회심에서 필수 요소였다. 그리스도를 닮은 그의 삶은 바울의 가르침을 위한 청사진이다. 상대적으로 무명인, 이야기에서 사라져 버린 저 사람이 정말로 중요하다.

그것이 하나님이 자신의 나라를 세우고 확장하시는 방식의 오랜 원리다. 요점을 파악하려면 다음 문제를 풀어 보라. 다음 일곱 사람은 지난 오백 년 동안 교회에 지대한 영향을 미친 중요 인물이다. 각 인물 옆에 그에게 가장 큰 영적 영향을 미친 사람의 이름을 쓰라.

중요 인물	영향을 준 사람
마르틴 루터	
장 칼뱅	
존 오웬	
조너선 에드워즈	
조지 윗필드	
찰스 스퍼전	
마틴 로이드존스	

저들은 모두 유명한 인물이지만, 우리 대부분은 그 옆을 빈칸으로 남겨 둘 수밖에 없을 것이다. 누가 저들에게 가장 큰 영향을 미쳤는지 우리는 모를 수 있다. 어쩌면 아무도 모를 수 있다.

하지만 인간적으로 보면 알려지지 않은 그 인플루언서들은 하나님의 목적이라는 사슬에 필수적으로 연결되어 있었다. 교회 역사는 소수 거인들의 이야기처럼 보이지만 사실은 그렇지 않다. 교회 역사는 훨씬 깊고 훨씬 복잡하다. 교회 역사는 우리의 명성이 아니라 하나님이 맡기신 때와 장소에서 우리가 신실함을 유지하는 것이 중요함을 가르쳐 준다. 그것은 "내 은사가 남들 눈에 띌까?"가 아니라 "내가 어떻게 남을 섬길 수 있을까?"와 같은 겸손한 섬김의 정신을 요구한다.

어떤 그리스도인은 이 마지막 원리를 더디 이해한다. 그들은 자신을 감추기보다는 은사를 드러내려고 한다. 그들 중에는 교회 등록에 관해 문의하면서 "제가 만약 이 교회에 등록한다면, 가르치는 봉사를 할 수 있을까요?"라며 목사를 난처하게 하는 이들이 있다.

때로 아주 조금만 신중하게 따져 보면 이런 이들의 속마음이 '이 교회가 나를 필요로 하는 곳이나 쓸모 있게 여기는 곳이라면 어디서나 섬기겠어'가 아니라 '이 사람들이 내 은사를 알아채고 내가 그 은사를 발휘할 만한 자리를 만들어 줄까?'라는 사실을 분별하게 될 때도 있다. 아아, 한 사람이 어떤 능력을 지녔든, 그것

5. 복음에 합당한 삶 / 105

은 허술하게 위장된 영적 나르시시즘이다. 한자리를 차지하고 가르치며 영향력을 행사하고자 하는 바람은 남을 섬기고자 하는 바람과 다르다.

우리 주님이 성부 하나님과 더불어 성육신에 관해 의논하시면서 "저도 낄게요. 대신 저들이 제가 준 선물을 알아줘야 합니다"라고 말씀하시는 것을 상상할 수 있는가?

정반대로, 예수님은 복음에 '일치된', 즉 "합당한" 삶은 다른 이들 앞에서 무릎을 꿇고 두 손 가득 사랑을 담아 그들의 더러운 발을 씻기는 종의 역할을 기꺼이 받아들이는 삶임을 보여 주신다. 그것은 다른 이들 위에 우뚝 서서 그들이 우리가 누구인지, 우리의 달란트가 무엇인지 알아보게 하려는 바람과 대조된다(요 13:14-15). 그것은 다른 이들 중에서 한자리를 차지하는 것보다 그들에게 우리 자신을 내어 주는 것에 더 관심을 기울인다는 뜻이다. 예수님이 그런 분이었다. 예수님은 섬김을 받기 위해서가 아니라 오히려 다른 이들을 섬기고 자신의 목숨을 다른 이들을 위해 내어 주기 위해 오셨다(마 20:28).

그렇다면 복음에 합당한 삶이란 구주와 다른 이들을 잇는 연결고리가 되는 삶이다. 그리고 그것은, 우리가 이미 살펴보았듯이 겸손, 겸손, 겸손을 의미한다.

죽음으로 말미암은 삶

바울은 스데반과의 만남에서 더 깊은 교훈을 배웠다. 그리스도를 닮음은 제자들 안에서 재현되는 그리스도의 죽음과 부활의 패턴에 의해 만들어진다는 사실을 말이다. 이것이 그리스도인의 삶이 세워지는 평면도이고, 그리스도 안에서 새로운 삶이 형성되는 틀이다. 바울이 스데반에게서 본 바가 고린도 교회에 쓴 편지에 강하게 메아리친다. "우리 살아 있는 자가 항상 예수를 위하여 죽음에 넘겨짐은 예수의 생명이 또한 우리 죽을 육체에 나타나게 하려 함이라 **그런즉 사망은 우리 안에서 역사하고 생명은 너희 안에서 역사하느니라**"(고후 4:11-12).

"사망은 우리 안에서 역사하고 생명은 너희 안에서 역사하느니라"는 스데반의 묘비명으로 제격이었을 것이다. 왜냐하면 다소 사람 사울의 회심과 사도 바울의 사역은 스데반 안에서 역사했던 죽음의 열매이기 때문이다. 그리스도의 죽음과 부활 안에서 이루어지는 그분과의 연합과 교제는 바울이 자신의(그리고 우리의) 그리스도인다운 삶을 보는 렌즈가 되었다. 바울은 그리스도를 닮아 가는 것이 그리스도께서 스데반의 삶에 각인하신 패턴을 크고 작은 방법으로 똑같이 각인하는 것임을 깨달았다. 그리스도를 닮음으로 인도하는 그리스도에 대한 지식의 성장은 이렇듯 그리스도와 같은 방식으로만 이루어지기 때문이다.

빌립보서 3장의 바울의 간증으로 돌아가면 이것의 핵심이 드러난다. 바울의 가장 깊은 열망은 "그리스도와 그 부활의 권능과 그 고난에 참여함을 알고자 하여 그의 죽으심을 본받아 어떻게 해서든지 죽은 자 가운데서 부활에 이르"(빌 3:10-11)는 것이었다.

여기서 다시 우리는 내적이고 외적인 죽음과 삶, 즉 '죄 죽임' 과 '은혜 살림'을 만난다. 그리스도인이 되는 것은 그리스도의 고난에 참여하는 것뿐 아니라 그분의 승리에 동참하는 것이기도 하다. 하나님의 아들에게도 이와 같았듯, "그 아들의 형상을 본받"는 자들(롬 8:29)에게도 이와 같다. 그리스도를 반영할 다른 방법은 없다.

성령님은 스데반의 삶에서 이 일을 이루셨다. 바울이 그것을 보았고, 하나님의 은혜로 그에게도 똑같은 변화가 일어나기 시작했다. 바울은 이런 일이 어떻게 일어나는지를 기록했다. 그 기록된 글을 통해 우리는 '살아 계신 말씀'을 보고 알게 된다. 그분 안에서 "주의 영광을 [볼]" 때 우리는 "그와 같은 형상으로 변화하여 영광에서 영광에 이[를]" 것인데 이는 "곧 주의 영으로 말미암음"이다(고후 3:18).

그리스도를 반영하지 않는다면 우리는 결코 그리스도의 복음에 합당할 수 없다.

성경에서 이 청사진을 발견하고 이를 몸소 경험한 그리스도인은, 바울과 더불어 인생의 모든 초점이 "그리스도와 그 부활의 권능과 그 고난에 참여함을 알고자 하여 그의 죽으심을 본받아 어떻게 해서든지 죽은 자 가운데서 부활에 이르려"는 것일 터이다(빌 3:10-11). 그리고 이 같은 열망은 다음의 확신으로 이어진다. "우리의 시민권은 하늘에 있는지라 거기로부터 구원하는 자 곧 주 예수 그리스도를 기다리노니 그는 만물을 자기에게 복종하게 하실 수 있는 자의 역사로 우리의 낮은 몸을 자기 영광의 몸의 형체와 같이 변하게 하시리라"(빌 3:20-21). 지금 그리스도를 닮아 감은 그리스도를 온전히 닮음으로 나아갈 것이다.

그래서 어떻다는 것인가?

바울의 가르침을 곰곰이 묵상하다 보면 이것이 예외적인 이야기라는 느낌이 들면서 여전히 "그래서 어떻다는 거지?"라고 질문하게 된다. 이 모든 것이 그리스도인으로서 나의 삶에 (만약 차이가 있다면) 실제로 어떤 차이를 낳는 거지?

바울 자신에게는 삶의 전 영역에 걸쳐 다면적인 변화가 이루어졌다. 우리도 이와 같을 수 있다.

우선, 복음에 합당한 삶은 '불만족스러운 만족'으로 특징된다. 이제 바울에게는 그리스도를 아는 것보다 더 큰 만족을 가져다주는 것이 없다. 그러나 이제 그는 그리스도를 알게 되어 만족할 수가 없다. 자신이 갈망하는 것을 아직은 다 얻지 못했다. 그리스도를 알지만 더 알기를 원한다(빌 3:12). 바울은 그리스도의 임재와 사랑을 경험했지만, 그 둘을 더 온전히 경험하기까지 만족할 수가 없다.

둘째, 복음에 합당한 삶은 다른 영적 회계 방식으로 운영된다. 바울의 새로운 '손익계산서'는 이전에는 수익으로 잡던 것을 이제는 그리스도를 위해 손실로 잡는다. 이전에 자랑하던 것(자신의 혈통과 행위)을, 이제는 중립적인 가치로 여기는 데서 그치지 않고 '손실'란에다 놓는다. 그렇다. 바울은 자신이 엄청난 특권을 받았지만(롬 3:1-2 참고) 진짜 중요한 점을 놓쳤다는 것을 깨닫는다. 그는 그 모든 것이 어떻게 그리스도를 가리키고 있는지를 보지 못한 채 오히려 그것들을 자신을 가리키는 데, 그리스도가 필요하지 않은 이유를 가리키는 데 이용했다.

하지만 이제 바울은 그 모든 것을 손실로 여긴다.

그는 한 걸음 더 나아간다. 이제는 그리스도를 위해 **"모든 것을 해로"** 여긴다. 바울은 문자 그대로 진심이었을 것이다. 그리스도를 얻은 유대인 신자들은 종종 가족의 유산을 박탈당했고 아무런 가시적 부양 수단 없이 떠나야 했다. 그것이 바로 바울의 경험이었음에도 그는 우리에게 이 손실이 자신에게 유익이 되었다고 말한다. 그는 그 이유를 "내가 그를 위하여 모든 것을 잃어버리고 배설물로 여김은 그리스도를 얻고 그 안에서 발견되려 함"(빌 3:8-9)이라고 말한다.

어느 날, 젊은 신학생이던 나는 헬라어 '스키발라'(skybala)의 다양한 의미를 묵상하고 있었다. ESV 성경이 '쓰레기'로 번역한 단어였다. 헬라어 사전에서 첫 부분을 읽으면서 느꼈던 약간의 떨림을 나는 아직도 기억한다. "일반적으로 '똥'으로 번역된다." 바울은 세상을 경멸하는 사람이 아니었다. 그런데도 그리스도 안에서 발견한 부요함과 비교해 볼 때, 구주가 계시지 않은 온 세상은 그에게 배설물보다 나을 것이 없어 보였다. 결국 온 천하를 얻고도 자기 목숨을 잃을 수도 있는 것이었다(마 16:26).

바울이 경험한 세 번째 결과는, 일편단심의 단순함이었다. "오직 한 일(one thing)… 푯대를 향하여 … 달려가노라"(빌 3:13-14).

바울과 디모데는 빌립보서를 시작하는 인사말에서 언급된다(빌 1:1). 디모데가 편지의 대필자가 아니었더라도, 우리는 믿음 안에서 바울의 아들 된 디모데가 적어도 그와 같은 공간에 있었으리라 짐작할 수 있다. 사도 바울이 "한 일"이라고 말할 때 디모데가 자기 목청을 가다듬었을 것 같지 않은가? 나는 젊은 디모데가 조심스럽게 이렇게 말하는 것을 상상해 볼 수 있다. "바울 선생님, 정말 그렇게 말씀하고 싶으세요? 저는 선생님이 **오직 한 일**만 하시는 걸 본 적이 없어요. 늘 열두 가지 일은 하고 계시잖아요!"

바울은 그런 의미가 아니었다. 그는 열두 가지 일을 하고 있지 않았다. 한 가지 일을 열두 가지 방법으로 하고 있었다. 그가 했던 모든 일의 핵심은 주 예수 그리스도를 알고, 믿고, 사랑하고, 섬기는 일에 매진하는 것이었다! 그것은 오직 한 일이었다. 그런데 그것이 모든 일에 영향을 미쳤다.

여기, 근본적으로 다른 삶의 방식이 있다.

예수 그리스도는 우리에게 **새로운 정체성**을 주신다. 우리는 그리스도 안에 있고, 그 결과 우리 삶은 그분의 말씀과 영에 의해 그분의 형상으로 빚어지고 있다. 우리는 그분과 같이 되고 있다. 게다가 예수님은 우리 삶 속에 **새로운 온전함**을 세우신다. 그것은 우리가 하는 모든 일을 조화시키고 우리의 모든 열정이 하나의 위대한 본질(그분과의 연합과 교제)을 향하게 만드는, 하나의 통합 원리다. 그러므로 우리가 무엇을 하든, 명백하게 "영적이든" 전혀 그렇지 않든, 학교에서 공부를 하든 사무실이나 공장이나 병원이나 대학에서 일을 하든, 회사를 경영하든 가정을 돌보든 교회를 목양하든, 우리가 하는 모든 일은 그리스도를 향한 헌신에서 비롯된 것이고 그분의 은혜에 대한 찬사의 표현이다. 삶을 이중으로 바라보는 복시(複視)가 치유되었다. 이제 우리는 상황을 그리스도와 관련지어서 분명하게 본다. 서로 단절된 여러 활동은 더 이상 없고, 다양한 방법으로 추구하는 하나의 위대한 활동만 있다. 바로 그리스도를 알고 닮아 가는 것이다.

이런 식으로 우리 삶은 점점 주 예수님의 삶을 반영하는 거울이 된다. 예수님 안에서는 모든 것이 그분의 갈망, 곧 하늘 아버지를 사랑하고, 모든 일에서 그분을 기쁘게 해 드리고, 그 결과 그분의 영광을 위해 살려는 갈망 안에서 통합된다.

이것이 바로 우리가 "그리스도 안에" 있을 때 일어나는 일이다. 그리스도가 우리에게 너무나 소중하므로 우리는 "모든 것을 해로 여김은 내 주 그리스도 예수를 아는 지식이 가장 고상하기 때문이라"(빌 3:8)고 말할 수 있게 된다.

바울에 의하면, 이것이 곧 성숙한 그리스도인의 사고방식이다(빌 3:15).

그리고 이것이 곧 그리스도의 복음에 합당한 생활양식이다.

주

1. 까맣게 잊힌 권고

1) 엡 4:1; 빌 1:27; 골 1:10; 살전 2:12.
2) Geerhardus Vos, *The Self-Disclosure of Jesus: The Modern Debate about the Messianic Consciousness*, ed. Johannes G. Vos (Nutley, NJ: Presbyterian and Reformed, 1953), 17.
3) 예를 들어, Calvin on 1 Cor. 1:30, in *Calvin's Commentaries*, vol. 20, trans. William Pringle (Grand Rapids, MI: Baker, 1996), 93.
4) Werner Foerster, in Gerhard Kittel, *Theological Dictionary of the New Testament*, trans. and ed. G. W. Bromiley, vol. 1 (Grand Rapids: Eerdmans, 1964), 379.
5) C. S. Lewis, *Mere Christianity* (London: Fontana, 1955), 170-71. (『순전한 기독교』, 홍성사 역간)
6) 제1답.
7) 벤저민 B. 워필드(1851-1921)는 오랫동안 프린스턴 신학교의 조직신학 교수였다. 특히 그는 영국의 군주 에드워드 8세의 퇴위를 불러온 요부 윌리스 워필드 심프슨(Wallis Warfield Simpson)의 먼 친척이었다.

8) B. B. Warfield, "Is the Shorter Catechism Worthwhile?," in *Selected Shorter Writings of Benjamin B. Warfield*, ed. John E. Meeter, vol. 1 (Nutley, NJ: Presbyterian and Reformed, 1970), 383-84.

2. 몇 가지 기초 문법
1) 행 26:28에서 아그립바왕에 의해서다.

3. 우리를 변화시키는 하나님의 도구
1) 죄 죽임과 은혜 살림은 내적이기도 하고 외적이기도 하다.
2) *Luther: Lectures on Romans*, trans. and ed. Wilhelm Pauck, Library of Christian Classics (London: SCM, 1961), 3-4. (『루터: 로마서 강의』, 두란노아카데미 역간)
3) C. S. Lewis, *Mere Christianity* (London: Fontana, 1955), 170-71. (『순전한 기독교』)
4) 창 37-50장.
5) 웨스트민스터 소요리문답 제89문과 대요리문답 제155문을 참고하라.
6) John Owen, *The Church and the Bible*, ed. William H. Goold, The Works of John Owen, vol. 16 (1853; repr., London: Banner of Truth, 1968), 76.
7) 히 5:11-14 참고.

4. 복음에 합당한 마음가짐
1) Anna Laetitia Waring, "Father I Know That All My Life" (1850).
2) Augustine, quoted in John Calvin, *Institutes of the Christian Religion*, ed. John T. McNeille, trans. Ford Lewis Battles (Philadelphia; Westminster, 1960), 2.2.11. 여기서 언급된 수사학자는 그리스의 웅변가 데모스테네스다. (『기독교 강요』, 생명의말씀사 역간)
3) 『성공회 기도서』(*The Book of Common Prayer*)에서 빌려온 표현이다.
4) Albert W. T. Orsborn, "Let the Beauty of Jesus Be Seen in Me" (1916).

5. 복음에 합당한 삶

1) 우리 목적에 맞게, 여기서는 거짓 교사 무리가 바울의 사역을 훼방하려는 의도적인 전략을 지닌 유대인들이었는지, 혹은 할례와 다른 모세 율법이 모든 교회에서 반드시 유지되어야 한다고 주장한 유대주의자들이었는지 여부를 결정할 필요는 없다.
2) 누가는 행 6:5a, 8, 10, 15; 7:55-60에서 이 점을 매우 분명하게 밝힌다.

사명선언문

너희가 흠이 없고 순전하여……세상에서 그들 가운데 빛들로
나타내며 생명의 말씀을 밝혀 _ 빌 2:15-16

1. 생명을 담겠습니다
만드는 책에 주님 주신 생명을 담겠습니다.
그 책으로 복음을 선포하겠습니다.

2. 말씀을 밝히겠습니다
생명의 근본은 말씀입니다.
말씀을 밝혀 성도와 교회의 성장을 돕겠습니다.

3. 빛이 되겠습니다
시대와 영혼의 어두움을 밝혀 주님 앞으로 이끄는
빛이 되는 책을 만들겠습니다.

4. 순전히 행하겠습니다
책을 만들고 전하는 일과 경영하는 일에 부끄러움이 없는
정직함으로 행하겠습니다.

5. 끝까지 전파하겠습니다
모든 사람에게, 땅 끝까지, 주님 오시는 그날까지
복음을 전하는 사명을 다하겠습니다.

서점 안내

광화문점 서울시 종로구 새문안로 69 구세군회관 1층
02)737-2288 / 02)737-4623(F)

강남점 서울시 서초구 신반포로 177 반포쇼핑타운 3동 2층
02)595-1211 / 02)595-3549(F)

구로점 서울시 동작구 시흥대로 602, 3층 302호
02)858-8744 / 02)838-0653(F)

노원점 서울시 노원구 동일로 1366 삼봉빌딩 지하 1층
02)938-7979 / 02)3391-6169(F)

일산점 경기도 고양시 일산서구 중앙로 1391 레이크타운 지하 1층
031)916-8787 / 031)916-8788(F)

의정부점 경기도 의정부시 청사로47번길 12 성산타워 3층
031)845-0600 / 031)852-6930(F)

인터넷서점 www.lifebook.co.kr

복음대로 삶 시리즈
Humility

겸손
나를 내려놓는 기쁨

Humility: The Joy of Self-Forgetfulness, Growing Gospel Integrity series
by Gavin Ortlund

Copyright ⓒ 2023 by Gavin Ortlund
Published by Crossway, a publishing ministry of Good News Publishers
Wheaton, Illinois 60187, U.S.A.

This Korean edition copyright ⓒ 2023 by Word of Life Press, Seoul, Republic of Korea.
Published by arrangement with Crossway through rMaeng2, Seoul, Republic of Korea.

All rights reserved.

이 한국어판의 저작권은 알맹2를 통하여 Crossway와 독점 계약한 생명의말씀사에 있습니다.
신저작권법에 의하여 한국 내에서 보호받는 저작물이므로 무단 전재와 무단 복제를 금합니다.

겸손, 나를 내려놓는 기쁨

ⓒ 생명의말씀사 2023

2023년 12월 20일 1판 1쇄 발행

펴낸이 | 김창영
펴낸곳 | 생명의말씀사

등록 | 1962. 1. 10. No.300-1962-1
주소 | 서울시 종로구 경희궁1길 6(03176)
전화 | 02)738-6555(본사) · 02)3159-7979(영업)
팩스 | 02)739-3824(본사) · 080-022-8585(영업)

기획편집 | 유영란, 유하은
디자인 | 박소정
인쇄 | 영진문원
제본 | 보경문화사

ISBN 978-89-04-16858-3(04230)
    978-89-04-70099-8(세트)

저작권자의 허락 없이 이 책의 일부 또는 전체를
무단 복제, 전재, 발췌하면 저작권법에 의해 처벌을 받습니다.

겸손

나를 내려놓는 기쁨

인생을
더욱 다채롭게 만들
겸손의 가르침

개빈 오틀런드 지음 | 이지혜 옮김

생명의말씀사

겸손은 기쁨이 되어
널리 퍼져 나간다는 것을
삶으로 몸소 보여 주신
나의 할아버지
레이 오틀런드 경을 추모하며

추천사

"언젠가 성 아우구스티누스는 기독교의 최고 덕목 세 가지를 '겸손, 겸손, 그리고 겸손'이라고 조언했다. 온전히 겸손할 때 비로소 다른 모든 성령의 열매가 제자리를 찾기 때문에 이렇게 말하지 않았나 생각한다. 우리 눈에 우리가 더 작아질수록 그리스도는 더 크게 보인다. 그래서 저자는 이 멋진 책에서 겸손에 대해 설명할 뿐만 아니라 겸손을 더 갈망하는 방법을 알려 준다. 나는 이 책을 적극 추천한다."

스캇 솔즈(Scott Sauls), 테네시주 내슈빌 그리스도장로교회 담임 목사,
『아름다운 사람은 저절로 만들어지지 않는다』 저자

"겸손한 사람은 현실주의자이고 현실주의자는 겸손한 사람이라면(실제로 둘 다 그렇다.), 저자의 간단명료한 이 책은 우리가 자아정체성에 대한 (지나치게 높거나 낮은) 망상에서 깨어나도록 돕는다. 그리고 그리스도적 현실주의의 다림줄에 맞추어 우리 삶을 건설하는 데 실제적인 도움을 준다. 사려 깊게도, 저자는 우리가 그저 겸손을 이해하는 것만이 아니라 그것을 추구하고 경험하고 느끼고 심지어 누리기를 원한다. 저자는 처칠과 루이스, 켈러, 웨슬리, 에드워즈, 아퀴나스, 키드너, 텐 붐, 아우구스티누스, 스펄전 등의 주옥같은 글을 인용하고, 복종이라는 두려운 개념까지 솔직하게 다루면서, 우리로 하여금 오해에서 벗어나 진실한 사랑으로 나아가도록 인도한다. 이 책을 읽게 되어 정말 기쁘다."

샘 크랩트리(Sam Crabtree),
미네소타주 미니애폴리스 베들레헴침례교회 목사,
『감사의 기술』 저자

"오늘날 고압적인 기독교 목회 현장에서는, 그리스도께서 보이신 모범에 반하는 태도를 보이기가 너무나 쉽다. 자부심은 때로 하나님 나라 확장의 필수로 요소로, 겸손은 극복해야 할 연약함으로 비칠 때도 많다. 저자는 통찰력 넘치는 이 책을 통해 겸손이 예수님의 길이자 그분의 종들에게 주어진 유일한 현실적인 선택지임을 상기시킨다. 우리 시대에 절실히 필요한 책이다."

브라이언 브로더슨(Brian Brodersen),
캘리포니아주 산타 아나 갈보리채플 코스타메사 목사

"때에 알맞은 책이 있고 시대를 초월하는 책이 있는데, 다행스럽게도 개빈 오틀런드의 신간 『겸손, 나를 내려놓는 기쁨』은 둘 다에 해당한다. 허세와 자만이 넘치는 사회에서 저자는 겸손의 아름다움과 자유를 보여 준다. 이 겸손은 단순한 친절이나 다정함, 민폐를 끼치지 않는 성품이 아니다. 구원의 DNA를 품은 복음, 성육신하신 예수님의 심장 박동, 은혜의 풍성함을 잘 아는 마음과 성령님이 교회에 창조하신 문화. 설득력 있고 매력적이며 생명을 주는 가르침이 아닐 수 없다."

스코티 스미스(Scotty Smith),
테네시주 프랭클린 그리스도커뮤니티교회 명예 목사,
테네시주 내슈빌 웨스트엔드커뮤니티교회 상주 교사

"자기 창조와 자기 홍보 시대에, 이 책은 리셋의 역할을 한다. 자신의 이미지와 결과물을 만들어 내야 한다는 것은 우리에게 큰 부담이다. 우리는 자신의 가치를 증명하고 타인에게 설명해야 한다는 강박도 느낀다. 저자는 이런 우리에게 자기 홍보가 아니라 자신을 내려놓는 것이 우리를 기쁨으로 이끌어 준다는 사실을 일깨운다. 그는 겸손이 주는 안도감과 하나님의 선하심과 긍휼하심을 인격적으로 알 때 따라오는 위안을 잘 보여 준다. 자신을 맨 앞줄 정중앙에 드러내야 한다는 압박감을 느끼며 살아가는 시대에, 이 책은 그 대신 예수님 안에 숨으라며 우리를 바로잡고 따뜻하게 권한다."

젠 오시맨(Jen Oshman),
Enough about Me, Cultural Counterfeits 저자

Humility

contents

시리즈 서문 _11
머리말 _15

서론: 우리가 겸손을 오해하는 이유 _19

Part 1 겸손한 사람이 되려면

1. 복음이 정의하는 겸손 _31
2. 복음이 키우는 겸손 _41
3. 자만을 없애는 열 가지 방법 _55

Part 2 겸손한 교회가 되려면

4. 겸손한 리더십: 자유의 문화 만들기 _75
5. 동료 사이의 겸손: 시기심과 경쟁심 극복하기 _87
6. 리더를 향한 겸손: 순종의 참뜻 이해하기 _103

결론: 겸손의 시금석인 기쁨 _117

부록: 겸손한 소셜 미디어 사용법 _123
주 _131

시리즈
서문

복음대로 사는 삶은 오늘날의 교회에 가장 중요한 필수 요건이다. 이 온전함은 진리의 복음에 우리의 머리와 가슴과 삶을 완전히 일치시키는 것으로, 도덕이나 정통 교리보다 더 필요하다.

사도 바울은 빌립보서 독자들에게 복음의 백성답게 살라고 호소하면서 복음대로 사는 삶이 무엇인지 그 네 가지 특징을 제시한다.

첫째, "너희는 그리스도의 복음에 합당하게 생활하라"(빌 1:27a). 즉 복음의 백성은 복음에 **합당한** 삶을 살아야 한다.

둘째, "한마음으로 서서 한 뜻으로 복음의 신앙을 위하여 협력"(빌 1:27b)하라. 달리 말하면, 복음대로 사는 삶은 함께 **연합하는** 신실한 태도를 요구한다.

이 두 가지 태도에는 "고난"과 "싸움"(빌 1:29-30)이 뒤따른다. 그래서 바울은 셋째로 "두려워하지 아니하"(빌 1:28a)도록 당부하면서 이런 **용기**가 분명한 "구원의 증거"(빌 1:28b)라고 설명한다.

마지막으로 넷째, 바울은 이렇게 말한다.

"그러므로 그리스도 안에 무슨 권면이나 사랑의 무슨 위로나 성령의 무슨 교제나 긍휼이나 자비가 있거든 마음을 같이하여 같은 사랑을 가지고 뜻을 합하며 한마음을 품어 아무 일에든지 다툼이나 허영으로 하지 말고 오직 겸손한 마음으로 각각 자기보다 남을 낫게 여기고"(빌 2:1-3).

이처럼 바울은 **겸손** 없이는 그리스도인의 진정한 온전함이 불가능하다고 분명히 밝힌다.

'복음대로 삶' 시리즈의 목적은 바울의 복음주의적 요청, 곧 복음에 **합당하게, 연합하여, 용기 있고, 겸손하게** 살아가라는 요청을 다시 되새기는 것이다. 하지만 우리는 이 네 가지 특징이 추상적인 도덕적 자질이나 덕목을 뜻하지 않는다는 사실을 기억해야 한다. 바울이 뜻하는 바는 **복음대로 사는 삶**의 매우 구체적인 특징과 모습들이다. 이처럼 이 시리즈의 책들은 어떻게 복음이 우리 안에 있는 이러한 자질을 북돋우고 형성하는지를 당신에게 보여 줄 것이다.

이 작은 시리즈를 통하여 하나님이 영광 받으시고, "주 예수 그리스도의 은혜가 여러분의 심령과 함께 있기를"(빌 4:23, 새번역 성경) 기도한다.

'복음대로 삶' 시리즈 기획자
마이클 리브스(Michael Reeves)

머리말

겸손에 관한 책을 쓰는 것은 어떤 느낌이냐고 누군가 내게 천진하게 물었다. 나는 윈스턴 처칠(Winston Churchill)이 정적을 가리키며 말한 유명한 재담이 떠올랐다. "그는 겸손한 사람입니다. 하긴 매사에 부족하니 겸손할 수밖에요!"[1)]

이 책을 쓰기 위해 내가 갖춘 유일한 자격이 이것이다. 나는 매사에 부족해서 겸손할 수밖에 없다! 그런데 이 겸손은 아주 아름답고 놀라워서 우리가 깊이 생각하고 추구하지 않을 수 없다. 마치 산소처럼 말이다. 겸손은 우리를 회복하고 정상으로 되돌린다. 잘 자는 것이 몸에 좋은 것처럼, 겸손은 우리 영혼에 좋다.

이 책을 시작하며, 우리가 올바른 방향으로 나아가도록 도와줄 이미지를 함께 떠올려 보자. 다음의 이미지를 떠올리며 무언가에 대해 진심으로 **경외심**을 갖는 것은 어떤 느낌일지 생각해 보라. 너무나 작은 우리는 별이 가득한 광대한 밤하늘을 우러러보면서 엄청나게 광활한 우주에 압도되었을 때 어떤 감정을 느낄까? 그 감정(경이로움, 황홀함, 무아지경)의 미묘한 어감을 생각해 보자. 그것은 우리가 살면서 느끼게 될 가장 멋진 감정 가운데 하나일 것이다.

겸손은 그러한 감정으로 가는 통로다. 겸손은 온갖 상황 가운데에서도 끊임없이 우리를 그 멋진 감정으로 이끌 것이다.

세상은 우리의 경외심을 불러일으키는 것들로 가득 차 있다. 구름의 대형, 개미들의 움직임, 수학의 방정식, 그리스도께서 이 땅에 오셨을 때부터 계속 살아 있는 나무, 아기가 자궁에서 자라는 과정, 사무실 칸막이 너머에서 일하는 사람의 이야기 등 흥미를 잃은 주체가 있을 뿐 흥미롭지 않은 대상은 없다. 우리 주변에 있는 것들에 대해 놀라움으로 감사하며 살지 않을 이유가 없다. 겸손이 부족하지만 않다면 말이다.

겸손은 현실에 대한 민감함이다. 그래서 우리 주변을 둘러싼 경이로움에 우리를 눈뜨게 한다. 우리의 편협한 자아를 외부라는 거대한 바다, 궁극적으로는 하나님께 향하게 한다. 이렇듯 겸손은 모든 상황에서 기쁨과 번영, 생명 그 자체를 얻는 비결이다.

나는 사람들이 겸손을 이해하고 추구하는 데 도움을 주고자 이 책을 썼다. 특히 그리스도인을 위한 책인데, 4장은 목회자와 교회 지도자를 염두에 두고 썼다. 그렇지만 누구라도 그 내용에서 도움을 얻기를 바란다. 책의 전반부에서는 개인의 겸손에 대해 생각해 보고 후반부에서는 교회라는 맥락에서 겸손을 다룬다. 종합해서, 이 책의 목표는 겸손의 한 가지 구체적인 특징, 곧 우리를 기쁨으로 되돌리는 겸손의 능력을 이해하는 것이다.

작가로서 함께 일할 수 있는 즐거움을 선사한 크로스웨이의 저스틴 테일러(Justin Taylor)와 팀 전체에 특별히 감사를 전한다. 모두 전문성이 넘치고 정중하며 너그럽고 업무에 무척 능숙하다. 그레그 베일리(Greg Bailey)의 예리한 편집 조언 덕분에 책이 여러모로 나아졌다. 이 멋진 시리즈에 동참할 수 있도록 권해 준 마이클 리브스에게도 고마움을 전한다. 집필 과정에 도움과 격려, 우정을 보여 준 앤드루 월게머스(Andrew Wolgemuth)에게도 감사한다. 그리고 그 누구보다도, 지난 몇 년간 좋은 친구가 되어 준 에스터(Esther)에게 고맙다. 시편 27편 13-14절 말씀을 당신은 이해할 것이다. 믿음을 포기하지 말라.

개빈 오틀런드

서론

우리가 겸손을 오해하는 이유

우리는 대개 겸손이 약간 따분한 덕목이라고 생각한다. 그리고 겸손이 필요하다는 것은 알지만 그다지 재미있을 거라고 기대하지도 않는다.[1]

어떤 중고등부 모임에서 들었던 겸손에 관한 이야기가 기억난다. 강사는 마지못해 주저하며 입을 열었다. "이 주제가 별로 마음에 들지 않겠지만 그래도 이야기를 나누어야 합니다."

사람들은 겸손이 중요하지만, 전적으로 의무로서만 그렇다고 생각한다. 마치 세금을 내거나 치과에 가는 일처럼 말이다.

그런데 흥미롭게도 C. S. 루이스(C. S. Lewis)는 정반대로 주장했다. "잠시 그[겸손] 근처에만 접근하는 것만으로도 마치 사막에서 시원한 냉수를 한 모금 들이키는 것처럼 얼마나 시원한지 모릅니다."[2] 팀 켈러(Timothy Keller)도 비슷한 내용을 가르쳤다. "겸손보다 편한 것은 없다."[3] 켈러의 설명처럼 자만심은 매사에 투덜대지만, 겸손은 삶을 선물로 기쁘게 받아들인다.

그러니 아마도 우리가 단단히 오해했던 것 같다. 우리는 겸손을 굉장한 부담으로 생각하지만 실제로는 깃털처럼 가볍다. 인생을 우울하고 단조롭게 만드는 것은 자만심이며 겸손은 인생을 다채롭게 만든다.

겸손에 관한 오해

우리는 왜 겸손을 오해할까? 나도 다 아는 것은 아니지만, 우리가 겸손이 무엇인지 잘 모르기 때문이지 않을까 생각한다. 겸손은 아마도 가장 오해받는 덕목일 것이다. 아래에서 그 세 가지 오해를 구체적으로 살펴보자.

오해 1. 겸손은 감추는 것이다

겸손은 재능이나 능력을 감추는 것이 **아니다**. 당신이 반 고흐처럼 그림을 그린다면, 겸손은 그 작품을 지하실에 숨겨 두라고 하지 않는다. 당신이 시속 150킬로미터로 공을 던진다면, 벤치에 앉아 코치에게 그 사실을 절대 말하지 말라고 하지 않는다.

루이스의 고전 『스크루테이프의 편지』(The Screwtape Letters)를 보면, 한 악마가 다른 악마에게 이렇게 말한다.

원수[하나님]가 원하는 건 인간이 세상에서 가장 좋은 교회를 설계한 후, 그것이 가장 좋은 교회라는 사실을 알고 기뻐하는 거야. 다른 사람이 설계했을 때보다 더하지도 덜하지도 않은 기쁨으로 말이지. 원수는 결국 인간이 자신에게 유리한 편견으로부터 자유로워져서, 이웃이 가진 재능을 볼 때와 똑같이, 해 뜨는 광경이나 코끼리나 폭포수를 볼 때와 똑같이, 자신의 재능 또한 솔직하고도 감사한 마음으로 기뻐할 수 있기를 바라는 거다.[4]

루이스가 옳다면, 자기 재능을 부정한다고 해서 겸손한 것은 아니다. 오히려 정반대다. 이러한 부인은 여전히 스스로에게 몰입해 있으면서 자신은 다른 사람과 전혀 다르다는, 스스로에게 유리하거나 불리한 편견에 사로잡힌 상태이기 때문이다. 겸손이란 이런 갈망과 자기 기준의 틀이 사라지는 것을 뜻한다. 또한 세상의 다른 모든 좋은 것과 더불어 자신이 세상에 기여한 것을 소중히 여기는 자유를 뜻한다.

당신이 어떤 질병의 치료법을 개발하는 연구진의 일원이라고 하자. 당신은 치료법을 찾는 데 25퍼센트 정도 기여하는 발견을 했다. 그러고 나서 다른 의사가 남은 75퍼센트에 해당하는 또 다른 발견을 했다. 겸손이란 당신의 성취에 기뻐하고 그것에 대해 자유로이 말할 수 있으면서도, 동시에 동료의 노력에 기꺼이 세 배로 기뻐할 수 있다는 뜻이다.

그런 사람이 되는 것은 부담이 아니라 기쁨과 자유다.

오해 2. 겸손은 자기혐오다

겸손은 자기혐오나 자기 무시, 자벌이 **아니다**. 성경은 절대 "너 자신을 혐오하고 네 이웃을 사랑하라."라고 하지 않는다. "네 이웃 사랑하기를 네 자신과 같이 사랑하라"(레 19:18)라고 한다. 실제로 (자살이 살인의 일종인 것처럼) 자기혐오는 타인 혐오만큼이나 큰 죄다.

음악가 앤드루 피터슨(Andrew Peterson)은 "자신에게 친절하세요"(Be Kind to Yourself)라는 무척 사랑스러운 곡을 만들었다. 그러나 몇몇 사람에게는 자신에게 친절하라는 말이 의아할 수도 있다. 솔직히 말하면 이런 생각은 종종 오해를 낳기도 한다. 예를 들어 우리는 자신을 사랑하는 것과 방종을 반드시 구별해야 한다. 여기에 자신을 돌보고 진정으로 자신에게 관심을 갖게 할 방법이 있다. 이 건전하고 좋은 방법은 궁극적으로 당신이 다른 사람들에게 훨씬 더 필요한 사람이 되게 할 것이다. 내가 상담 과정에서 자주 말하듯이, 스스로를 돌보는 것은 이기적인 행동이 아니다.

우리 사회에는 수치심과 열등감, 낮은 자존감으로 힘들어하는 사람이 많다. 우리는 이러한 감정을 겸손의 목표와 확실히 구분

해야 한다. 겸손은 당신에게 무엇을 요구하든지 간에 하나님의 형상을 닮은 당신의 존엄성을 빼앗지는 않을 것이다.

겸손한 사람들은 지속적인 관심을 필요로 하지 않지만, 그렇다고 주목받는 것을 딱히 **신경 쓰지도** 않는다. 겸손한 사람들은 아첨이 필요 없지만, 칭찬은 진심으로 받는다. 이런 사람들은 스스로를 끊임없이 위축시키지 않는다. 이들은 경쾌한 걸음으로 모임 장소에 들어가, (꼭 그래야 하는 것이 아니더라도) 다른 이들에게 도움이 되기 위해 자신의 존재를 드러낼 수 있다.

다시 말하지만, 그런 겸손한 사람이 되는 것은 부담이 아니라 기쁨과 자유다.

오해 3. 겸손은 나약함이다

겸손은 나약함이 **아니다**. 사람들은 종종 이렇게 생각한다. '겸손한 사람들은 내가 마음만 먹으면 휘두를 수 있는 사람들이야. 그들은 자신을 굉장히 하찮게 여기기 때문에 반박도 못해.'

하지만 사실은 어김없이 정반대다. 실제로 겸손은 우리 자아를 제한하는 욕구(대장 노릇을 하고픈 욕구, 멋지게 보이고픈 욕구, 자신을 방어하고픈 욕구 등)로부터 우리를 해방시키고 용기와 회복력을 불어넣는다. 그래서 대체로 겸손한 사람은 어떤 주제에 대해 자신의 생각을 말할 수 있는 건강한 능력을 가지고 있다. 이들은 자존감과 자기 평가라는 끝이 없는 부담에 마음을 빼앗기지 않는다.

겸손은 동기를 부여하여 힘을 길러 주기도 한다. 자의식과 자기방어에서 벗어난 상태만큼 당면한 문제에 제대로 집중할 수 있는 때도 없다. 그 결과, 겸손한 사람들은 생산적이고 부지런한 경향이 있는데, 대개는 생산성과 근면에 대해 생각조차 하지 않는다.

그래서 다시 말하자면, 겸손은 부담이 아닌 기쁨이다. 이는 마치 무언가의 작동 원리를 발견하는 기쁨과 같다(당신이라는 '무언가' 말이다).

겸손이란 나를 내려놓음으로 기쁨에 이르는 것

자, 이제 겸손이 아닌 것은 무엇인지 느낄 것이다. 그렇다면 겸손이란 정확히 무엇일까?

루이스에 이어 켈러도 자신을 내려놓는 것이 겸손이라고 말한다. 이는 자신을 하찮게 생각하라는 말이 아니라, 자기 생각을 덜 하라는 말이다.[5] 자기 은신, 자기혐오, 자기방어 등 온갖 종류의 자기 집착 형태가 있지만, 겸손은 우리를 자기 생각에서 완전히 벗어나도록 이끈다.

루이스는 다시 한번 우리에게 도움의 말을 건넨다.

만약 여러분이 정말 겸손한 사람을 만난다면 '요즘 사람들이 흔히 겸손하다고 말하는 그런 사람이겠지'라고 생각지 마시기 바랍니다. 그는 "저야 정말 부족한 사람이지요"라는 말을 늘 입에 달고 다니는 느끼하고 역겨운 사람이 아닐 것입니다. 아마도 그가 주는 인상은, 여러분이 그에게 무슨 말을 하든지 진지한 관심을 가지고 들어주는 쾌활하고 지적인 사람이라는 것이 전부일 것입니다. 만약 그에게 호감이 생기지 않는다면, 인생을 너무 쉽게 즐기는 것처럼 보이는 데 약간의 질투를 느꼈기 때문이겠지요. 그는 자신의 겸손을 의식하지 않을 것입니다. 아니, 아예 자기 자신을 전혀 의식하지 않을 것입니다.[6]

나는 이 인용문에서, 인생을 즐기는 것에 대한 강조와 더불어 '**쾌활하다**'라는 단어가 인상 깊었다. 이것이 바로 우리가 이 책에서 탐구할 구체적인 주제, 곧 '겸손의 즐거움'이라는 주제다. 다른 사람에게서 발견하는 겸손도 멋지고 매력적이며 명랑하지만, 그 겸손을 우리가 실천하면 우리 삶은 더욱 순조롭고 행복해진다.

실제로, 우리는 기쁨이 겸손의 척도라는 것을 확인할 수 있다. 진정한 겸손은 언제나 기쁨을 주니 말이다. 그래서 우리에게 기쁨이 부족하다면 그 겸손은 가짜라는 사실도 알 수 있다. 뭔가 잘못된 것이다. 하지만 겸손이 언제나 사기를 북돋우고 실천하기 쉬운 것은 아니다. 무척 힘든 순간도 있다. 그러나 결과적으로는 운동이나 건강한 식단처럼 겸손의 끝에도 즐거움이 있다.

따라서 겸손을 이렇게 생각해 볼 수 있다. **겸손은 나를 내려놓음으로 기쁨에 이르는 것이다.**

이제 우리는 책의 나머지 부분에서 이 주제를 계속 다룰 텐데, 그 시작으로 톨킨(J. R. R. Tolkien)의 작품 『호빗』(The Hobbit)에 나오는 멋진 문장에 대해 같이 생각해 보자. 호빗 골목쟁이네 빌보가 집에 돌아온 후 친구인 마법사 간달프와 함께 자신의 모험을 회상하는 결말 부분이다.

"그렇다면 옛 노래의 예언이 어느 정도는 실현되었네요?" 빌보가 말했다.
그러자 간달프가 대답했다. "물론이지! 예언이 사실이 되어서는 안 될 이유라도 있나? 자네가 그것을 실현하는 데 한몫했다고 해서 예언을 안 믿는 건 아니겠지? 자네의 모험과 탈출이 그저 자네만을 위해서 순전히 행운으로 이루어졌다고 생각하지는 않겠지, 안 그런가? 자네는 정말 대단히 훌륭한 사람, 골목쟁이네야. 그리고 나는 자네를 아주 좋아하지. 하지만 이 넓은 세상에서 자네는 결국 아주 작은 인물에 불과하다네!"
"황송합니다!" 빌보는 웃으면서 말하고는 그에게 담배통을 건넸다.[7]

아, 나는 이 부분이 정말 마음에 든다. 이 단락은 겸손의 **안도감**을 전해 준다. 거물이 되는 것은 부담스러운 일이다. 하지만 겸손은, 모든 일을 자신과 관련하여 해석하지 않으며 그럴 필요도 없다고 말한다. 편협하고 숨 막히는 자기 기준이라는 필터가 사라지는 것이다. 겸손은 우리가 훨씬 더 큰 이야기 안에서 아주 작은 자리를 차지하고 있을 뿐이라는 사실과, 우리 인생이 우리의 계획이나 통제보다 훨씬 거대한 무언가에 의해 인도되고 있으며, '혼자만의 이득'보다 훨씬 거대한 무언가를 위해 섬기고 있다는 사실을 차분하게 인정하는 것이다.

겸손은 인생을 있는 그대로 받아들이는 기쁨이다. 마치 빌보가 그랬듯 "이 넓은 세상에서 자네는 결국 아주 작은 인물에 불과하다네!"라는 간달프의 타박을 인정하고 안도감과 웃음으로 대꾸하는 것이다.

우리가 이 넓은 세상 속 아주 작은 존재라서 참 다행이다.

● 생각해 볼 **문제**

1. 오늘날 겸손에 대한 가장 커다란 오해는 무엇이라고 생각하는가?
2. (자신이나 다른 사람이) 겸손과 자기혐오를 혼동하는 모습을 본 적이 있는가? 그러한 실수가 어떤 결과를 낳았는가?
3. 기쁨이 겸손의 척도라는 말에 동의하는가 혹은 반대하는가? 그 이유는 무엇인가?

Part 1

겸손한
사람이 되려면

1 복음이 정의하는 겸손
2 복음이 키우는 겸손
3 자만을 없애는 열 가지 방법

chapter 1

복음이 정의하는 겸손

만약 어떤 사람이 당신에게 다가와 누군가에 대해 "그는 정말로 겸손한 사람이에요."라고 이야기하면 당신은 어떤 생각이 드는가?

우리는 대체로 다른 사람들이 어떻게 겸손을 드러냈는지를 가장 먼저 떠올린다. 예를 들면, '다른 사람이 차린 밥상에 숟가락 올리지 않기'나 '더 많이 사과하고 다른 사람을 더 많이 신경 쓰기'처럼 말이다.

그것도 사실이지만, 우리는 가장 먼저 하나님과의 관계 안에서 겸손을 생각해야 한다. 진정한 겸손은 하나님 앞에서 시작해 다른 인간관계로 흘러 들어간다. 달리 말하면(정신이 번쩍 들 것이다!), 모든 교만은 다른 사람을 향하기에 앞서 가장 먼저 하나님보다 높아지려는 태도다.

성경에서 가장 중요한 주제 중 하나는 '하나님 앞에서의 겸손'이다. "하나님이 교만한 자를 물리치시고 겸손한 자에게 은혜를 주신다"(약 4:6). 하나님은 성경을 통해 "마음이 가난하고 심령에 통회하며 내 말을 듣고 떠는 자"(사 66:2)를 돌보신다고 우리에게 말씀하셨다.

그런데 하나님 앞에 겸손하다는 것은 정확히 어떤 의미일까? 하나님은 겸손을 어떻게 정의하실까?

이 질문에 대답하려면 먼저 하나님이 복음을 통해 우리에게 행하신 일에서부터 시작해야 한다. 하나님은 우리에게 그저 겸손의 추상적인 정의만 주신 것이 아니다. 예수 그리스도라는 인격으로, (놀랍게도!) 친히 겸손을 **드러내 보여 주셨다**. 이제 하나님께서 우리에게 보여 주신 겸손에 대해 함께 살펴 보자.

최고의 겸손, 성육신

기독교 신학의 핵심은 성육신, 곧 하나님이 인간이 되셨다는 믿음이다. 이것은 여러 측면에서 믿기 어려운 발상이지만, 그중에서도 가장 놀라운 점은 성육신이 드러내는 하나님의 겸손일 것이다.

하나님의 겸손이라는 말이 가능할까? 우리가 감히 하나님이 겸손하시다고 생각이나 할 수 있을까? 겸손은 그저 피조물에게나 어울리는 것이 아닐까?

이것은 복잡한 문제라서 이 책에서 그 미묘한 차이를 모두 다루지는 않을 것이다.[1] 그러나 이것만큼은 분명하다. 그리스도의 성육신은 정말로 겸손의 표현이다. 사도 바울은 빌립보서에 이렇게 썼다.

> "너희 안에 이 마음을 품으라 곧 그리스도 예수의 마음이니 그는 근본 하나님의 본체시나 하나님과 동등됨을 취할 것으로 여기지 아니하시고 오히려 자기를 비워 종의 형체를 가지사 사람들과 같이 되셨고 사람의 모양으로 나타나사 **자기를 낮추시고 죽기까지 복종하셨으니 곧 십자가에 죽으심이라**"(빌 2:5-8, 강조는 저자의 것).

성육신이 왜 겸손한 행위일까? 첫째, 바울은 이것을 일종의 **비움**이라고 말한다. 그리스도께서는 자신의 신권에 연연하지 않으시고 사람이 되셔서 자신을 비우셨다. 그렇다고 그리스도께서 어떤 식으로든 하나님이 아니셨던 적은 없다. 우리는 이를 분명히 해야 한다(가끔 이런 오해가 있었다). 그럼에도 그리스도께서 인간의 본질을 취하신 행위는 일종의 비움(emptying), 곧 낮아짐(lowering)이며, 낮춤(condescension)이고, 내려옴(descent)이라 일컬어질 만하다.

둘째, 바울은 성육신의 특징을 **섬김**으로 표현한다. 그리스도는 인간이 되셔서 "종의 형체"(빌 2:7)를 취하셨다. 이러한 행위의 절정은, 그리스도께서 십자가의 죽음을 받아들이시고 빌린 무덤에 장사 되셔서 자신을 낮추신 것이다.

하나님이 사람이 되신 사건을 어떻게 겸손의 행위로 묘사할 수 있는지 이해하기란 어렵지 않다. 사실, 그 어떤 행동도 이보다 더 큰 겸손의 증거가 될 수는 없다. 당신은 이전에도 겸손을 보여 주는 사람을 본 적이 있을 것이다. 예를 들어, 어떤 유명 인사가 어린아이와 놀아 주려고 바닥에 엎드린다든가 하는 것 말이다. 하지만 하나님이 아기가 되는 것보다, 창조주가 죽어서 무덤에 누워 있는 것보다 더 심한 추락이 있을까?

여기서 잠시, 도저히 이해할 수 없는 이 사건에 대해 다시 한번 곰곰이 생각해 보자. **하나님이 아기가 되셨다.** 초월적인 성자, 천사들이 흠모하는 하나님의 아들, 하늘의 모든 별을 창조하신 분이 여전히 온전한 하나님이신 동시에 마리아의 자궁에서 자라는 태아의 위치까지 자신을 낮추셨다. 당신은 그 의미를 헤아릴 수 있는가?[2]

신학자들은 종종 죽음과 장사에 이르는 그리스도의 성육신 사역 기간을 '비하의 신분'(state of humiliation)으로 묘사한다. 이는 그리스도의 부활과 승천, 천국의 통치를 포함하는 '승귀의 신분'(state of exaltation)과 대조된다. 예를 들어, 웨스트민스터 소요리문답은

비하라는 문구를 사용하여 그리스도께서 "강생(降生)하시되 그처럼 비천한 형편에 태어나셨고, 율법 아래 나셨으며, 이 세상에서 여러 가지 비참함을 겪다가 하나님의 진노와 십자가의 저주의 죽음을 받으셨고, 장사 되셔서 얼마 동안 죽음의 권세 아래 거하셨다."[3)]라고 설명한다.

비하라는 단어를 잠시 생각해 보자. 당신은 비하를 당해 본 적이 있는가? 그때 기분을 기억하는가? 의미가 조금 다르기는 하지만, 이것이 **하나님이 친히 하신 일**을 설명하기 위해 신학자들이 사용한 단어다.

하나님, 주님이시요 전능하신 그분이 우리와 우리 죄를 위하여 **십자가에 못 박히기까지** 스스로 낮아지셨다.

"주님, 주님이 보여 주신 놀라운 겸손에 우리는 감탄합니다. 지존자이신 하나님께서는 우리가 상상할 수 없을 만큼 낮고 천한 자리도 마다하지 않으셨습니다. 오 주님, 십자가를 생각할 때 우리의 모든 자만심은 얼마나 어리석은지요! 우리가 주님의 모범을 따르도록 도와주소서. 우리에게 겸손의 길을 가르쳐 주소서."

겸손을 반영하는 성육신에 관한 자세한 설명

더 깊이 들어가 보자. 마치 하나님이 인간이 되신 것만으로는 충분하지 않다는 듯, 하나님이 인간이 되신 상황 역시 몹시 비천

했다. 그분은 가장 낮은 자리로 몸을 굽히셨을 뿐만 아니라 (괜찮다면 이렇게 표현하고 싶다.) 조용히, 잘난 체하지 않고 그렇게 낮아지셨다.

나는 몇 년 전 성탄절에 처음으로 그 점을 되새겨 보기 시작했다. 매년 대강절이면 우리는 아름다운 성탄 이야기를 상기시키는 똑같은 성경 구절을 듣게 된다. 그러던 어느 날 나는 예배를 드리던 도중, 목자들에게 나타난 천사들 이야기에 불현듯 궁금증이 생겼다(눅 2:8-20).

도대체 목자들은 왜 등장한 것일까? 우리는 이미 천사가 찾아온 여러 사건에서(마 1:20; 2:13, 19), 동방박사처럼 더 중요해 보이는 인물들이 응답한 것을 보았다(마 2:1-12). 그런데 하나님은 이제 몇 안 되는 목자들에게 소식을 전하려고 수많은 천사를 시골 들판으로 보내셨다. 그 이유는 무엇일까? 하나님은 왜 더 많은 사람에게 소식을 전하지 않으셨을까?

이 생각에 골몰하면 할수록 나는 성탄 이야기 속 온갖 다른 세부 사항이 일종의 조용한 겸손을 반영한다는 사실을 깨달았다. 예를 들면 다음과 같다.

- 예수님은 다 자란 성인으로 빛 가운데 내려오실 수도 있었지만 아기로 태어나셨다.
- 예수님은 적어도 왕궁에서 태어나실 수도 있었지만 가축들이 먹이를 먹는 구유에 누우셨다.

- 예수님은 부자나 왕자가 되실 수도 있었지만 가난한 집에 태어나 목수가 되셨다.
- 예수님은 도시(로마 또는 못해도 예루살렘)에서 태어나실 수도 있었지만 베들레헴 시골에서 태어나셨다.

한번 생각해 보라! 인류 역사상 가장 중요한 순간, 온 세상에 구원의 불씨를 당긴 사건, 무려 창조주와 피조물이 연합하는 그 놀라운 순간을! 그런데도 이를 아는 사람은 거의 없었다. 세상의 모든 주요 인사가 자신의 일로 분주한 사이에, 하나님은 몇 명 안 되는 목자들에게만 천사를 통해서 기쁨의 계시를 드러내셨다. "세상은 그로 말미암아 지은 바 되었으되 세상이 그를 알지 못하였고"(요 1:10).

구유 안에 잠들어 있던 아기가 "그의 능력의 말씀으로 만물을 붙드시"(히 1:3)는 분이셨음을 명심하자. 예수님이 마리아의 품에 안겨 젖을 먹는 동안에도, "만물이 그 안에 함께 섰느니라"(골 1:17)라는 말씀은 사실이었다. 예수님은 아기인 동시에 주님이셨다. 성탄 이야기에 담긴 상반된 현실은 도저히 이해할 수 없을 만큼 놀랍다.

- 강보에 단단히 싸여 있지만, 하늘을 가득 채우시고
- 어머니 곁에 붙어 있지만, 만물의 질서를 유지하시고

- 울음을 터뜨리면 마리아가 어르지만, 별들이 계속 불타오르게 하시며
- 나귀들 사이에서 잠들지만, 천사들의 흠모를 받으신다.

하나님이 이렇게 하셨다면 적어도 신문에 대서특필됐어야 했다! 이 사건은 창조 세계 역사상 가장 의미 있는 전환점이었다. 그러나 다시 말하지만, 시가 행진도, 팡파르도 없었다. 천사들은 기쁨의 소식을, 몇 안 되는 시골뜨기 목자들에게 노래했다.

나는 이토록 수수한 복음을 묵상하면서 그동안 주목받고자 애쓴 시간이 부끄러워졌다. **하나님이 친히** 가리어진 길을 택하셨는데, 내가 뭔데 주목을 받으려 한단 말인가?

"오 주님, 주님께서 우리를 위해 하신 일을 생각할 때 우리의 나약한 자아가 부끄럽기만 합니다. 우리는 유명한 찬송가 가사와 같은 심정입니다. '세상에 속한 욕심을 헛된 줄 알고 버리네.' 우리가 주님의 겸손함을 본보기 삼아 따르도록 도우소서. 모든 자만심을 버릴 수 있도록 도우소서."

십자가 곁에 누가 거만하게 설 수 있는가?

카슨(D. A. Carson)은 저명한 신학자 두 명을 인터뷰하면서 그들이 이루어 낸 많은 성취에도 불구하고 겸손할 수 있는 비결을 물었

다. 그중 한 사람이 '점잖게 화를 내며' 이렇게 반문했다. "도대체 어떤 사람이 십자가 곁에 거만하게 설 수 있겠습니까?"[4)]

그렇다. 베들레헴과 골고다를 생각하면 그 누가 거만할 수 있을까? 하나님이 친히 가장 낮은 자리를 취하셨다면, 우리가 무엇이라고 높은 자리를 좇는단 말인가?

성육신은 우리에게 이런 질문도 던진다. '오늘날 이 세상에서 목자는 누구인가?' '우리 삶의 구유는 무엇인가?' '지금 십자가의 역사는 어디에서 일어나고 있는가?' 하나님은 너무나 거절하기 쉽고, 경멸하기 쉽고, 간과하기 쉬운 모습으로 우리에게 나타나실 때가 많다. 하나님은 그렇게 일하신다. 겸손은 언제나 하나님의 방식이다.

눈에 보이지 않는 천사들은 지금 이 순간 무엇을 찬양하고 있을까? 장담하건대, 천사들이 찬양하는 것은 세상이 거의 주목하지 않을 만한 것이 분명하다. 하나님이 인간 세상에 오실 때 그러셨던 것처럼, 그것은 인간의 교만이라는 레이더에 걸리지 않고 빠져나갈 것이다.

"오, 하나님, 당신은 왕궁이 아닌 구유의 하나님이십니다. 우리 눈을 열어 우리를 둘러싼 모든 것에 역사하시는 하나님을 보게 하소서."

◐ 생각해 볼 **문제**

1. 하나님은 겸손하시다는 표현이 옳은가? 사람들이 이런 말을 이해하는 방식에 위험은 없는가?
2. 그리스도께서 "자기를 비우"(빌 2:7)셨다는 말은 어떤 의미라고 생각하는가?
3. 당신은 성탄 이야기 중 어떤 부분이 하나님의 겸손을 가장 잘 드러낸다고 생각하는가?

chapter 2

복음이 키우는 겸손

1장에서는 하나님이 복음 안에서 어떻게 겸손을 보여 주셨는지 설명했다. 이번 장에서는 반대로 우리가 어떻게 겸손하게 복음에 응답해야 하는지를 설명하려 한다.

우리의 겸손은 그리스도께서 성육신과 죽음으로 우리를 위해 행하신 일에서부터 시작해야 한다. 복음은 우리가 죄악에서 떠나 우리 삶을 그리스도께 맡길 때, 그분의 사역을 통해 우리가 온전히 용서받고 창조주 하나님께 돌아올 수 있다고 가르친다.

그러므로 복음은 모든 겸손의 진정한 근원이다. 또한 겸손은 우리가 길러야 하는 추상적인 덕목이 아니라, 복음에 합당한 사람들이 가진 특징이다. 따라서 겸손해지려는 우리의 모든 노력이 한낱 세속적인 위조품이나 모조품이 되지 않게 하려면 언제나 복음에 근거해야 한다.

겸손을 추구하는 것도 본질적으로는 교만이 아닐까?

'세속적인 위조품'에 대한 이러한 언급에는 다음과 같은 이견이 제기된다. '우리는 의도적으로 겸손을 개발해야 할까?' '겸손이 자신을 내려놓는 것이라면, 거기에 힘쓰는 것이 오히려 역효과를 낳아 위험하지 않을까?' '실제로 복음에 기초한 겸손과는 완전히 다른, 세속적인 위조품으로 이어질 수도 있지 않을까?' 이는 우리가 제일 먼저 다루어야 하는 주제다. 아마 몇몇은 이미 이러한 이견에 대해 우려하고 있었을 것이다.

그렇다. 이것은 충분히 생길 수 있는 위험이다. 켈러는 이렇게 말했다. "겸손은 매우 수줍어서 당신이 겸손에 대해 말하기 시작하면 금세 사라져 버립니다." 루이스도 언급했듯이, 우리는 자신이 겸손해졌다며 교만할 수 있다! 『스크루테이프의 편지』를 보면 한 악마가 다른 악마에게 이렇게 조언한다.

지금 해야 할 일은 딱 하나야. 네 환자는 겸손해졌다. 미덕이란 인간 스스로 그것을 가졌다고 의식하는 순간에 위력이 떨어지는 법인데, 겸손의 경우는 특히 더 그렇지. 환자의 심령이 진짜 가

난해진 순간을 잘 포착해서 '세상에, 내가 이렇게 겸손해지다니!' 하는 식의 만족감을 슬쩍 밀어 넣거라. 그러면 거의 그 즉시 교만(자신이 겸손해졌다는 교만)이 고개를 들게야."[1]

그 길을 따라 내딛는 걸음마다 우리는 이 거짓 겸손의 위험에 경각심을 갖고 주의해야 한다. 그렇지만 나는 우리가 겸손에 대해 절대로 생각해서는 안 되고 의도적으로 추구해서도 안 된다고 생각하지는 않는다(물론 그 과정에서 자신을 너무 심각하게 생각하지 말아야 하는 것은 분명하지만 말이다!).

우선, 겸손에 대한 깊은 성찰은 기독교의 유서 깊은 관행이다. 성경은 우리에게 겸손하라고 강조한다. 예를 들어, 앞 장에서 살펴본 유명한 찬송시 빌립보서 2장 5-11절 말씀은 그 앞에 나온 바울의 간곡한 권고, 곧 "오직 겸손한 마음으로 각각 자기보다 남을 낫게 여기고"(빌 2:3)에 대한 근거가 된다. 이외에도 제시할 수 있는 구절이 많다. 우리가 그 의미를 깊이 생각하지 않는다면, 빌립보서 2장 3절 같은 말씀에 어떻게 순종할 수 있겠는가? 그뿐만 아니라 아우구스티누스(Aurelius Augustinus), 바실리우스(Basil of Caesarea), 토마스 아퀴나스(Thomas Aquinas), 존 칼빈(Jean Calvin), 조나단 에드워즈(Jonathan Edwards)와 같은 위대한 신학자들도 겸손이 무엇이며 우리가 어떻게 겸손을 배울 수 있는지에 대해 많은 글을 썼다.

참된 겸손은 언제나 기쁨으로 이어진다는 명제는 겸손을 추구하는 과정에서 훌륭한 안전장치가 된다. 왜냐하면 우리는 기쁜 척하기보다 다른 미덕을 갖춘 척하기가 더 쉽기 때문이다. 만약 우리가 겸손을 위한 겸손을 추구한다면, 기쁨이 없고 인위적이며 조작된 겸손으로 변질시키는 유혹이 우리에게 더 많아질 것이다. 그러나 우리가 현실과 진리(당신을 둘러싼 견고한 세계)에 도달하기 위해 겸손을 추구한다면 우리는 안전하다.

다시 말해서, 우리의 목표는 겸손해지기 위해 엄청나게 열심히 노력하는 것도 아니고, 겸손에 대해 절대로 생각하지 않는 것도 아니다. 이보다 조금 더 미묘한 무언가다.

나는 참된 겸손을 향해 나아가는 최선의 방법으로써 복음으로 빚어진 겸손에 대해 탐구해 볼 것을 제안한다. 이 방법은 우리가 건전하지 않은 양극단을 피하는 데 도움을 준다. 이제 복음이 겸손을 키우는 특별한 두 가지 방법을 생각해 보자.

복음은 우리에게 죄를 보여 줌으로써 겸손을 키운다

이 책의 주제는 겸손이 기쁨을 준다는 것이다. 이 주제로 나아오려면 겸손이 보통은 기쁨에서 **시작되지** 않음을 분명히 해야 한다. 겸손으로 향하는 길은 '**우리는 겸손하지 않다**'는 씁쓸한 사실을 마주하는 것에서부터 시작한다. 루이스는 이를 잘 설명한다.

"겸손해지고 싶은 분들이 있다면, 제가 그 첫걸음을 알려 드릴 수 있을 것 같군요. 그 첫걸음이란 바로 자신이 교만하다는 사실을 깨닫는 것입니다. 이것은 약간 보폭이 큰 걸음이기도 합니다."[2)]

나는 **보폭이 크다**는 루이스의 말을 좋아한다. 교만을 인정하는 것은 보폭이 큰 걸음이다. 정말로 하기 어렵다. 천성적으로 우리는 겸손에 대한 필요를 회피하거나 하찮게 여긴다. 스스로 **"그렇게 나쁘지는 않아."** 라고 말한다. (그리고 기분 전환을 위해 자신을 다른 사람과 비교하기도 한다.)

복음은 이런 우리를 치유한다. 예수 그리스도의 십자가로 우리의 교만을 측정하는 법을 가르쳐 줌으로써 말이다. 십자가는 우리에게 하나님의 사랑이 얼마나 깊은지 보여 주며, 동시에 우리 죄가 얼마나 깊은지도 함께 보여 준다. 복음은 하나님이 기꺼이 하고자 하셨던 일을 드러내고, 동시에 하나님이 **하셔야만 했던** 일도 함께 드러낸다.

우리의 교만이 너무 커서 하나님의 아들을 십자가에 못 박았다. 이 사실을 너무 빨리 지나치지 말자. 정신이 번쩍 들게 하는 이 진실을 잠시 곱씹어 보자. **우리의 죄가 예수님을 십자가에 못 박았다.**

나 자신을 위해, 그리고 당신도 똑같이 생각해 보기를 바라며 이를 좀 더 개인적으로 표현해 보겠다. **내 죄가 예수님을 십자가에 못 박았다.**

마음이 불편해진다. 그렇지 않은가? 우리는 어떻게든 이 문제를 피해 가고 싶어 한다. 하지만 우리의 정확한 상태를 이해하려면 회피하지 않고 정면으로 마주해야 한다. 겸손으로 가는 길은 바로 여기, 우리의 교만이 자기방어의 마지막 누더기 조각까지 벗어 버린 곳, 십자가의 가장 큰 죄에서부터 시작된다.

프랜시스 쉐퍼(Francis Schaeffer)는 이렇게 말했다. "기독교 신앙은 두 번 고개를 숙이는 것을 의미한다." 우리는 첫 번째로 존재의 근원이신 하나님께 고개를 숙이고, 두 번째로 도덕의 근원이신 하나님께 고개를 숙인다. 다시 말해 우리가 처음 하나님께 고개를 숙이는 것은 우리가 피조물이며 하나님은 창조주이시기 때문이다. 그리고 또다시 고개를 숙이는데 이는 우리가 죄인이고 하나님은 심판장이자 구세주이시기 때문이다.[3]

생각해 보면, 우리가 겸손을 실천하기 위한 동기를 부여하는 데에는 첫 번째 이유만으로도 충분하다. 우리가 숨 쉬는 모든 순간이 하나님이 주신 선물이다. 하나님은 만물의 원천이요 근원이시다. 우리는 하나님 앞에서 한없이 연약하고 한없이 의존적이며 한없이 수용적이다.

그러나 그것만으로는 부족하다는 듯, 우리는 **또한** 하나님 앞에 죄인으로 서 있다. 우리는 마치 자신이 지은 반역죄를 사죄하며 정당한 왕에게 돌아와 왕의 편으로 복귀하기를 간청하는 반역자와 같다. 실로 우리가 두 번, 납작 엎드려 절해야 할 까닭이다!

나는 이러한 현실에서 **나 자신을 최대한 낮추고** 내 죄에 관한 복음의 가르침을 온전히 받아들이려 노력하는 것이 유용하다고 생각한다. 위대한 찬송가 "주 보혈로 날 사심은"(And Can It Be That I Should Gain)의 가사가 여기에 큰 도움이 된다.

> 주 보혈로 날 사심은 그 뜻이 깊고 크셔라
> 상하심과 죽으심이 어찌 날 위함이온지
> 놀라워라 주 사랑이 날 위해 죽으신 사랑
> 놀라워라 주 사랑이 어찌 날 위함이온지[4]

이 가사가 얼마나 놀라운지 느껴지는가? 찰스 웨슬리(Charles Wesley)처럼 당신도 그리스도의 죽으심이 '날 위함'이라고 말할 수 있는가? '날 위해' 그가 상하셨다고 말할 수 있는가? 그렇다. 예수님이 십자가에 달리셨을 때 우리는 그곳에 없었는지도 모른다. 하지만 예수님을 십자가에 못 박은 것은 우리 죄였다. 존 스토트(John Stott)는 십자가를 다룬 그의 명저에서 이 개념을 멋지게 설명한다. "우리는 십자가를 우리를 위해 행해진 (우리를 신앙과 경배로 이끄는) 것으로 보기에 앞서, 십자가를 우리에 의하여 행해진 (우리를 회개로 인도하는) 것으로 보아야 한다."[5]

바로 여기, 십자가 아래에서 진정한 겸손이 시작된다. 그곳은 인간의 교만이라는 낙타가 움츠리고 욱여넣어야만 통과하는 "바늘귀"(마 19:24)이자 우리가 다시 태어날 수 있도록 죽어야만 하는 곳이다.

마음이 상해 돌아서지 말라! 당신이 이 사실을 받아들일 수 있다면, 그 끝에는 기쁨이 있다!

"오 주님, 이 첫걸음을 받아들일 수 있는 마음을 우리에게 주소서! 우리의 정확한 상태, 진정한 필요의 무게 아래 우리 자신을 낮추도록 도우소서. 우리 자신을 십자가로 측량할 수 있도록 도우소서."

복음은 우리에게 하나님의 사랑을 보여 줌으로써 겸손을 키운다

그러나 우리는 여기서 멈출 수 없다. 복음이 불러일으키는 진정한 겸손은 단순히 우리 죄를 본다고 해서 생기지 않는다. 그것은 그저 첫 번째, 준비 단계에 불과하다.

조나단 에드워즈는 "기독교 정신은 겸손의 정신"(A Christian Spirit is an Humble Spirit)이라는 설교에서 **율법적** 겸손과 **복음적** 겸손을 구분했다. 그는 율법적 겸손은 하나님의 위대하심을 목격함으로써 생겨나며 이는 귀신도 느낄 수 있지만, 복음적 겸손은 하나님의 사랑을 목격함으로써 생겨나고 오로지 거듭난 신자만이 경험할 수 있다고 주장했다. 에드워즈는 이렇게 말했다.

진정한 겸손의 근원은 하나님의 사랑스러움을 느끼는 것이다. 하나님의 사랑스러움을 알아차리지 못한 채 그분의 크심만을 느끼거나 발견해서는 겸손해질 수 없다. 그러나 그분의 사랑스러움을 발견하면 그것이 우리 영혼에 영향을 미쳐서 영혼을 겸손하게 만든다.[6]

에드워즈는 귀신도 하나님의 크심을 느끼며 그것을 알고 벌벌 떤다고(약 2:19) 지적했다. 하지만 그렇다고 해서 겸손이 생기지는 않는다. 마찬가지로 인간도 진정한 겸손 없이 하나님을 두려워하며 살아갈 수 있다. 심지어 우리는 겸손에 이르지 않고도 자기 죄를 비통해하기도 한다.

진정한 겸손, 복음이 불러일으키는 겸손은 단순한 확신이나 필요 그 이상에서 비롯되며, 그 필요를 해결해 주시는 그리스도의 공급을 인격적으로 **받아들이는** 데서 비롯된다. 궁극적으로 겸손은 절박함이 아닌 평안함의 결과다. 겸손은 하나님의 사랑에 대한 뿌리 깊고 진심 어린 인식에서부터 흘러나온다.

다시 말해, (에드워즈의 표현을 빌리자면) **복음적 겸손**은 결국 스토트의 공식을 뒤집어야만 한다. 그렇다. 십자가 사건은 우리 때문에 일어났지만 동시에 우리를 위해서 일어났다. 그렇다. 예수님은 우리의 죄를 감당하셔야 했지만, 사랑으로 기꺼이 그 죄를 감당하셨다.

우리가 이것을 경험했는지 어떻게 알 수 있을까? 나는 '**사랑스러우심**'이라는 에드워즈의 표현이 참 마음에 든다. 하나님이 당신에게 사랑스러우신 분인가? 이것은 영광스러우신 하나님이나 자비로우신 하나님 그 이상의 표현이다. 당신의 마음에는 하나님을 향한 다정함이 있는가? 당신은 자신이, 심지어 당신 같은 존재가 하나님의 보물이며 기쁨이라는 사실을 마음속 깊이 깨닫고 있는가?

비밀을 지켜 주는 친구, 필요로 할 때 곁을 지켜 주는 누군가를 우리가 어떻게 느끼는지 생각해 보자. 공유하는 친밀감과 충성심, 신뢰감이 주는 그 느낌을 생각해 보자. 그런 느낌은 **인격적**이다. 우리는 이와 같이 하나님의 사랑을 경험할 수 있다. 그 사랑은 **우리**를 위한 사랑이다. 하나님은 우리의 모든 구체적인 필요 가운데 우리를 돌보신다. 우리 존재의 가장 깊숙하고 개인적인 부분을 어루만지신다.

그런데 이렇게 다정하게 사랑받고 있다는 감정이 어떻게 겸손을 만들어 내는 것일까? 어쨌거나 우리가 자신에 대해 더 생각할 때가 아니라 덜 생각할 때 겸손이 흘러나온다.

확실히, 우리는 하나님의 사랑에 대해 말한다고 하면서 사실은 자신을 드러낼 수도 있다. 하지만 그와 동시에 우리는 대부분 다른 사람의 친절한 행동에 진심으로 겸손해진 경험이 있을 것이다. 당신은 지나칠 정도로 과분한 선물이나 예상치 못했던 진심

어린 사과를 받아 본 적이 있는가? 친절은 그 나름의 겸손이어서 우리의 교만을 드러내고 약화시킨다. 즉 친절은 우리를 온화하게 만든다.

한 가지 비유를 들어 생각해 보자. 당신은 지금 매우 강한 왕 앞에 나아가는 길이다. 당신은 궁중으로 들어간다. 당신의 발소리가 대리석 위에서 메아리친다. 천장이 무척 높고 방 안이 온통 금으로 반짝인다. 당신은 높은 왕좌를 우러러보며 왕이 말하기를 기다린다. 어떤 기분이 들까? 틀림없이 겸손해질 것이다.

그러면 이제 왕이 왕좌에서 내려와 당신에게 달려온다고 생각해 보자. 왕은 당신을 굉장히 걱정했다. 사실 당신을 돕기 위해 자신의 목숨을 큰 위험에 빠뜨렸다. 왕이 당신을 끌어안으면서 당신이 안전하다는 안도감에 눈물을 흘린다. 그러더니 당신을 커다란 식탁으로 데려가 몸소 당신에게 아침 식사를 대접한다. 이제는 어떤 기분이 들까? 왕의 친절이 또 다른(더 심오한) 방법으로 당신을 겸손하게 만들지 않겠는가?

이것이 바로 복음이 우리 안에서 만들어 내는 겸손이다. 가장 높으신 하나님이 우리가 받을 자격이 없었던 사랑, 그 영원한 사랑을 우리에게 보여 주시려고 몸을 낮추셨다. 하나님은 우리 각자에게 탕자의 아버지와 같은 분이다. 그분은 달려와 우리를 끌어안으시고, 우리의 수치에도 불구하고 반갑게 맞아 주시며, 우리가 돌아온 것을 축하하는 데 비용을 아끼지 않으셨다.

우리가 어떻게 다시 잘난 척할 수 있겠는가? 우리가 어떻게 온화해지지 않을 수 있겠는가?

"오 하나님, 그리스도 안에서 우리에게 이루어 주신 모든 것에 어떻게 감사해야 할까요? '온 세상 만물 가져도 주 은혜 못다 갚겠네.' 아멘. 우리가 할 수 있는 것은 사랑과 감사와 찬양으로 하나님 앞에 엎드리는 것뿐입니다."

무너지지 않고 자신을 바라보기

루이스의 『그 가공할 힘』(*That Hideous Strength*)에서 등장인물 마크는 고난을 겪고 극도로 겸손해진다. 아내와 막 재회하려는 순간, 그는 아내를 바라보기가 부끄럽기까지 했다. 삶을 되돌아보며 자신이 얼마나 어리석었는지를 알게 되었기 때문이다. 난생처음으로 그는 다른 사람들이 자신을 어떻게 생각하는지 깨닫는다. "그는 이 새로운 집단이 그를 바라볼 시각으로 자신을 보았다. 더 속물스럽고, … 멍청하고 존재감 없는 인간. 겁쟁이인 데다가 계산을 해 대며 냉담한 인간. 마크는 왜 그렇게 됐는지 의아했다."[7)]

책의 마지막 부분에서 마크는 아내에게 다가간다. 그의 비통함은 점점 더 커진다. 마침내 그는 루이스가 '연인의 겸손함'이라 부르는 그것이 결혼 생활 내내 자신에게 부족했음을 깨닫는다. 루이스는 이렇게 썼다.

꺼려졌지만 따져 보니 차츰 그의 안에 있는 모든 아둔함, 바보스러움, 촌스러움이 드러났다. 굳은살 박인 손, 징 박힌 신발에 턱이 처진 투박한 촌놈이 위대한 연인들과 기사들, 시인들이라면 밟기조차 두려웠을 곳에서 뛰지는 않아도 그럴 수가 없어서 쿵쿵대며 어슬렁거리는 꼴이었다. … 어떻게 감히 그랬을까? 그걸 알면 누가 그를 용서할 수 있을까? 이제 마크는 제인의 친구들의 눈에 자신이 어떻게 보일지 알았다. 그 그림을 그리니, 안개 속에 혼자 있는데도 이마가 후끈 달아올랐다.[8]

우리 모두는 이처럼 고통스러운 자기 발견의 순간을 맞이할 것이다. 날카로운 자책과 함께 이렇게 깨닫는 순간 말이다. "오, **저건** 나랑 비슷한데! 나도 **저런** 모습인데!"

복음은 우리가 무너지지 않고 이러한 순간을 받아들이도록 해 준다. 복음은 처음에는 우리 죄를 드러내고, 그다음에는 그 죄를 덮어서 겸손을 불러일으킨다. "죄가 더한 곳에 은혜가 더욱 넘쳤나니"(롬 5:20).

당신이 가장 바보스러운 순간에, 그리스도께서는 당신을 다정하게 사랑하신다. 당신을 향한 그리스도의 사랑이 당신의 수치와 후회보다 더 크다. 당신이 '율법적 수치심'의 쓰라림을 느끼는 그곳, 거기가 어디든 도움이 절실히 필요한 그곳에서, **당신은 사랑받고 있다.**

루이스의 책은 그렇게 마크가 집으로 걸어 들어가 아내의 포옹을 받는 것으로 끝이 난다.

◐ 생각해 볼 **문제**

1. 당신은 의도적으로 겸손을 추구하는 것이 적절하다는 의견에 동의하는가? 겸손하려는 노력이 지나친 자기 집착으로 변질되고 있는지 우리는 어떻게 알 수 있는가?
2. 십자가가 드러내는 죄와 십자가가 드러내는 하나님의 사랑 중에서 무엇이 더 당신을 겸손하게 만드는가? 그 이유는 무엇인가?

chapter 3

자만을 없애는
열 가지 방법

지금까지는 복음이 어떻게 겸손을 정의하고 불러일으키는지 '큰 그림'을 살펴보았다. 이제부터는 우리 삶에서 겸손을 기를 수 있는 더 구체적인 실천 방법을 다루어 보겠다. 이번 장에서는 개인의 삶에서 겸손을 기르는 법에 초점을 맞추고, 책의 후반부에서는 교회 공동체에서 겸손이 어떻게 작용하는지에 초점을 맞출 것이다.

먼저 열 가지 아이디어를 소개한다. 무작위로 실었지만, 몇 가지는 다른 사람들보다 당신에게 훨씬 유용할 수도 있으니 다음 목록을 '생각할 거리'로 여겨 주길 바란다.

1. 잘 듣는다

앞서 인용한 글에서 루이스가 겸손한 사람을 어떻게 묘사했는지 기억하는가? "여러분이 그에게 무슨 말을 하든지 진지한 관심을 가지고 들어 주는 쾌활하고 지적인 사람"이라고 했다.

루이스는 겸손한 사람과 소통할 때 바로 알아차릴 수 있는 유난히 기분 좋은 특징 하나를 정확히 짚어 낸다. 그들은 다른 사람들이 하는 말에 진심으로 흥미를 보인다. 즉, **경청한다**.

당신이 하는 말에 별로 귀 기울이지 않는 사람과 이야기해 본 적이 있는가? 그런 사람은 미묘한 뉘앙스를 다 놓친다. 당신이 하는 모든 말을 자기만의 범주로 걸러 내고, 당신이 본론을 말하기도 전에 불쑥 끼어든다. 그래서 당신은 어떤 새로운 정보로도 이 사람의 관점을 바꿀 수 없다고 여기게 된다. 이는 자만이 어떻게 작용하는지 들여다볼 수 있는 좋은 창이다. 자만은 자기 외부의 모든 것으로부터 차츰 멀어지는 경향이 있다. 하지만 겸손은 정반대다. 겸손하면 다른 사람의 관점과 생각뿐만 아니라, 자기 주변에 있는 것들에 더 예리하게 주의를 집중하게 된다.

따라서 겸손하려면 다른 사람의 말을 더 잘 듣는 사람이 되고자 노력해야 한다. 아래에 우리가 겸손에 힘입어 세심하게 경청할 수 있는 몇 가지 방법을 소개한다.

하나, 겸손은 말하는 사람의 의견을 진심으로 **소중히 여긴다**. 자기가 말할 기회를 노리면서 단순히 상대방의 말이 끝나기를 기다리는 것이 아니다. 겸손은 사랑을 보여 주는 기회로, 설교하기보다는 오히려 함께 춤추듯이 대화에 접근한다.

둘, 겸손은 성급히 판단하지 않는다. 그리고 다른 이들의 말을 즉각적으로 해석하고 분류할 필요를 느끼지 않는다. 불확실성, 배움, 성장이 주는 긴장감에 위협을 느끼지 않는다. 또한 새로운 정보를 붙잡고 끈질기게 씨름하기를 마다하지 않는다. 겸손한 사람은 야고보의 훌륭한 조언을 마음에 새긴다. "사람마다 **듣기는 속히 하고 말하기는 더디 하며**"(약 1:19, 강조는 저자의 것).

셋, 겸손은 자기만의 범주로 조급하게 정보를 거르지 않는다. 어떤 생각이 다른 생각과 비슷하다고 해서 그 둘이 똑같다고 간주하지 않는다. 겸손은 미세한 차이를 구분하고, 말하는 사람의 관점에서 비롯된 미묘한 뉘앙스를 이해한다.

넷, 겸손은 누군가의 말을 그 사람의 전제와 연관 지어 고려한다. 겸손은 이렇게 묻는다. "그 사람은 이 말을 어떻게 생각할까?" 그리고 다른 관점을 나름대로 이해하고자 진심으로 노력한다. 겸손은 말하는 사람을 향해 움직이고 그 사람을 이해하려고 힘을 쏟는다.

다섯, 겸손은 통제하지 않는다. 겸손은 모든 대화에 나설 필요가 없다. 그저 말하는 사람이 서두르지 않고 위협받지 않으며 움직일 수 있는 공간을 내준다. 겸손은 잠시 침묵하며 앉아 있다가도 다음 순간 상대방의 입을 열기 위해 질문 공세를 펴기도 한다.

이런 사람과 이야기를 나누는 것이 얼마나 멋진 일이겠는가? 우리 모두 이렇게 되기를 원하지 않을까?

2. 감사를 연습한다

몇 년 전, 나는 의도적으로 감사를 연습하기 시작했다. 그리고 감사가 내 삶을 풍요롭게 해 준 모든 방법을 담아 책도 썼다. 그렇지만 여기서는 한 가지만 분명히 하고 싶다. 바로, 의도적으로 감사를 연습하면 삶의 축복에 관심이 집중된다는 것이다.

사람들은 대부분 유리컵에 물이 절반밖에 남지 않았다고 생각한다. 우리에게 부족하거나 우리 삶에서 달라졌으면 하고 바라는 것에 본능적으로 관심을 둔다. 그런데 감사를 실천하면 정반대 일이 일어난다. 우리는 우리 삶의 축복, 특히 우리가 당연하게 여기는 것들에 관심을 두게 된다.

자기 삶을 돌아보면서 "나는 얼마나 축복받은 사람인가?"라고 말할 수 있는 능력은 겸손으로 향하는 멋진 길이다.

당신이 좋아하는 유명 인사들과 저녁을 먹게 되었다고 상상해 보자. 모두가 큰 식탁에 둘러앉았다. 당신은 대화에 귀 기울이며 질문을 던지고 그들의 개성과 배경에 대해 알아 간다. 이 기회를 통해 당신이 갖게 될 특권 의식을 생각해 보자. 이런 생각이 들지 않을까. **"내가 누구라고 여기서 이들과 이야기할 수 있지?"**

겸손은 **어느** 상황에서든지 이렇게 우리를 도와준다. 우리는 왜 유명 인사와 함께하는 것만을 특권이라 생각할까? 우리가 만나는 모든 사람이 하나님의 형상대로 창조되었다. 우리가 가는 모든 장소가 하나님이 만드신 놀라운 세상의 일부다. 우리가 보는 모든 풀잎과 나뭇잎은 하나님이 설계하신 기적이다. 이것을 진지하게 묵상하면 **놀랍지 않은 것이 없다.**

이런 생각을 하며 모든 상황을 대할 때 얻게 될 즐거움을 상상해 보자. "내가 누구라고 여기에 있지? 나는 얼마나 운이 좋은가? 지금 **이** 순간, **여기**에 살아 있다니 얼마나 큰 축복인가!"

이렇게 의도적으로 감사를 기르는 것은 우리가 삶의 모든 일을 겸손하게 대할 수 있게 도와주므로, 그런 감정에서는 기쁨이 생겨날 수밖에 없다.

3. 비판에서 배운다

비판을 받을 때면 분명히 거기서 배울 것이 있다고 가정하는 습관을 들이자.

비판은 상처가 되기 때문에 우리의 본능은 습관적으로 비판을 밀쳐 내고 거부하려 한다. 물론, 어떤 형태의 비난은 그냥 무시해야 한다. 특히 혐오를 드러내거나, 정직하지 못하거나, 비하하는 비판이 그렇다.

하지만 대부분의 비판에는 배울 점이 있다. 심지어 그 비판이 대체로 틀렸다고 하더라도, **무언가** 배울 점이 있다.

성경은 교훈과 피드백에 귀 기울이라고 많이 이야기하는데, 이는 잠언의 굵직한 주제 가운데 하나다. 예를 들면, 다음과 같은 구절이 있다.

"미련한 자는 자기 행위를 바른 줄로 여기나 지혜로운 자는 권고를 듣느니라"(잠 12:15, 강조는 저자의 것).

"지혜로운 아들은 아비의 훈계를 들으나 거만한 자는 꾸지람을 즐겨 듣지 아니하느니라"(잠 13:1, 강조는 저자의 것).

"훈계를 싫어하는 사람은 자기 생명을 가볍게 여기는 사람이지만 책망을 잘 듣는 사람은 지식을 얻는 사람이다"(잠 15:32, 새번역, 강조는 저자의 것).

교만한 사람들이 실수를 반복하는 것은 실수를 통해 배우지 않기 때문이다. 그들은 피드백에 둔감하고 불안정하며 완고한 경향이 있다. 결과에 상관없이 무조건 앞으로 밀어붙인다.

반대로 겸손한 사람들은 다른 사람의 의견을 토대로 끊임없이 궤도를 수정한다. 겸손한 사람들에게 고린도전서 13장 12절("우리가 지금은 거울로 보는 것 같이 희미하나")은 이론이 아니다. 그들은 자신의 한계를 현실로 받아들이고, 다른 사람의 관점과 통찰을 흡수하는 일의 필요성을 절실하게 느낀다.

그래서 '**잘 배운다**'(teachable)라는 단어는 '**겸손하다**'와 거의 같은 말이라고 할 수 있다. 겸손의 기본 척도를 찾고자 한다면, 그가 잘 배우는 사람인지의 여부가 좋은 시험대가 된다.

누군가 당신을 비난할 때나 당신에 대한 부정적인 험담을 우연히 들었을 때, 시간을 들이고 당신의 취약함을 드러내기를 감수하면서 이렇게 질문할 수 있는가? "여기서 나는 무엇을 배울 수 있을까?" 이런 연습은 장기적 관점에서 믿기 힘들 만큼 큰 유익이 있을 것이다. 그리고 결국에는 습관으로 자리 잡을 것이다. 인생 마지막에 당신이 배우게 될 모든 교훈을 한번 떠올려 보라!

4. 삶의 즐거움을 개발한다

겸손은 음식이나 잠, 성, 휴가, 원반던지기, 우중 산책, 우스운 농담에 웃기 같은 즐거움을 적절하게, 온전히 받아들일 수 있는 마음이다. 겸손한 사람은 이 모든 것을 하나님이 주시는 선물로 조금씩 받아들인다.

겸손에 관한 책에서 음식이나 성처럼 육체적 즐거움을 이야기하는 것이 이상할지도 모른다. 물론, 이를 남용할 수 있는 것도 사실이지만 지금은 적절한 선 안에서 즐기는 것에 대해 말하려고 한다(예를 들면, 결혼 관계 내에서 성관계를 맺는 것). 겸손과 (육체적 쾌락을 포함한) 삶의 즐거움 사이에는 깊은 연관성이 있다.

하나님은 우리를 몸을 지닌 피조물로 만드셨고, 우리의 몸은 그분이 주신 좋은 선물이다.[1] 교만, 특히 영적 교만은 육체적 쾌락을 경멸하고는 한다. 그러나 겸손한 사람은 그것을 하나님이 주신 선물로 감사히 받을 수 있다. 게다가 그 적절한 즐거움에는 영적 자양분이 풍부하고 겸손에 좋은 무언가도 있다.

5. 약점을 끌어안는다

겸손을 기르는 가장 강력한 방법은 우리를 불편하게 하거나 우리의 약점을 드러내는 상황을 끌어안는 것이다. 어느 누구에게나 취약함을 느끼는 어떤 특정한 상황이 있다. 평정심을 잃는 순간이나 최선의 모습이 아닌 순간, 혹은 약점이 드러나는 순간처럼 말이다.

생각해 보면 삶은 그런 순간으로 가득하다. 자기보다 훨씬 더 '성공한' 다른 목사들과 함께 시간을 보내는 목사, 사람들 앞에서 순종하지 않는 자녀를 둔 부모, 아는 사람 하나 없는 사교 모임에 참석한 내향형 인간, 나쁜 소식을 들을지도 모른다는 두려움을 안고 병원에 가는 노인의 삶….

우리 모두는 이런 상황에 얼마나 취약한지 잘 알고 있고, 인생에서 그런 느낌을 없애고 싶다는 유혹을 받는다. 그러나 자신의 강점 속에만 숨으려 하는 것은 유감스러운 일이다. 약점과 취약점을 끌어안는 것은 겸손을 배우는 심오한 방법이다. 겸손은 우리에게 다른 사람을 의지하라고 가르쳐 준다. 모든 일을 잘할 필요는 없다고 상기시켜 준다. 기술이나 재능이 아니라 복음에서 자신의 정체성을 찾도록 도와준다.

다음과 같이 말할 수 있다면 얼마나 멋진 일인가. "난 이걸 아주 잘하지는 못하지만 괜찮아. 어쨌든 해낼 거니까."

6. 자신을 희화화한다

자신을 희화화할 때도 다음의 몇 가지는 반드시 피해야 한다. 앞에서도 말했지만, 겸손은 절대 자기 경멸이나 자기 망신이 아니다.

우리는 건전하고 활력을 주는 방식으로 자신을 희화화할 수도 있다. 사람은 누구나 터무니없이 엉뚱한 짓을 한다. 누구에게나 유별난 구석이 있다. 우리 모두는 어떤 식으로든 조금 바보스럽다. 그렇기에 자신을 지나치게 진지하게 받아들이지 않고 다른 사람이 우리의 엉뚱함을 알아보든 말든 너무 걱정하지 않는 것이 건강하고 자유로운 태도다.

루이스가 쓴 『말과 소년』(The Horse and His Boy)에 등장하는 말 브레는 교만하고 허영심이 많다. 브레는 아슬란이 실제 존재하는 진짜 사자라는 사실을 믿지 않는다. 다른 등장인물을 깔보는 투로 말한다. 그는 자신의 외모에 대해, 나니아의 다른 말들이 바닥에 등을 대고 뒹구는지에 대해 과도하게 염려한다. 그런데 아슬란이 정말로 나타나 브레와 대면한다.

"자, 브레야. 가엾고 교만하고 겁에 질린 말아, 가까이 더 가까이 오너라. 아들아, 두려워 말고 오너라. 나를 만져 보렴. 냄새도 맡아 보고. 여기 내 발이 있고, 꼬리도 있고, 이게 내 수염이란다. 나는 틀림없는 짐승이야."
브레는 떨리는 목소리로 말했다. "아슬란 님, 제가 너무 어리석었어요."
"아직 젊을 때에 깨달았으니 앞으로 행복해지리라. 사람도 마찬가지다."[2]

여기 나오는 아슬란의 말은 아주 인상적인 내용을 함축한다. 모든 사람은 태생적으로 어리석다. 단지 차이가 있다면, 그 사실을 젊을 때 깨닫느냐 늙어서 깨닫느냐다!

죄는 어리석은 짓이고 우리 모두는 죄인이다. 이 말이 가혹하게 들릴지 모르지만 생각해 보면 이해가 된다. 그러나 우리는 평생 어리석음을 고쳐 갈 것이고 스스로를 너무 심각하게 여기지 않게 될 것이다. 시작은 빠르면 빠를수록 좋다!

7. 묘지를 찾는다

묘지를 거닐며 묘비에 쓰인 이름과 날짜를 읽어 본 적이 있는가? 약간 소름 돋는 이야기라는 것은 나도 안다. 그러나 이런 행동은 우리가 알고는 있지만 쉽게 잊어버리는, "모든 사람은 죽는다."라는 사실을 건전하고 생생하게 상기시킨다. 모든 묘비 하나하나는 꿈과 열망, 두려움, 목표를 지녔던 실존 인물을 나타낸다.

몇 년 전에 나는 야고보서를 강해하다가 "너희 생명이 무엇이냐 너희는 잠깐 보이다가 없어지는 안개니라"라는 4장 14절 말씀에 깊이 빠져들었다.

추운 밤, 밖에서 길을 걸으며 입김을 내뿜고는 그 숨결이 얼마나 오랫동안 지속되는지 지켜본 적이 있는가? 성경에 따르면 그것이 바로 우리다. 이 얼마나 겸손한 생각인가! 이렇게 정기적으로 우리 삶을 찬찬히 돌아보는 것은 대단히 겸손한 일이다. "우리에게 우리 날 계수함을 가르치사 지혜로운 마음을 얻게 하소서"(시 90:12).

하지만 놀랍게도 인생이 안개처럼 허무하다는 사실은 우리의 존재가 무의미하다고 절망하거나 내버릴 이유가 되지 않는다. 오히려 성경의 이 관점을 조금만 다른 각도에서 보면 그 메시지는 다음과 같다. **"인생은 안개와 같으니 즐기세요!"**

전도서도 그 점을 강조한다. 전도서는 피할 수 없는 인생의 허무함 앞에 우리를 겸손하게 만든다. 전도서는 "모든 것이 헛되다."라는 주제를 반복하는 한편, 다음과 같이 주장하기도 한다.

"사람이 하나님께서 그에게 주신 바 그 일평생에 먹고 마시며 해 아래에서 하는 모든 수고 중에서 낙을 보는 것이 선하고 아름다움을 내가 보았나니 그것이 그의 몫이로다"(전 5:18).

"너는 가서 기쁨으로 네 음식물을 먹고 즐거운 마음으로 네 포도주를 마실지어다 이는 하나님이 네가 하는 일들을 벌써 기쁘게 받으셨음이니라"(전 9:7).

"네 헛된 평생의 모든 날 곧 하나님이 해 아래에서 네게 주신 모든 헛된 날에 네가 사랑하는 아내와 함께 즐겁게 살지어다 그것이 네가 평생에 해 아래에서 수고하고 얻은 네 몫이니라"(전 9:9).

인생의 덧없는 본질을 이해하면 우리의 겸손이 자라고 매 순간을 있는 그대로 받아들이는 데에 도움이 된다.

8. 우주를 공부한다

이 말은 항상 새롭다. 나는 내가 얼마나 작은 존재인지, 하나님이 만드신 세계는 얼마나 큰지 설명하기를 포기했다. **아주 작다**는 표현과 **아주 크다**는 표현만으로는 너무 부족하기 때문이다. 하지만 우주를 공부하는 노력은 여전히 그럴 만한 가치가 있다.

그러니 12분 정도 시간을 낼 수 있다면 유튜브에서 루이 기글리오(Louie Giglio)의 "지구가 골프공이라면"(If the earth was a golf ball)을 검색해서 마음껏 즐기기 바란다.

나는 11분 22초쯤에 나오는 루이의 말을 정말 좋아한다. "이걸 보고 당신에게 무슨 일이 일어날지는 알 수 없지만, 제게 일어난 일을 말씀드리겠습니다. 위축감이 나를 엄습합니다. 그런데 기분 나쁜 위축감은 아닙니다. 기분 좋은 위축감이지요."

당신은 이런 **기분 좋은 위축감**을 느껴 본 적이 있는가? 이 느낌은 겸손의 길로 나아가는 과정의 일부다.

9. 천국의 예배를 묵상한다

나는 어떤 이유에서든 공동 예배에 참석하기 버거울 때마다 다음과 같이 생각하는 습관을 들였다. 바로 **지금 이 순간** 천사들이 승천하신 그리스도를 위해 천국에서 예배를 드리고 있음을 기억하는 것이다. 비록 내 귀에 들리는 찬송이 유치하거나 내 마음이

처진다고 하더라도, 이런 생각이 내 마음에 도움이 되지 못할 때는 거의 없다.

천국의 예배가 실재한다는 생각은 언제나 강력한 깨달음을 준다. 그리고 이는 이 땅의 것들을 균형 잡힌 시각으로 보게 하는 훌륭한 방법이다. 지금 이 순간에도 천군 천사들은 찬양하면서 경배하고 있다. 언젠가는 모든 사람이 예수 그리스도 앞에 무릎을 꿇을 것이다. 이런 생각은 우리의 성취와 어려움을 적절한 맥락에서 바라보게 한다.

지금 무엇이 강력한 천사들의 관심을 끌고 있는지 기억한다면, 자기 자신을 과대평가하기 어려워진다.

10. 모든 일을 겸손하게 한다

초대 교회 신학자 카이사레아의 바실리우스는 겸손에 대하여 유명한 설교를 남겼다. 그 설교의 중요한 주제 가운데 하나는 겸손이 인간 타락의 가장 대척점에 있다는 것이다. 타락은 교만에서 비롯되었고 피조물의 영광을 잃어버리는 결과를 낳았다. 반대로 하나님께로 돌아오는 것은 겸손에서 비롯되며 그 결과 우리는 천국의 영광을 얻는다.

인류의 타락을 언급하고 나서 바실리우스는 이렇게 썼다. "이제 인류의 확실한 구원, 상처의 치유, 그 시작으로 돌아가는 길은 겸손해지는 것이다. 다시 말해, 인간 스스로 영광의 망토를 입을 수 있다고 생각하지 말고 하나님께 영광을 구해야만 한다."³⁾

바실리우스는 겸손이 우리의 가장 깊고 진실한 필요(상처의 치유)를 달래 주는 약과 같다고 생각했다. 겸손이 기쁨으로 가는 길인 이유도 그 때문이다. 모든 악의 본질이 교만이기에 죄에 대항하는 모든 과정의 본질은 항상 겸손이어야 한다. 겸손은 우리의 가장 깊은 곳에 있는 문제를 해결하는 치료 약이다.

교만은 삶에 스며들어 우리가 하는 모든 일에 영향을 미친다. 마찬가지로 겸손도 그래야 한다. 겸손을 추구하는 것은 그저 우리가 지향해야 할 덕목을 하나 더 추가하는 것이 아니다. 겸손이 우리 삶의 모든 측면에 침투하여 그 경험을 정의하는 특징이 되게 하는 것이다. 겸손은 여러 해야 할 일 중 하나가 아니라, 모든 일을 하는 방식이 되어야 한다.

그래서 겸손은 죄인이지만 사랑받는 우리의 지위를 복음 안에서 받아들이고, 이를 통해 자기 자신을 내려놓으며, 진실한 태도로 자신의 삶을 온전히 살아 내고, 이 모든 것을 하나님께서 주시는 놀라운 선물로 받아들이게 하는 완전히 새로운 삶의 접근 방식이다.

"오 주님, 주님께 영광 돌리는 진정한 겸손을 추구하는 방법을 우리에게 가르치소서. 우리가 전적으로 주님께 의지해야만 하는 우리의 약점을 받아들일 용기를 주소서. 우리에게 주신 삶을 충만히 누릴 수 있는 자유를 주소서. 들을 수 있는 귀, 볼 수 있는 눈, 감사하는 마음을 주소서. 우리가 하는 모든 일을 겸손으로 하게 하소서. 다른 사람들과 주님이 창조하신 세상을 향해, 무엇보다도 주님께 겸손하게 하소서."

◐ 생각해 볼 문제

1. 열 가지 방법 중 당신에게 가장 와닿는 방법은 무엇인가? 그 이유는 무엇인가?
2. 삶에서 겸손함을 기르는 데 유용하다고 생각하는 다른 방법이 있다면 무엇인가?

Humility

Part 2

겸손한
교회가 되려면

4 겸손한 리더십: 자유의 문화 만들기
5 동료 사이의 겸손: 시기심과 경쟁심 극복하기
6 리더를 향한 겸손: 순종의 참뜻 이해하기

chapter 4

겸손한 리더십
자유의 문화 만들기

지난 몇 년간 교회 지도자들이 저지른 수많은 권력 남용 사건이 세상에 드러났다. 이 사건들은 이루 말할 수 없을 정도로 사람들에게 악영향을 미쳤다. 적에게 받는 상처도 아프지만, **교회**에게 상처받았을 때의 고통과 정신적 혼란은 전혀 다른 차원의 문제다.

우리는 단순하게 교회 내에서 남을 괴롭히는 사람이 악한 사람이라고 생각하기 쉽다. 하지만 실상은 그렇게 단순하지 않다. 대다수가 처음에는 선한 동기로 시작하기 때문이다. 보통은 사소해 보이는 자만심이 오랫동안 지속되면서 서서히 억압적인 태도로 바뀐다.

수많은 중죄(권력 남용, 괴롭힘, 협박)가 궁극적으로는 겸손이 부족한 데에서 비롯된다. **누구든** 남을 괴롭히는 사람이 될 수 있다는 것, 이것이 바로 냉정한 진실이다. 우리에게는 이런 일이 절대 일어나지 않으리라는 것은 순진하기 짝이 없는 생각이다. 스트레스와 고통은 누구라도 망가뜨릴 수 있다. 성령님보다는 육체를 따라 생활하기만 하면 된다.

나는 극단적으로 이렇게 말하고 싶다. 권한을 가진 자리에 있다면, 당신은 종이 되거나 괴롭히는 사람이 되거나 둘 중 하나일 것이다. 당신의 권한이 겸손으로 드러나는지 아닌지에 따라 다른 사람들은 그것을 자유 혹은 억압으로 경험하게 될 것이다.

어떻게 하면 우리는 억압이 아닌 자유의 문화를 만들 수 있을까? 다음 다섯 가지 방법을 생각해 보자.

1. 타인을 신뢰하기로 마음먹기

지도자의 경우, 자신에게 부족한 재능을 가진 다른 사람으로부터 위협을 받기 쉽다. 예를 들어 당신이 담임 목사인데 교인들이 부목사의 설교에 더 열정적으로 반응한다고 가정해 보자. 활기찬 분위기가 느껴진다. 설교를 마친 후 웅성거림도 들린다.

당신이 리더라면 이와 유사한 일을 경험하게 될 것이다. 그런 상황은 당신의 리더십이 건전한 문화를 만드는지 억압적인 문화를 만드는지를 시험할 것이다. 앞서 예시로 든 상황에서는 부목사를 끌어내리기 위해 여기저기 말을 흘리거나 아예 설교하지 못하게 하기 쉽다(하지만 그 경우에는 이유를 대야 할 것이고 그때부터 당신은 괴롭히는 사람이 될 것이다).

하지만 어떤 목회도 그런 식으로는 부흥할 수 없다. 당신이 그 길을 걷기 시작한다면 끝은 어떻겠는가? 다른 사람들이 번영하고 자아를 발견하는 문화 대신, **당신**만을 위한 문화를 만들게 될 것이다. 그러니 당신은 당신의 리더십 아래에 있는 사람들이 당신을 능가할 때 위협을 느끼지 않도록 노력해야 한다.

그 비결 중 하나는 그저 **타인을 신뢰하기로 마음먹는** 것이다. 그것이 쉽지 않다는 것, 특히나 신뢰를 주었다가 배신당해 본 사람에게는 더욱 그렇다는 것을 나도 안다. 하지만 이것은 맹목적인 신뢰를 뜻하지 않는다. 예를 들어, 당신이 담임 목사인데 부목사가 당신을 깎아내리고 장로들 사이에서 부당한 영향력을 행사하려 한다는 것을 알게 되었다면 그 상황에 대처해야 한다. 그러나 부목사에게 그런 의도가 **없고** 그저 설교를 잘하는 것일 뿐이라면, 부목사의 은사가 당신을 깎아내릴 것이라는 두려움을 떨쳐내야 한다.

신뢰하기로 마음먹은 뒤에 찾아오는 취약함을 인정하자. 냉소하기보다는 차라리 쉽게 속아 넘어가는 편을 택하라. 스스로를 과잉보호하지 말라.

그러기 위해서는 복음에 우리의 정체성을 뿌리내려야 한다. 그리스도로부터 안정감을 얻을 때, 당신은 설교의 은사를 지닌 부목사를 격려할 만큼 자유를 누릴 수 있다. 부목사를 세워 주자. 그가 번영하고 발전할 수 있도록 최선을 다해 돕는 것을 당신의 개인 목표로 삼자.

지도자로서 당신이 얼마나 많은 권한을 다른 이들에게 부여하고 있는지, 얼마나 많이 다른 사람을 신뢰하고 있는지 때때로 취약함을 느끼지 않는다면 아마도 당신은 겸손한 리더가 아닐 가능성이 크다.

2. 주변 사람 의지하기

이와 연관된 유혹은 모든 일을 직접 하려는 것이다. 이는 번아웃을 부르는 지름길로서, 자만에서 비롯된다. 겸손한 리더는 기꺼이 권한을 위임한다. 모든 일에 관여하지 않는다. 자신이 중심이 아니며, 또한 모든 일에 능숙하지 않음을 알고 있다.

이는 **다른 사람이 당신과 다른 방식으로 일할 수 있음을 받아들이고** 그래도 정말로 괜찮다는 의미다. 만약 그 차이가 확실한 윤리적 문제가 아니라면, 당신은 그저 다름을 받아들이면 된다. 그러므로,

- 당신이 보기에는 당회를 인도하는 장로의 방식이 덜 효율적이라 하더라도, 그에게 회의 진행을 맡기라. 끼어들어서 대화를 장악하고 싶은 유혹을 물리치라.
- 교육 담당 목사의 사무실이 조금 지저분하더라도 잔소리하지 말라.
- 예배 인도자가 당신보다 격식이 덜해도 괜찮다.

모든 사람이 당신과 똑같은 방식으로 일해야 하는 것은 아니다. 명확한 문제가 있을 때 필요한 경우라면 바로잡으라. 하지만 되도록이면, 그들이 스스로 배우게 하라. 지도자도 융통성을 발휘해 다른 사람들에게 적응할 필요가 있다. 당신도 당신이 복종해야 하는 더 큰 조직의 일부라는 사실을 기억하라.

내가 목회자로서 다른 사람을 의지하는 데 도움을 얻은 효과적인 방법 하나는 팀으로 일하는 것이다. 정관을 개정하려 한다면 그 과정을 감독할 팀을 지정하고, 사람을 고용하려 한다면 인사 위원회를 구성한다. 팀으로 일하면 당신이 통제할 수 없기 때문에 효율성이 떨어지고 위협이 될 수도 있다(이 팀이 내 의견에 반대하면 어떡하지?). 하지만 나는 이것이 특히 큰 규모의 결정과 절차에서 건전한 방식이라고 생각한다.

팀으로 일하는 것은 자연스러운 상호 책임감을 만들어 낸다. 그리고 이 상호 책임감에서 나오는 다양한 관점이 과정과 결과에 영향을 미친다. 이러한 방식은 결과가 어떻든 간에, 팀원 모두가 그 일의 주인이며 함께 헌신했다는 의식을 공유하게 한다. 그리고 팀 외부의 사람들에게 신뢰를 얻도록 도와준다. 그뿐만 아니라 팀원 간에 리더십 개발과 인재 발탁의 기회도 제공한다. (그 과정에서 장차 장로가 될 인재를 발견할 수도 있다.)[1]

3. 격려하는 환경 만들기

격려는 리더가 가진 가장 강력한 도구다. 우리는 이 능력을 직접 공동체를 위해 사용할 수 있을 뿐만 아니라, 우리가 이끌고 있는 공동체의 **문화** 전체에 영향을 끼쳐서 서로 격려하는 분위기를 만들 수도 있다.

어떤 리더십이든 간에 나머지 구성원은 결국 리더가 이끄는 대로 따라간다. 그러니 우리가 규칙적으로 다른 사람들을 격려한다면 그들도 우리의 격려를 알아차리고 영향을 받아 똑같이 서로를 격려하게 될 것이다.

그래서 나는 '의도적인 격려'를 주간 계획에 집어넣으려 애썼다. 내 계획은 대개 사람들에게 짧은 문자나 이메일을 보내는 것처럼 간단한 일이다. 이렇게 하루 중 고작 30초면 할 수 있는 작은 표현조차도 누군가에게는 변화를 가져올 수 있다. (우리는 이런 행동을 해야 한다는 것을 의도적으로 기억하기만 하면 된다.)

이 계획을 실천하다 보면, "정말 적절한 때 보내 주셨네요." 또는 "오늘 제가 정말 듣고 싶었던 말입니다."라는 답을 받는 경우가 흔해서 놀란다. 그래서 나는 **대부분의** 사람이, **대부분의** 경우에 격려가 필요하다고 결론지었다. 이처럼 우리가 다른 사람을 지도하고 인도하는 과정에서 이 사실을 기억하고 격려를 실천하는 일은 굉장히 중요하다.

흔히 리더십이란 주로 바로잡고 가끔 격려하는 일이라 생각하는데, 정확히 그 반대가 되어야 한다. 격려가 일상적이고 바로잡는 일에는 인색해야 한다.

우리가 이끄는 곳에 이런 분위기를 만드는 한 가지 방법은 의도적인 격려 시간을 갖는 것이다. 예를 들면, 회의 도중에 다른 참석자에게 감사를 표현하는 다정한 말을 건넬 기회를 준다. 이를 실천하는 방법이 강압적이거나 유치하게 느껴질 수도 있지만, 그 영향력은 정말 놀라웠다. 그러니 직접 시도하여 확인해 보기를 바란다.

격려하는 문화를 만드는 또 다른 방법은 '성공 사례'를 널리 알리는 것이다. 예를 들면, 교회의 평신도가 이웃에게 복음을 전했다면 그 경험을 다른 성도들에게 나누어 달라고 부탁한다. 혹은 주일 학교에서 신실하게 섬기는 자원봉사자가 있다면 그의 섬김을 공개적으로 강조하여 교회가 이 사명을 그리스도께 영광을 돌리는 중요한 사역으로 여기도록 한다.

하나님이 이런 방식으로 일하고 계심을 널리 알리는 일은 여러 모로 멋진 결과를 가져온다. 봉사하는 사람을 인정해 주고, 비슷한 방법으로 봉사하는 다른 사람들을 격려하며 동기를 부여한다. (그들은 "와, 내가 하는 일이 중요하구나!"라고 생각한다.) 또한 다른 사람들이 그 사람을 본보기로 따르도록 가르친다. (사람들은 속으로 "나도 할 수 있겠어!"라고 생각한다.) 목회는 리더만의 사역이 아니며, 모든 사람의 역할이 중요하다는 사실을 강조한다. 이는 그 집단의 전반적인 사기에 놀랍도록 긍정적인 영향을 미친다.

4. 온화하게 바로잡기

잘못을 바로잡는 것이 리더의 **주된** 역할은 아니지만, 효과적인 리더십에는 때때로 교정이 꼭 필요한 것도 사실이다. 지도자가 문제 해결을 주저하거나 두려워할 때, 죄와 역기능은 점점 심화된다. 이는 우리가 기꺼이 곤란한 대화를 나누고, 필요한 경우에는 징계 조치까지도 취해야 한다는 뜻이다.

다른 사람을 바로잡을 때는 온화한 마음으로 해야 한다. 온화함은 나약함이 아니라 누군가를 지도할 수 있는 힘이다. 그리스도께서도 우리를 바로잡을 때 그렇게 하신다. "그는… 그릇된 길을 가는 무지한 사람들을 너그러이 대할 수 있습니다"(히 5:2, 새번역 성경).

어떻게 해야 온화하게 바로잡을 수 있을까? 첫째, 직접 만나 바로잡는다. 문자 메시지는 온화하게 쓰기가 훨씬 더 어렵다. 누군가와 함께 있으면 더 마음이 약해지기 때문에 상대방에게 부드럽게 다가갈 수 있다. 둘째, 가능한 한 격려라는 맥락에서 바로잡는다(예를 들면, "정말 수고하셨습니다. 그런데 이렇게 했다면 좀 더 효과적이었을 것 같습니다…"). 진부하게 들릴 수도 있지만, 정말 효과가 있다! 셋째, 교정을 받는 기분이 어떨지 생각해 본다. 당황스럽기도 하고 고통스러울 수도 있다. 그러니 최대한 절제하고 친절하게 대한다. 그리고 교정을 받는 사람과 공감대를 형성한다. 잘난 체하지 말고 상대방이 이해했다면 바로 다음으로 넘어간다.

또한 말이 아닌 본으로 다른 사람을 바로잡아야 함을 기억한다. 베드로는 장로들이 그 보살핌을 받는 사람들에게 어떻게 권위를 드러내 보여야 하는지를 이렇게 설명한다. "맡은 자들에게 주장하는 자세를 하지 말고 양 무리의 본이 되라"(벧전 5:3).

베드로가 지배자형 리더십의 대안으로 '**본**'을 제시하는 점이 흥미롭다. 본을 보이는 것이야말로 진정한 겸손이 아닐까? 이는 우리 관심의 첫 번째 초점이 언제나 우리 자신이어야 한다는 뜻이다. 다른 사람에게서 바로잡아야 할 것이 떠오를 때마다, 스스로에게서 바로잡아야 할 것을 찾는 데 더 많은 시간을 써야 한다.

5. 기꺼이 사과하기

리더십을 대개 다른 사람에게 할 일을 지시하는 것이라 생각하기 쉽다. 그런데 사실 리더십은 우리 **자신의** 행동과 더 많은 관련이 있다. 예를 들면, 리더는 회개의 모범을 보여야 한다. 우리는 가장 먼저 갈등을 누그러뜨리고, 가장 적극적으로 용서하고 상황을 바로잡는 최고의 참회자가 되어야 한다. 그렇게 하면 취약함을 느끼게 되겠지만, 진정한 리더십이란 바로 그런 것이다.

내가 어린 네 자녀의 아버지로서 배운 것이 이것이다. 때때로 아이들을 바로잡고 싶은 마음이 들 때가 있는데, 그럴 때 나는 즉시 멈추고 이렇게 생각한다. "이건 교정할 필요가 없는 일이야. 내가 진정하면 돼." 또 어떤 때는 내가 성급하고 온화하지 못하다는 생각이 들기도 한다. (그 성급함이 아무리 정당하게 보인다 하더라도) 사실 그것은 잘못된 것이다. 부모로서 이런 사실을 알아채고 인정하는 것은 겸손한 일이다.

그러나 내가 깨달은 가장 멋지고 놀라운 교훈은 내가 아이들에게 사과했을 때 **아이들이 정말로 기꺼이 나를 용서한다는 것이다!** 상황이 금세 좋아진다. "아들, 조금 전엔 아빠가 성급했다. 미안해. 아빠를 용서해 줄래?" 이런 단순하고 힘 있는 말이 놀라운 효과를 발휘한다. 자녀들에게 기꺼이 이런 말을 하는 것은 내가 할 수 있는 그 어떤 훌륭한 조언보다도 우리 가족 문화에 좋은 영향을 미친다.

우리 자신은 적극적으로 사과하지 않으면서 왜 우리의 보살핌을 받는 사람들은 사과하길 바라는가? 우리는 그들에게 참회의 모범을 보이지 않으면서 왜 그들이 참회하는 법을 스스로 깨닫길 바라는가?

당신이 리더라면 당신이 보살피는 사람들에게 당신의 실수를 기꺼이 인정하라. 당신이 틀렸을 때 "그래요, 근데 **진짜** 내 말뜻은…."이라고 하지 말라. (사람들이 얼마나 자주 그러는지 알고 있는가?) 대신 "내가 틀렸네요."라고 말하라.

다른 사람 앞에서 진심으로 겸손하라. **그렇게 하면 사람들이 반응할 것이다.** 그런 겸손이 미치는 영향력과 겸손이 만들어 내는 자유로움에 깜짝 놀라게 될 것이다.

"우리 주 예수님, 당신은 이 모든 일에 우리의 본이 되십니다. 당신은 몸을 굽혀 제자들의 발을 씻기신 섬기는 리더이십니다. 주님은 주님의 권리를 버리고 가장 낮은 자리에 임하셨습니다. 오 주님, 주님이 우리를 인도하신 것처럼 우리가 우리의 보살핌을 받는 사람들을 잘 인도할 수 있도록 도우소서. 주님께서 우리에게 하신 것처럼, 겸손과 사랑으로 이끌 수 있게 우리를 가르치소서."

◐ 생각해 볼 **문제**

1. 당신이 리더로서 위협을 느끼는 상황은 언제인가? 그런 상황에서 겸손히 반응할 수 있는 방법은 무엇일까?
2. 당신을 지도하는 위치에 있는 사람이 당신에게 사과한 적이 있는가? 그것이 당신에게 어떤 영향을 미쳤는가?
3. 당신 주변에 격려가 필요한 사람들은 누구인가? 그들을 격려할 수 있는 실제적인 방법은 무엇인가?

chapter 5

동료 사이의 겸손
시기심과 경쟁심 극복하기

이번 장은 동료(자녀처럼 우리의 권위 아래 있거나 목회자나 상급자처럼 우리의 권위 밖에 있는 사람)에게 겸손함을 보이는 것을 다룬다.

따라서 4-6장 중에서 우리 일상에 가장 광범위하게 적용할 수 있다. 교회라는 상황에서 동료는 교회의 모든 구성원을 포함하는데, 만약 당신이 목사라면 다른 목사들도 포함한다.

동료 관계에서 교만은 **시기**라는 형태로 자주 나타난다. 물론 교만이 모습을 드러내는 방식이 이것뿐만은 아니지만, 특히 흔한 형태이므로 생각해 볼 만한 가치가 있다.

시기는 왜 대죄인가

몇 년 전에 나는 시기심에 대해 설교한 적이 있다. 그전에는 깊이 생각해 본 적이 없었기에 이 특별한 악습에 관한 연구는 흥미로운 동시에 두려웠다.

일반적으로 우리는 교만이 모든 악습 가운데 최고이며 겸손의 반대라고 생각하는데, 맞는 말이다. 루이스는 교만을 "근본적인 악습"이라 칭하며 이렇게 썼다. "악마는 바로 이 교만 때문에 악마가 되었습니다. 교만은 온갖 다른 악으로 이어집니다. 이것은 하나님께 전적으로 맞서는 마음 상태입니다."[1] 이와 비슷하게 에드워즈도 교만이 "우주에 가장 먼저 들어왔고 가장 마지막에 뿌리 뽑힐 죄이며, 하나님의 가장 완고한 적!"[2]이라고 썼다.

시기는 이러한 교만과 밀접하게 연관되어 있고 교만과 가까운 곳, 악의 가장 근원이 되는 곳에 있다. 교만은 악의 근원이며, 시기는 교만으로 인해 반드시 그리고 즉시 맺히는 열매인데, 이는 특히나 동료들에게 교만할 때 그렇다.

시기란 정확히 무엇일까? 보통은 다른 사람의 장점에 대해 불쾌하고 분한 감정을 느끼는 것을 시기라고 말한다. 나는 아퀴나스의 간단하면서도 통찰력 있는 정의가 마음에 든다. 그는 "다른 이의 잘됨을 슬퍼하는 것"[3]이 시기라고 했다.

이 정의에 근거하여, 시기가 얼마나 **악의적**인지 잠시 생각해 보자. 사실, 교만이 겸손의 반대인 것처럼 시기도 사랑의 반대라고 할 수 있다. 사랑은 이렇게 말한다. "네가 행복하면 나도 행복하고 네가 슬프면 나도 슬퍼." 시기는 이렇게 말한다. "네가 슬프면 나는 행복하고 네가 행복하면 나는 슬퍼." 이보다 더 끔찍한 게 있을까?

모든 죄 가운데서도 시기가 특히나 치명적인 이유가 두 가지 더 있다.

첫째, 시기는 다른 죄보다 훨씬 미묘하고 눈에 띄지 않는다. 당신이 살인하고 싶다는 생각에 시달린다면 대개는 적어도 자신이 무슨 생각을 하고 있는지는 안다. 그러나 시기는 완전히 사로잡혀도 전혀 알아차리지 못할 수 있다. 시기는 우리 마음속에 숨어 있다. 교만과 마찬가지로, 시기에 굴복할수록 그것이 우리에게 미치는 영향에 눈이 멀게 된다. 최악의 죄는 대부분 그런 경우가 많다.

둘째, 시기는 가장 비참한 악습 중 하나다. 다른 악습은 순간적으로나마 어떤 쾌락을 준다. 그러나 시기는 하나부터 열까지 그저 불쾌할 뿐이며 끊임없이 기쁨을 훔친다.

복권에 당첨되었다고 상상해 보자. 행복할까? 시기하면 행복하지 않다. 시기는 곧바로 찾아와 이렇게 말할 것이다. "근데 정부가 돈을 얼마나 떼어 갔는지 봐. 그리고 누구누구는 여전히 나보다 큰 집을 갖고 있어. 왜 나는 다른 사람만큼 당첨금을 받지 못했을까?"

우리 삶에 시기가 망가뜨리지 못할 기쁨은 없다. 우리가 무엇을 가졌건 시기는 이렇게 말한다. "그래, 넌 이걸 가졌지. 하지만 저건 없어."

당신 마음에 속삭이는 이런 목소리를 들어 본 적이 있는가?

- "그래, 내가 이 대학에 합격했는지는 몰라도 **저** 대학에는 합격하지 못했잖아."
- "그래, 내가 돈을 많이 벌었는지는 몰라도 그 돈을 쓸 시간이 없잖아."
- "그래, 내 교회가 성장하고 있는지는 몰라도 누구누구가 가진 기회는 주어지지 않았잖아." (그렇다. 목회자들은 이런 생각을 한다. 안타깝게도, 우리는 시기에 취약한 편이다.)

극단적인 시기에 관한 표현이 에덴동산에 등장한다. 아담과 하와는 말 그대로 낙원에 있었는데 시기가 나타나 이렇게 말했다. "그래, 너희가 낙원에 있는지는 몰라도 너희가 하나님은 아니야." **시기는 어떤 천국도 지옥으로 만들 수 있다.** 시기는 우리가 천국을 경험하는 방법 자체를 보지 못하게 하고 왜곡한다. 데릭 키드너(Derek Kidner)가 말했듯, "시기나 불평만큼 분별을 흐리는 것도 없다. 에덴동산에서 뱀은 그 부분을 건드려서, 낙원조차 부족하고 불만족스러운 곳으로 보이게 만들었다."[4]

내가 이 이야기를 계속하는 이유는, 시기가 우리 삶에 있는 불행의 거대한 원천이며 종종 우리가 완전히 알아채지 못하는 방법으로 나타나기 때문이다. 특히, 시기는 우리가 끊임없이 자신을 다른 사람과 비교하게 만드는 소셜 미디어에 숨어 있다.

나는 우리가 이 사실을 깨달아 기뻐하는 삶에 있어 겸손이 얼마나 중요한지 이해할 수 있기를 바란다. 겸손은 우리가 시기와 맞서는 전투 방식이다. 그러므로 우리 마음속에서 벌어지는 겸손과 시기의 싸움보다 더 중요한 것은 없다. 이는 천국과 지옥의 전투만큼이나 치열한 결전이다.

그렇다면 시기심에 맞서 싸우며 겸손을 추구하는 것은 실제로 어떤 모습일까? 네 가지 방법을 소개한다.

1. 복음을 즐겨 듣는다

첫째, 그리스도의 풍성한 사랑으로 마음을 가득 채워야 한다. 경이로운 복음이 우리 영혼 구석구석에 스미도록 해야 한다. 주님의 사랑, 주님의 기쁨, 주님의 선하심이 우리의 가장 깊은 곳으로 흘러가서 우리를 질투에 시달리게 하는 욕구와 갈망을 충족시키도록 해야 한다. 그렇다면 이는 구체적으로 어떤 모습일까?

당신이 사는 집에 아주 고요한 작은 정원이 있다고 상상해 보자. 꽃들이 아름다운 향기를 뿜어내고 새들이 지저귀며 공기는 신선하다. 살다가 스트레스를 받을 때면 당신은 정원으로 가서 잠깐 마음을 비울 수 있다. 그곳은 당신에게 안식처이자 피난처다. 무슨 일이 생기더라도 당신은 정원에 은신하여 정서적 건강을 회복할 수 있을 것이다.

복음이 그리스도인에게 하는 역할이 바로 이것이다. 복음은 은신처이자 피난처요, 회복을 위해 찾는 정원이다. 복음은 무료이고 언제나 그곳에 있으며 우리의 필요를 채우기에 충분하다.

어떻게 이것이 가능한지 시편에서 알 수 있다. 시기심과 싸우는 시편 기자의 솔직한 고백이 얼마나 위안이 되는지 모른다! 시편 73편은 아삽의 고군분투를 담고 있다. "이는 내가 악인의 형통함을 보고 오만한 자를 질투하였음이로다"(시 73:3). 그리고 악인의 오만과 잔인함에도 불구하고 그들의 삶이 얼마나 안락하고 형통한지 계속 이야기한다(시 73:4-12). 심지어는 자신의 정직함이 헛되다고 느끼는 지경에 이른다(시 73:13).

아삽은 어떻게 시기를 이겨 냈을까? 부분적으로는, 악인의 진정한 운명을 깨달았을 것이다. 이것은 우리가 언제 악인을 시기하는지 아는 데에도 도움이 된다. 하지만 최고의 해결책은 하나님이 자기에게 어떤 의미인지를 새롭게 깨닫고 인지한 것이었다.

"내가 항상 주와 함께 하니
주께서 내 오른손을 붙드셨나이다

> 주의 교훈으로 나를 인도하시고
> 후에는 영광으로 나를 영접하시리니
> 하늘에서는 주 외에 누가 내게 있으리요
> 땅에서는 주 밖에 내가 사모할 이 없나이다
> 내 육체와 마음은 쇠약하나
> 하나님은 내 마음의 반석이시요 영원한 분깃이시라"(시 73:23-26).

우리의 시기를 해결하는 방법 역시 하나님 안에서 만족함을 찾는 것이다. 하나님은 복음을 통해 우리에게 그분 자신을 주셨다. 하나님이 우리의 분깃이시다. 우리 삶의 가장 큰 목표시다. 우리는 영광 가운데 영원히 그분과 함께할 것이다. 우리가 이 세상을 살아가는 모든 날 동안, 하나님은 끊임없이 우리와 함께하시고 우리를 이끄시며 우리 손을 잡아 주신다.

이 말씀 위에 마음을 두라. 지금 어려움에 빠진 당신에게 진정으로 말씀이 임하게 하라. 시편 73편 23-26절을 반복하며 주님께 기도하고, 마음으로 느끼게 해 달라고 간구하라.

2. 진짜 적이 누구인지 기억한다

시기는 우리와 동료 사이에 경쟁심을 만든다. 특히 목회자와 사역자 사이에서도 그렇다. 안타깝게도, 그런 일은 매우 흔하다.

예를 들어, 어떤 목사는 다른 목사에게 은사가 더 많다거나 다른 목사의 교회가 더 크다는 사실에 위협을 느낄 수 있다. 혹은 이런 생각이 들 수도 있다. "저 사람은 트위터 팔로워가 어쩜 저렇게 많지?" 아니면, 누군가가 가진 영향력을 보고 왜 하나님은 자신의 사역에는 비슷한 복을 부어 주시지 않느냐고 질문할 수도 있다.

이런 불쾌한 감정을 방지하는 강력한 방법은 그리스도를 섬기는 모든 이가 궁극적으로 한 팀이라는 사실을 기억하는 것이다. 나는 바울이 로마서 12장에서 영적 은사를 다루기 바로 전에 겸손에 관해 명령한다는 사실에 종종 놀라곤 했다. "너희 각 사람에게 말하노니 마땅히 생각할 그 이상의 생각을 품지 말고"(롬 12:3). 영적 은사와 겸손은 무슨 관련이 있을까?

뒤이어 나오는 말씀에 답이 있다. "우리가 한 몸에 많은 지체를 가졌으나 모든 지체가 같은 기능을 가진 것이 아니니 이와 같이 우리 많은 사람이 그리스도 안에서 한 몸이 되어 서로 지체가 되었느니라"(롬 12:4-5). 겸손은 그리스도의 몸이라는 맥락에서 우리 자신을 바라볼 때 생겨난다. 우리는 모두 각자 고유한 역할을 가진 한 몸의 지체다.

우리는 모두 한 팀이기에 저 목사는 나의 적이 **아니다**. 그는 내 형제다. 우리에게는 사탄이라는 공통의 적이 있다. 영적 영역과 그곳에서 벌어지는 빛의 군대와 어둠의 군대 사이의 전투를 기억하는 것에는 뭔가 특별한 힘이 있어서, 놀라울 정도로 생각이 명쾌해지고 정신을 차리게 된다. 그러면 진짜 전투가 어디에서 벌어지고 있는지 알 수 있다.

당신이 목회자라면 이렇게 생각해 보자. 당신이 시기하는 목회자가 사탄의 명부에 올라 있다. 사탄은 그를 넘어뜨리고 싶어 한다. 이 사실이 당신의 관점을 바꾸는 데 조금이나마 도움이 되지 않는가? 그의 성공을 응원하는 것이 더 쉬워지지 않는가?

3. 당신의 시기를 부르는 사람에게 복 주시기를 하나님께 구한다

작곡가이자 지휘자인 레너드 번스타인(Leonard Bernstein)은 언젠가 어떤 악기가 가장 연주하기 까다롭냐는 질문을 받은 적이 있다. 알려진 바로는 이렇게 대답했다고 한다. "제2바이올린입니다. 제1바이올린 연주자는 얼마든지 찾을 수 있지만, 열정적으로 제2바이올린을 연주하는 사람은 정말 찾기 어렵습니다. 그런데 제2바이올린이 없다면 듣기 좋은 음악을 만들 수 없습니다."[5]

이 얼마나 삶에 대한 강력한 통찰인가! 세상은 제1바이올린을 연주하려고 경쟁하는 사람들로 가득하다. 그런데 우리는 열정을 가지고 제2바이올린을 연주할 수 있는가? 자신의 고유한 역할을 발견하고 그 역할에 만족할 때 거기서 번영이 일어나고 인생이 흥미로워지며 기쁨이 솟아난다.

이런 태도를 추구할 수 있는 한 가지 방법은 다른 사람에게 복 주시기를 하나님께 기도하는 것이다. 각광받는 제1바이올린 연주자를 위해 진심으로 축복하라. 그들이 번영하게 해 달라고 하나님께 간구하라.

쉽지 않은 일이다! 당신은 이렇게 말할지도 모른다. "하지만 난 하나님이 그 사람에게 복 주시길 원하지 않아요!" 아, 그러면 그렇게 원하기를 **원하는** 마음은 있는가? 우리 기도가 우리 욕망을 다듬을 수 있다. 하나님이 다른 누군가에게 복 주시기를 기도하면 할수록 당신 마음속 시기의 촉수는 점점 약해진다.

최근에 내 형 데인 오틀런드(Dane Ortlund)가 『온유하고 겸손하니』(Gentle and Lowly)[6]라는 제목의 훌륭한 책을 한 권 썼다. 바라건대 지금쯤은 내가 형이 아니라는 사실을 눈치챘길 바란다. 만약 당신이 나를 형으로 착각하고 이 책을 구입했다 하더라도 여기까지 읽어 주어 기쁘다!

하나님의 은혜로, 나는 형이 작가로 거둔 성공을 보고 특별히 배가 아프지는 않았다. 하지만 시기는 유혹이 될 수 있다고 생각했기 때문에 나는 일찌감치 시기 근처에는 얼씬도 하지 않기로 했다.

그래서 나는 하나님이 형의 책을 어떻게 사용하셨는지 들을 때마다 하나님이 그 책을 더 많이 활용해 주시기를 기도하는 습관을 들였다(형의 책은 아주 훌륭하기 때문에 나는 진심으로 그렇게 기도할 수 있었다.). 책이 많이 팔렸다는 소식을 들을 때마다 더 많이 팔리기를 기도했다. 나는 지구의 모든 사람이 그 책을 다섯 권씩 갖게 될 때까지 책이 계속 팔리기를 기도할 것이다.

당신의 시기심을 불러일으키는 사람을 위해 기도할 수 있는가? 물론 그 기도는 사람마다 다른 모습일 것이다. 당신이 시기하는 사람이 시편 73편에서 아삽이 묘사한 악인이라면, 당신은 하나님께서 그에게 같은 의미의 '복'을 주시기를 진심으로 기도하지는 않을 것이다. 다만 그의 구원이라는 복을 위해 기도할 수는 있다.

하지만 슬프게도 우리는 너무도 많은 시간을 그리스도 안에서 형제자매 된 다른 사람들을 시기하며 보낸다. 그렇게 시기하고 싶은 마음이 들 때, 하나님이 그들의 삶에 복 주시기를 기도하는 것은 시기심을 우정과 격려, 선의의 감정으로 대체하는 데 도움이 된다.

"주님, 우리가 열정을 가지고 제2바이올린을 연주하는 법을 배우도록 도우소서!"

4. 그리스도의 영광을 당신의 주된 목적으로 삼는다

언젠가 코리 텐 붐(Corrie ten Boom)은 겸손해지는 것이 어렵지 않느냐는 질문을 받았다. 그는 이렇게 대답했다고 한다.

예수님이 종려 주일에 나귀를 타고 예루살렘으로 들어가셨을 때 사람들은 종려나무 가지를 흔들고 옷가지를 길바닥에 깔면서 찬양했습니다. 과연 나귀의 머릿속에 단 한 순간이라도, 사람들이 자기를 위해 그렇게 한다는 생각이 떠올랐을까요? 제가 만약 그리스도께서 영광 가운데 타시는 나귀가 될 수 있다면 저는 모든 영광과 존귀를 그분께 돌릴 겁니다.[7]

이것은 특히 우리 같은 사역자가 기억해 두면 좋을 장면이다. 우리는 그저 나귀일 뿐이다! 우리는 자신의 왕국이나 명성이 아니라 그리스도의 왕국과 명성을 세우고 있다. 우리의 삶은 그리스도를 위한 찬양과 영광과 명성의 도구로 섬기는 것을 제외하고는 우리에게 아무런 의미가 없어야 한다.

이것이 위협적이거나 실망스럽게 보일 수도 있다. 하지만 그래서는 안 된다! 우리는 그리스도의 영광을 위해 섬기는 이 소명을 나쁜 소식으로 들어서는 안 된다! 우리의 뜻보다 그분의 뜻을 섬기는 것이 훨씬 더 멋진 일이다! 자신의 영광을 추구하는 것은 한심하고 재미없다. 그러나 예수 그리스도의 영광을 추구하는 것은 삶을 다 바쳐도 아깝지 않을 만큼 가장 스릴 넘치고 매혹적인 모험이다.

바로 지금, 천국의 모든 성도와 천사가 부활하신 예수님을 예배하고 있다고 생각해 보자. 온 하늘이 찬양으로 들썩인다. 이 최고의 콘서트는 절대 끝나지 않을 것이다. 요한계시록 5장에서 계속 반복되는 단어는 무엇인가? '**합당하다**'(worthy)라는 말이다.

"큰 음성으로 이르되 죽임을 당하신 어린양은 능력과 부와 지혜와 힘과 존귀와 영광과 찬송을 받으시기에 합당하도다 하더라"(계 5:12).

나는 이 단어를 좋아해서 예배를 드릴 때 자주 되새긴다. 그리스도께서는 우리 예배를 받으시기에 **합당하다**. 당신의 마음에도 와닿는가? 이 말은 그리스도께서 아주 큰 일을 성취하셨기에 우리가 그리스도를 예배하지 않고 그분께 영광을 돌리지 않는 것은 불의를 저지르는 일과 마찬가지라는 뜻이다. 예수님은 마땅히 영광을 받으셔야 한다. 그리스도께서 예루살렘에 입성하시면서 바리새인들을 꾸짖으셨던 일을 기억하는가? 그분은 만일 사람들이 그리스도를 찬양하지 않는다면 "돌들이 소리 지르리라"(눅 19:40)라고 말씀하셨다. 예수님은 **반드시** 찬양받으셔야 한다.

왜 그럴까? 그분이 하신 일을 다시 생각해 보자. 예수님은 우리 가운데 한 사람으로 세상에 오셔서 최악의 죽임을 당하셨다. 그런 다음, 세상에서 가장 놀라운 승리로 악을 영원히 물리치셨다. 이것은 역사상 가장 위대한 이야기요, 가장 스릴 넘치는 드라마다.

이것이 바로 우리가 동참하고 있는 이야기다! 이분이 바로 우리가 섬기는 분이다. 이 땅에 존재하는 모든 피조물의 예배를 받으시는 분이다. 언젠가 모든 사람이 그분 앞에 무릎 꿇고 모든 입이 그분을 고백할 것이다(빌 2:10-11).

이런 사실이 당신의 마음을 채운다면, 근처에 있는 다른 교회가 부흥하더라도 쉽게 위협을 느끼지 않을 것이다. 그 교회의 형제자매도 우리와 마찬가지로 예수 그리스도의 영광이라는 같은 아름다운 목적을 위해 힘쓰고 있기 때문이다(그 교회가 신실한 교회라면 말이다). 만일 우리가 한 사람의 그리스도인으로서 그리스도의 영광에 집중한다면, 다른 무리의 그리스도인들이 비본질적인 교리에 대해 나와 다른 견해를 갖고 있더라도 그들을 응원할 수 있을 것이다.

우리가 주인공이 아니라는 사실을 받아들이면 기쁨이 있다. 그 사실은 우리가 무엇을 위하여 싸우는지를 기억하게 해 준다.

"주님, 우리가 주인공이 아니라는 말씀을 받아들이고 이를 기쁨의 말씀으로 알도록 도와주소서. 우리가 찬란한 주님의 영광을 느끼게 하소서. 주님을 알리기 위해 우리 삶을 드리는 기쁨과 자유를 우리에게 가르치시고, 이 멋진 대의를 섬기는 모든 이와 우리 마음이 하나 되게 하소서!"

남보다 뛰어날 게 없지만 그래도 괜찮다

앞에서 루이스의 책 『말과 소년』에 나오는 브레에 대해 이야기했다. 브레는 말할 줄 아는 나니아의 말인데 포로로 잡혀가는 바람에 평생 말하지 못하는 말들과 살았다. 그래서 그는 자신이 매우 강하고 용감한 말이라고 생각하게 되었다. 하지만 언젠가 위험한 순간에 비겁한 모습을 보이며 굴욕을 당한다. 브레는 낙담하여 자신은 모든 것을 잃었다고 단언하면서 나니아가 아닌 노예 생활로 되돌아가야 할 것 같아 고민한다. 브레와 함께 있던 나이든 은둔자가 그 말을 엿듣고 그를 꾸짖는다.

착한 말아, 넌 그저 자만심을 잃었을 뿐이야. 자, 그럼 못 써. 내 앞에서는 그딴 식으로 귀를 젖히고 갈기를 흔들어 대지 마. 좀 전처럼 겸손해지려면 옳은 소리에 귀를 기울일 줄도 알아야 해. 넌 그렇게 대단한 말이 아니야. 말 못하는 가엾은 말들과 섞여 살면서 느낀 것처럼 말이다. 물론 **그들**보다야 용감하고 영리하겠지. 어쩌면 네가 그런 생각을 하게 된 것도 당연하다. 하지만 나니아에서는 어림없어. 너 스스로 남보다 뛰어날 게 없다고 생각하면 썩 괜찮은 말이 될 수 있을 거다.[8]

나는 이 구절을 좋아한다. "너 스스로 남보다 뛰어날 게 없다고 생각하면 썩 괜찮은 말이 될 수 있을 거다."

자신이 매우 평범하거나 평범하다 못해 평균 이하로 보이는 곳에서 우리는 당황할 필요가 없다. 평범함이 세상의 끝은 아니다. 우리의 가치는 그리스도께서 우리를 위해 하신 일에 근거한다. 하나님이 우리를 사랑하시고 귀히 여기신다. 하나님의 평가가 우리의 삶을 판가름한다. 우리를 기다리는 영원한 기쁨의 바다가 있다. 우리의 행복과 안녕은 대단한 사람이 되는 것에 달려 있지 않다.

그러니 우리는 그것이 무엇이든 간에 우리가 가장 잘하는 것으로 공동체에 기여하며 동료들과 자유롭게 생활할 수 있고, 그들의 기여에 감사로 보답할 수 있다. 중요한 것은 우리의 공헌이 아니라 우리가 동참하고 있는 더 큰 역사다.

이것은 우리가 진심을 담아 "나는 남보다 뛰어날 게 없지만 그래도 괜찮아!"라고 말할 수 있는, 인생에서 가장 멋진 순간이다.

◐ 생각해 볼 문제

1. 당신이나 다른 사람의 삶에서 시기는 어떤 영향을 미치는가?
2. 소셜 미디어는 시기에 어떤 영향을 미치는가? 구체적으로 어떤 경우를 보았는가?
3. (이 책에서) 시기심에 맞서 싸우는 데 도움이 되는 방법은 무엇인가?

chapter 6

리더를 향한 겸손
순종의 참뜻 이해하기

 이 장에서는 지역 교회라는 특별한 상황에서 지도자를 향한 겸손을 다룬다. 4장에서 우리는 리더로서 자유의 문화를 만드는 겸손을 살펴보았고, 5장에서는 동료들을 향한 시기심에 맞서 싸우는 겸손을 생각해 보았다. 이제 6장에서는 우리의 리더들을 향한 **순종**의 행위로써의 겸손에 대해 생각해 보자.
 이것은 4장 도입부에서 살펴본 이유(교회 지도자들이 수많은 학대를 저질렀다.) 때문에 요즘 특히나 민감한 주제다. 많은 사람이 교회 때문에 상처를 받았다. 그 상처가 너무 커서 몇몇에게는 어쩌면 순종에 대한 어떤 이야기에도 **귀를 기울일** 만한 인내심이 남지 않았을지도 모른다.

나는 이런 걱정에 공감한다. 나 역시 영적 권위자들의 학대에 상처받았기에 그 기분을 잘 안다. 끔찍한 일이다. 아마도 내 삶에서 가장 깊은 고통일 것이다. 그래서 나는 마지막으로 영적 권위의 남용에 대한 우리의 걱정을 최대한 줄이고 싶다.

먼저 숨통을 약간 틔워 보자면, 사실 권위에 대한 순종은 리더가 무슨 말이나 행동을 하든 맹목적으로 용인하거나 수동적으로 수용하라는 의미가 아니다. 우리는 하나님께 순종하는 행위로서 리더에게 순종한다. 그러므로 교회 리더가 하나님의 말씀이나 뜻에서 벗어나면 우리는 그 리더가 **아니라** 주님께 순종해야 한다. 이는 곧 우리가 리더와 맺는 관계에 대해 영적 분별력을 길러야 한다는 뜻이다. 누구도 이 책임에서 벗어날 수 없다.

최대한 분명하게 말하겠다. **우리는 학대에 순종해서는 안 된다.** 절대, 절대, 절대 안 된다.

이와 동시에, 권위에 대한 건전한 순종이라는 것이 있다. 예를 들면, 성경에는 이런 말씀이 있다.

"형제들아 우리가 너희에게 구하노니 너희 가운데서 수고하고 주 안에서 너희를 다스리며 권하는 자들을 너희가 알고 그들의 역사로 말미암아 사랑 안에서 가장 귀히 여기며 너희끼리 화목하라"(살전 5:12-13).

"너희를 인도하는 자들에게 순종하고 복종하라 그들은 너희 영혼을 위하여 경성하기를 자신들이 청산할 자인 것 같이 하느니라"(히 13:17a).

따라서 권력 남용에는 단호히 반대해야 하지만, 교회 리더의 모든 의사를 거부해서는 안 된다. 나는 고압적인 목회자들이 만든 비극적인 현실이 목회자에 대한 모든 신뢰를 무너뜨려 신실하고 경건한 목회자들의 사역을 더 어렵게 만들지는 않을까 종종 걱정된다.

그러므로 우리는 이런 질문을 반드시 떠올려 보아야 한다. 리더를 향한 겸손은 어떤 모습일까?

1. 모든 순종은 하나님을 향해야 한다

우선, 우리가 가장 먼저 하나님께 순종하지 않는다면 다른 순종은 큰 의미가 없다. 그리스도인이 되는 행위는 그 자체로 순종의 행위다. 우리는 우리 죄에 대한 하나님의 판단과 우리 상태에 대한 하나님의 해결책에 모두 복종한다.

그리고 그리스도인의 삶 전체를 통하여 우리는 끊임없이 반복해서 하나님께 순종해야 한다. 마르틴 루터(Martin Luther)는 95개조 반박문 제1조에서 이렇게 말했다. "우리 주 예수 그리스도께서

'회개하라'(마 4:17)라고 말씀하신 것은 주님을 믿는 자의 삶은 항상 참회하는 삶이 되어야 한다는 의미다."[1]

그리스도인의 삶은 우리가 하나님의 말씀에 응답할 때, 성령님께서 우리를 깨우치실 때, 그리고 다른 신자들에게서 무언가를 배울 때 끊임없이 궤도를 수정하는 과정이다. 이 모든 과정이 곧 순종으로, 다른 방식으로는 선택하지 않았을 것을 받아들이는 것이다. 다시 말해 순종은 돌아서고 바꾸고 조정한다는 뜻이다. 그리스도께서 우리에게 모범을 보이신 것처럼 이렇게 하나님께 말씀드리는 것이다. "나의 원대로 마시옵고 아버지의 원대로 하옵소서"(막 14:36).

우리 삶의 다른 모든 순종이 여기서 흘러나와야 한다. 우리는 **지도자**를 두려워해서가 아니라 **하나님**을 두려워하기 때문에 그들에게 순종한다. 우리가 이 원리를 받아들인다면 순종에 관한 다른 모든 것이 더욱 순탄하게 이어질 것이다.

그리고 만약 당신이 복음을 받아들이고 하나님께 순종해 본 적이 없다면 바로 지금, 다음과 같은 기도로 순종할 수 있다.

"주님, 제가 주님께 죄를 지었음을 고백합니다. 저를 용서해 주십시오. 그리스도께서 저를 위해 십자가에서 하신 일을 인정합니다. 제 삶을 주님께 바칩니다. 주님을 따르는 방법을 저에게 가르쳐 주세요."

2. 경배하면서 순종한다

우리는 교회 예배에서 찬양만 경배(worship)라고 생각할 때가 많다. 하지만 실제로는 모든 부분, 심지어 설교를 듣는 것도 경배다. 기억하자. 우리는 하나님, 바로 그분의 말씀을 듣고 있다!

다음은 당신이 설교를 들으면서 경배할 수 있는 간단한 두 가지 방법이다.

- 설교를 듣고 마음에 가책을 느꼈다면 즉시 주님께 회개한다.
- 설교를 듣고 격려나 소망을 얻었다면 즉시 주님께 감사한다.

설교가 끝날 때까지 기다리지 말라. 하나님이 바로 거기, 교회 의자에 앉아 있는 당신에게 말씀하실 때, 설교 내용이 하나님 말씀에 충실하다면, 감사하게 받으라. 그리고 설교 중에 하나님께 대답하라. (큰 소리로 말할지 말지는 당신이 다니는 교회 전통에 달려 있다!)

3. 교정을 받아들일 줄 아는 사람이 된다

앞에서 보았듯이, 겸손을 짤막하게 정의하면 '잘 배우는' 성품이다. 겸손한 사람은 가르침을 잘 받는다. 가르침을 받으려면 겸손이 필요한데 이는 자신이 아직 모른다는 것을 인정해야 하기 때문이다.

나이가 몇이든, 공부를 얼마나 했든, 얼마나 많은 경험을 했든 우리는 항상 배우고 성장할 것이다. 그러므로 우리는 평생에 걸쳐서 스스로를 가르침받기 좋은 상태로 유지해야 한다. 흥미롭게도, 종종 생각지도 못했던 곳에서, 무시하고 싶은 사람이나 우리와 전혀 다른 사람에게서 가장 많이 배운다. 예를 들어, 우리가 어린아이에게서 배울 수 있는 것이 얼마나 많은지 나는 놀랍다.

종종 교정이나 가르침을 받는 것을 업무에 대한 질책이나 교회의 징계와 같이 공식적인 맥락에서 이루어지는 것으로 생각할 수도 있다. 그러나 이런 것들은 예외적이고 극단적인 경우다. 겸손한 사람은 대부분 그런 상황에 이르기 전에 교정을 받아들인다. 이들은 온갖 종류의 비공식적인 방법(가벼운 언급이나 당혹스러운 표정만으로도 교정과 가르침의 기회가 될 수 있다.)을 통해 다른 사람의 의견을 **끊임없이** 받아들인다.

겸손한 사람은 일반적으로 리더십에 **잘 반응하는** 사람이 되고 싶어 한다. 그리고 편하게 조언을 받아들이고, 다른 사람의 피드백을 경청하며 그것을 소중히 여기는 사람이 되고 싶어 한다.

히브리서 13장 17절에서 우리 영혼을 경성하는 리더에게 순종할 것을 당부한 이후에 이어지는 말씀을 기억하는가? 성경은 이렇게 말한다. "그들로 하여금 즐거움으로 이것을 하게 하고 근심으로 하게 하지 말라 그렇지 않으면 너희에게 유익이 없느니라"(히 13:17).

기꺼이 가르침을 받는 사람은 목회자의 사역을 기쁨으로 만든다. 그래서 우리는 이 멋진 기도를 자주 올려 드려야 한다.

"주님, 제가 우리 목사님이 기뻐하는 교인이 되게 하소서."

4. 결정 사항에 불평하지 않는다

최근에 나는 코로나19 이후 많은 목회자가 할 수만 있다면 목회를 그만두고 싶어 한다는 이야기를 들었다. 현재 교회가 당면한 진짜 문제다. 우리에겐 목자가 필요하다!

앞서 언급한 대로, 안타깝게도 세상에는 고압적이고 폭력적인 목회자들이 많다. 하지만 그렇다고 해서 진심으로 그리스도를 따르려고 애쓰는, 불완전하지만 선량한 수많은 목회자를 거부해서는 안 된다. 당신이 목회자를 대하는 태도가 목회자와 그 가족에게 정말로 큰 영향을 끼친다는 것을 알아야 하며, 이미 고단한 목회자의 사역을 더 어렵게 만들지 않도록 조심해야 한다.

지금 수많은 목회자가 의욕을 잃은 데에는 틀림없이 많은 이유가 있다. 코로나19 기간은 목회자들에게 가혹한 시간이었다. 사탄은 당연히 그들을 목표로 삼았다. 그러나 슬프게도 목자는 때로 자신이 보살피려고 애쓰는 바로 그 양에게서 부당한 대우를 받는다. 교인들은 가혹한 비판과 불평, 비현실적인 기대, 헌신하지 않는 것 등을 통해 목회자에게 상처와 실망을 안겨 준다.

그러므로 불평이나 험담을 하거나, 전반적으로 부정적 태도를 보이고 반항하는 것 없이 리더를 인정하는 것은 리더에 대한 순종의 일부라고 할 수 있다. 물론 굉장히 중요한 교리나 도덕적인 문제에 관한 의견일 경우 당신의 생각을 리더에게 알려야 할 때도 있다. 하지만 그들의 일거수일투족에 끊임없이 의문을 제기하지는 말라. 가능한 한 그들을 지지하려고 노력하라. 모든 요소를 고려하여, **그들의 비전과 리더십을 포용하는 것**을 당신의 일반적인 접근 방식으로 삼으라.

다시 말해, "정당한 사유가 있다면 리더를 지지하겠다."라고 말하지 말라. 그 대신에 이렇게 말하라. "리더를 지지하지 **않아야 할** 정당한 사유가 없는 한, 나는 기쁘게 그 리더를 지지하겠다." 두 표현의 차이가 느껴지는가? 이것이 당신의 기본자세가 되어야 한다.

그 과정에서 목회자의 고된 사역에 감사하고, 마찬가지로 교회의 다른 리더들의 사역에도 감사하라. 그들은 거의 언제나 당신의 생각보다 훨씬 더 많은 문제에 직면해 있다. "내가 더 잘 안다."라는 태도에 맞서 싸우라. 내 말을 믿어도 좋다. 사역은 보기보다 훨씬 더 어렵다!

그리고 힘이 닿는 데까지 목회자를 격려하고 그와 그 가족을 위해 기도하는 일을 잊지 말라. 목회자에게 당신의 격려와 기도가 필요하다는 것은 내가 확실히 장담할 수 있다.

"아버지, 우리의 목자들을 위해 기도합니다. 그들을 강하게 하시고 격려하시며 붙들어 주소서. 우리가 그들에게 탄식의 근원이 아닌, 기쁨이 되도록 도우소서."

순종을 악용당한 그분을 위하여

이 장을 쓰면서, '순종'을 호소하는 이들에게서 부당한 대우를 받은 사람들과 이 책을 읽게 될 독자들을 자주 생각했다. 이 주제가 당신에게 얼마나 힘겨운지 내가 잘 알고 있다는 사실을 알아주길 바란다. 이해한다. 나도 그런 적이 있었다.

요점을 최대한 분명히 하기 위해 다시 한번 반복한다. 학대를 받아들이는 것은 절대로 순종이 아니다. 배우자가 당신에게 폭력을 행사한다면 거기에 굴복해서는 안 된다. 그 대신, 당신을 보호할 적절한 절차(당국에 신고하기 등)를 밟도록 도와줄 믿을 만한 친구에게 알려야 한다.

마찬가지로 목회자가 당신을 괴롭힌다면 계속 그 교회에 다니며 괴롭힘을 당할 필요가 없다. 그 대신, 하나님의 인도하심과 능력에 따라 당신이 할 수 있는 대로 열심히 기도하며 건강한 교회를 찾아야 한다.

당신이 목회자인데 장로들이 잔인하고 정직하지 못하다면 그들의 허위 진술에 굴복할 필요가 없다. 그 대신, 최대한 지혜를 끌어모아 현재 상황을 고심하면서 선하고 올바른 리더십 문화를 만들기 위해 애써야 한다. 만약 그럴 수 없다면(그들이 당신을 해고하고 비방한다면) 당신은 리더에게 순종하지 못한 것이 **아니다**. 당신의 양심은 하나님 앞에 거리낌이 없다.

권력 남용의 피해를 당한 사람이 있다면, 진심을 담아 세 가지를 말해 주고 싶다.

하나, 당신에게 있었던 일은 잘못된 일이었다. 진심으로 유감을 표한다.

둘, 하나님께 당신은 소중하다. 그러므로 당신의 안전과 안녕은 하나님께 중요하다. 당신은 보호받을 가치가 있다.

셋, 예수님은 절대 당신을 그렇게 대하지 않으실 것이다. 예수님은 다정하고 좋은 분이며 안전하다. 예수님의 이름으로 당신에게 상처를 주는 사람과는 거리를 두어야 하지만, 예수님과 거리를 두어서는 안 된다. 그분**에게서** 도망하지 말고 그분을 **향해** 달려가라. 예수님은 당신의 상상을 뛰어넘는 가장 다정한 친구라는 사실을 알게 될 것이다. 진실로 예수님은 부당한 대우와 배신, 비방, 학대를 당하는 것이 어떤 것인지 아주 잘 알고 계신다.

루이스의 책 『마법사의 조카』(The Magician's Nephew)에는 디고리라는 소년이 아슬란을 만나는 장면이 나온다.[2] 디고리는 어머니가 편찮으셔서 아슬란에게 도움을 구하고 싶지만 두렵다. 루이스는 이렇게 썼다.

디고리는 내내 사자의 커다란 발과 발톱만 쳐다보고 있다가 마침내 실망에 젖은 눈으로 사자의 얼굴을 올려다보았다. 평생을 두고 이토록 놀라 본 적이 있을까! 사자는 황갈색 얼굴을 디고리의 얼굴에 바싹 갖다 댔는데, (놀랍게도 사자의) 눈에는 반짝이는 눈물이 괴어 있었던 것이다. 그 눈물이 디고리의 눈물보다 더 크고 맑아서 디고리는 한동안 사자가 자기보다 엄마를 더 가엾게 생각하고 있나 보다 느꼈다. 아슬란이 말했다. "아들아, 아들아, 내 다 알고 있느니라. 슬픔은 숭고한 것이다. 이 땅에서 그 사실을 알고 있는 것은 아직 너와 나뿐이다. 우리는 서로에게 도움이 되도록 하자."

"내가 안다."라는 말에 얼마나 큰 위로가 담겨 있는지 생각해 보라. 예수님은 가장 큰 고통을 당하신 슬픔의 사람이셨다. 그분은 우리를 대신해서 우리의 죄를 짊어지고 버림받아 지옥과 같은 구렁텅이에 빠져 고통스러운 심판을 오롯이 받으셨다. 그렇기에 누구도 이보다 더 큰 고통을 당할 수는 없다. 이러한 이유로 예수님은 고통당하는 이들의 **완벽한** 친구시다. 우리의 마음을 치유하고 필요를 채우는 데 예수님보다 더 잘 준비된 적임자는 없다. 그러니 예수님께 가자.

◐ 생각해 볼 **문제**

1. 당신이 교회 리더들이 내린 결정에 대해 염려하고 있다고 가정해 보자. 그 문제에 대해 발언하는 것이 굉장히 중요하다는 것을 어떻게 알 수 있는가? 우려를 표현하는 방법 중에 도움이 된 방법은 무엇인가?
2. 당신이 목회자를 격려할 때 효과가 있었던 방법은 무엇인가?

Humility

결론

겸손의 시금석인 기쁨

이 책에서 우리는 겸손이 기쁨에 이르는 길임을 살펴보았다. 이는 그리스도께도 마찬가지였다. 그리스도의 겸손과 고난은 결국 기쁨(히 12:2)과 영광(빌 2:9-11)으로 이어졌다. 겸손에 이어지는 기쁨, 낮아진 후에 높아짐, 고난 뒤에 찾아오는 영광, 이는 우리 모두가 본받아야 할 모범이다.

바실리우스는 겸손에 대한 멋진 설교에서 그 점을 이렇게 표현했다.

겸손의 연인처럼 겸손을 좇아라. 겸손을 사랑하면 그것이 당신을 영광스럽게 할 것이다. 당신이 천사들과 하나님과 함께 진정한 영광으로 여행하기 원한다면 이것이 길이다. 그리스도께서 천사들이 보는 앞에서 당신을 제자로 인정하시고, 당신이 그분의 겸손을 닮았다면 당신에게 영광을 허락하실 것이다.[1]

이 여정은 궁극적으로 천국에서 달성되겠지만, 겸손은 삶의 모든 순간과 장면마다 기쁨에 이르는 길이기도 하다. 겸손은 **태생적으로** 명랑하고 소망이 넘친다. 나는 아우구스티누스의 말이 참 마음에 든다. "기이하게도, 겸손에는 마음을 고양하는 무언가가 있고 교만에는 마음을 약화하는 무언가가 있다."[2] 이와 비슷하게, 에드워즈는 겸손이 "그리스도인의 순수한 감정 표현을 이끌어" 내며 "그리스도인들이 누리는 가장 즐거운 영적 경험의 원천"이 된다고 주장했다.[3]

겸손해야만 체험할 수 있는 사랑스러움과 만족이라는 특정한 그리스도인의 경험이 있다. 이처럼 겸손은 우리가 지금껏 상상해 보지도 못했던 기쁨의 땅에 이르는 유일한 길이다.

영화, "멋진 인생"(It's a Wonderful Life)의 주인공 조지 베일리를 통해 나는 그 기쁨을 이해할 수 있었다(이후에 스포일러가 있다). 이 영화를 보았다면 줄거리를 알 것이다. 조지 베일리는 자기가 태어나지 않았다면 세상이 어떻게 되었을지 살펴볼 기회를 얻었다. 이후 자기 삶을 다시 찾았을 때, 그는 살아 있다는 경이로움에 감사로 충만해진다. 그리고 모든 금전 문제가 하찮게 보인다.

조지가 마을을 가로질러 달리며 환희에 가득 차 "메리 크리스마스, 베드퍼드 폴스"라고 소리 지르던 것을 기억하는가? 간절한 마음으로 집에 있는 가족에게 돌아온 그가 아이들을 끌어안고 입맞추는 장면이 떠오르는가? 갑자기 세상이 새로운 마법을 부린다. 심지어 계단 난간의 망가진 손잡이도 사랑스럽다.

이 장면은 겸손이 무엇인지를 보여 준다. 겸손은 우리를 살아 있다는 순전한 경이로움에 눈뜨게 한다. 우리가 무엇을 했다고 이런 자격이 주어지는가?

겸손은 우리에게 조지 베일리의 신선한 관점으로 하루하루를 받아들이라고 가르친다. 아침을 먹기 위해 식탁에 앉아 이렇게 생각하라. "내가 뭐라고 이런 훌륭한 음식을 먹게 되었을까? 내가 무엇을 했다고 이런 자격이 주어지는 걸까?" 직장에 도착해서 이렇게 생각하라. "내가 뭐라고 이 일에 기여하고, 이런 동료들을 알게 되었을까?" 하루를 마치고 집에 돌아와서 이렇게 생각하라. "내가 뭐라고 이런 멋진 가족과 친구들, 이 집, 이런 삶을 누리게 되었을까?"

물론 삶은 힘들고 고통으로 가득 차 있다. 어떤 사람이 극심한 고통을 겪고 있을 때면, 나는 그 사람이 자신이 처한 상황에 대해 비현실적인 감정을 끌어내야 한다는 과도한 압박감에서 벗어나기를 바란다. 그래서 나는 다만 그에게 공감하며 그를 위해 기도한다.

그러나 그렇지 않은 우리 대부분은 일상을 살면서 살아 있다는 기적에 대해 경이로움과 감사의 마음을 키워야 한다. 오늘 하루가 선물이다. 매일이 주는 경이로움과 기쁨에는 끝이 없다.

조지 베일리가 느낀 흥분은 우리 모두에게 본보기가 된다.

이 책을 덮으며 우리에게 삶을 주신 하나님께 감사하는 시간을 잠시 갖자. 우리가 받은 복을 세어 보자. 최대한 많이 세어 보고 하나님께 깊이 감사하자. 기쁨이라는 감정이 우리의 마음을 따뜻하게 하지 못하는 경우란 없음을 깨닫게 될 것이다.

"하나님, 우리가 무엇이기에 우리를 창조하셨습니까? 하나님께는 우리가 필요하지 않으셨습니다. 성부, 성자, 성령 하나님은 우리 없이도 이미 사랑과 기쁨으로 충만하셨습니다. 하지만 하나님은 자비로우셔서 우리가 그 기쁨을 서로 나누게 허락하셨습니다. 감사합니다. 우리 마음 깊은 곳에서부터 하나님께 감사합니다. 날마다 기쁨을 향한 길로, 하나님께 이어지는 길로 우리를 이끄소서."

Humility

부록

겸손한
소셜 미디어
사용법

소셜 미디어는 종종 하나님 나라에 반대되는 가치를 보인다.[1] 예수님은 "화평하게 하는 자는 복이 있나니"(마 5:9)라고 말씀하셨지만, 소셜 미디어는 종종 분노한 사람을 축복하는 것처럼 보인다. 예수님은 "온유한 자는 복이 있나니"(마 5:5)라고 말씀하셨지만, 소셜 미디어는 종종 자아도취에 빠진 사람을 축복하는 것처럼 보인다.

그러나 많은 기독교 지도자가 소셜 미디어를 선용하는 모범을 보여 주어 고맙다. 동시에, 우리가 교회의 모습을 만들어 가기보다 종종 건전하지 못한 소셜 미디어 문화의 영향을 받고 있어 염려스럽기도 하다. 걸핏하면 역겨움과 잡음, 비웃음에 휘말린다.

특히 소셜 미디어는 우리를 겸손에서 멀어지게 할 때가 많다. 찰스 스펄전(Charles Spurgeon)의 질책은 소셜 미디어 시대에도 적용된다.

요즘에는 고작 쥐 한 마리 죽여 놓고 사방팔방 떠벌리는 사람들이 많다. 삼손은 사자를 죽였지만 한마디도 하지 않았다. 성령님은 겸손을 쉽게 발견하지 못하시기에 세심하게 그것을 기록하신다. 주님께서 여러분을 위해 하신 일을 많이 이야기하고 여러분이 주님을 위해 한 일은 적게 이야기하라. 자화자찬하는 말은 한마디도 내뱉지 말라![2)

스펄전의 설교를 듣고 마음이 찔린다. 나는 나 자신에게만 얼마나 많은 관심을 쏟았던가? 교만하고 무례하여 겁도 없이 성령님을 거스른 것이 몇 번이나 되었던가? **주님, 죄송합니다.**

그렇다면 우리는 어떻게 해야 할까? 소셜 미디어를 완전히 끊는 것이 누군가에게는 필요할 수도 있겠지만, 정답이라고 생각하지는 않는다. 우리 모두는 자신의 한계를 생각해야 한다. 그래서 나는 우리가 처한 현 상황에서 경건하게 소셜 미디어를 사용하려면 더 큰 의도와 무게 중심이 필요하다고 생각한다. 우리가 트위터나 인스타그램을 저절로 좋은 방향으로 사용하게 되지는 않을 것이다. 자기 과시와 비열함 같은 것은 너무나 강력한 흐름이다.

어떻게 하면 겸손을 바탕으로 한 소셜 미디어 환경을 만들 수 있을까? 그것이 어떤 모습일지에 대해서는 여전히 고민 중이지만, 우리가 먼저 고려해 볼 수 있는 세 가지 전략을 소개한다.

1. 감사라는 무기로 시기와 싸우기

소셜 미디어는 끊임없이 비교를 부추기기 때문에 시기가 드러날 위험이 늘 도사린다. 나보다 팔로워가 많은 사람, 당신이 한마디 거들어야 할 것만 같은 새로운 이슈(혹은 당신이 끼어들고 싶은 농담)는 항상 있을 것이다. 무시당할 것 같은 두려움이 쉬이 폭군으로 군림하기도 하고, 플랫폼 유지 관리가 부담이 되기도 한다.

나는 가진 것에 감사하는 마음이 질투의 힘을 누그러뜨림을 알게 되었다. 그러니 잠재적인 유익을 위해 플랫폼을 **키우기**보다 실제적인 유익을 위해 플랫폼을 **사용하는** 데 더욱 집중하자. 작더라도, 당신에게 주어진 것에 기뻐하라. 그것에 감사하고 사막에 있는 소중한 정원처럼 그것을 가꾸라.

우리의 영향력을 주님께 정기적으로 드리는 것 또한 건강하고 자유로운 일이다. 우리의 영향력을 주님 앞에 내려놓고, 당신이 주님을 더 많이 알 수만 있다면 주님이 그것을 가져가신다 해도 진심으로 괜찮을 수 있도록 노력하라.

2. 친절하기 위해 더 많이 노력하기

나는 소셜 미디어가 공개적으로 수치심을 유발하는 사회 구조 중 하나라고 자주 생각한다. 마을 광장에 있는 차꼬에 사람을 묶어 두며 하던 짓을, 지금은 '부정적인 댓글'이나 '취소 문화'(cancel culture, 온라인상에서 자신과 생각이 다른 사람에 대해 팔로우를 취소하는 문화-역자 주)로 하고 있다.

무서운 것은 이런 행동에 동참하는 사람들이 대개 결과적으로 더 많은 관심을 받게 된다는 점이다. 특정 상황에서 우리가 비열함과 분노를 용인할 뿐 아니라 실제로 그에 보상한다는 사실은 인간의 죄성을 냉정하게 드러낸다.

우리 사회의 대화 수준과 매체의 특성에 비추어 보면, 우리는 친절함을 보여 주기 위해 더 열심히 노력해야 한다. 언제든 긍정적인 말을 하려고 더 애써야 한다. 평소보다 빈정대지 않도록 조심하고, 다른 사람을 존경할 기회를 더 많이 열망해야 한다(롬 12:10).

말처럼 쉽지 않다는 건 나도 안다. 또한 자유로운 의견 대립과 토론의 가치를 빼앗고 싶지 않다. 그러나 책망하고 분노해야 할 때도 분명히 있다. 어떤 공격이나 허위 사실 유포에 대해서는 강력한 대응이 필요하다.

트윗이나 게시물을 올리는 행위 역시 다음과 같이 질문해 볼 가치가 있다. '육적인 동기에서 올리는 게시물인가, 아니면 경건

한 동기에서 올리는 게시물인가?' '나는 그 행위를 통해 어떤 문화에 기여하고 있는가?'

3. 휴식 취하기

소셜 미디어를 건강하게 사용하려면 정기적인 휴식이 꼭 필요하다. 모든 소셜 미디어로부터 안식일을 갖는 것에 더하여, 다음을 고려해 볼 수도 있다.

- 휴대 전화에서 소셜 미디어 앱을 삭제하고 컴퓨터로만 사용한다(항상 그렇게 할 수도 있고, 주말이나 가족 기념일 같은 특정 기간에만 할 수도 있다).
- 집에서 휴대 전화를 가져갈 수 없는 장소를 정한다(예를 들면, 작은 방이나 서재).
- '방해 금지 모드' 기능을 기본으로 설정하여 전화가 울리지 않게 한다. 끊임없는 방해는 건강에 좋지 않다.

도움이 되는 다른 방법은, 정말 간단하게도, 끊임없이 당신을 맥 빠지게 하는 사람들의 알림 설정을 끄거나 팔로우를 끊는 것이다. 망설이지 말자. 팔로우를 하거나 댓글을 다는 것이 당신의 영혼에 해로울 때에는 그 어떤 사람도 팔로우하거나 그 어떤 코멘트에도 반응할 필요가 없다. 만약 당신이 소셜 미디어를 살펴보며 질투와 외로움에 몸부림치고 있다면, 이제 잠시 (소셜 미디어를) 쉬어야 할 때다.

현실에서는 사람들과 절대 언쟁하지 않지만 페이스북에서는 자주 다툰다면, 이제 둘 사이에 균형을 맞춰야 할 때다. 소셜 미디어는 대면 상호 작용을 보상하는 것이 아니라 보완해야 한다.

마지막 호소

그리스도의 이름을 따르는 우리는 서로 대화할 때 특별히 주의해야 한다. 소셜 미디어상에서의 상호 작용은 온 세상이 지켜보는 가운데 이루어진다. 따라서 우리 가운데 의견 충돌이 있더라도 복음을 폄하하지 않도록 사랑으로 구별되어야 한다(요 13:35).

나는 가르치고 이끌어 좋은 방향으로 나아가게 하는 그런 소통이 거의 불가능한 사람들도 있음을 안다. 그런 경우에는 "이단에 속한 사람을 한두 번 훈계한 후에 멀리하라"는 디도서 3장 10절 말씀을 더욱 깊이 생각해 보아야 할 것이다. 매정해 보일 수 있지만 지혜는 이따금 완전한 회피를 요구한다. 사도 바울은 이를 이해했으며 우리도 그래야 한다.

우리가 통제할 수 없는 것이 너무나 많다. 인터넷이라는 끊임없는 아우성과의 쟁탈전을 우리는 멈출 수 없다. 하지만 그런 문제에 우리가 직접 관여하는 것을 줄이려고 노력할 수 있고, 더 건전한 문화에 기여하도록 할 수 있는 모든 노력을 기울일 수 있다. 여기 우리가 기도해야 할 행복한 목표가 있다. 야고보는 위로부터 난 지혜를 묘사하며 "첫째 성결하고 다음에 화평하고 관용하고 양순하며 긍휼과 선한 열매가 가득하고 편견과 거짓이 없나니"(약 3:17)라고 했는데, 이를 드러내는 그리스도인이 소셜 미디어에서 더 많이 눈에 띄기를 바란다.

스펄전의 충고는 우리가 소셜 미디어에서 지향해야 할 멋진 행동 목표를 알려 준다. **"주님이 당신을 위해 하신 일을 많이 말하고 당신이 주님을 위해 한 일을 적게 말하라."**

그리고 훌륭하고 멋진 전략이 있다. 우리 마음을 복음으로 가득 채우자. 이것이 바로 우리가 **소망하는** 일이다. 그리스도의 사랑에 사로잡혀 우리 자신보다 그분에 대해 더 이야기하고 싶다니, 얼마나 행복한 생각인가. 정말로 그곳에 기쁨이 있다.

"주님, 소셜 미디어를 잘못 사용했던 우리를 용서하소서. 우리 영혼의 가장 깊은 곳을 주님의 사랑으로 채우셔서 우리의 모든 행동과 말에서 다른 사람을 향한 사랑과 기쁨이 넘치게 하소서."

주

머리말

1) 이 인용문은 다양한 형태로 소개되었는데 그중 하나다. William Henry Chamberlin, "The So Austere, So Safe Clement Attlee", *Chicago Tribune*, 1954년 6월 27일.

서론

1) 이 서론의 여러 부분은 내가 쓴 다음 글에서 가져왔다. "Humility Isn't Hating Yourself: The Joy of Self-Forgetfulness", Desiring God, 2019년 8월 19일, https://www.desiringgod.org/articles/.
2) C. S. Lewis, *Mere Christianity*, in *The Complete C. S. Lewis Signature Classics* (San Francisco: HarperSanFrancisco, 2002), 71-72 ; C. S. 루이스, 『순전한 기독교』, 장경철, 이종태 역, 홍성사.
3) Bethany Jenkins, "There's Nothing More Relaxing Than Humility", The Gospel Coalition, 2015년 11월 5일, https://www.thegospelcoalition.org/에서 인용했다.
4) C. S. Lewis, *The Screwtape Letters*, in *The Complete C. S. Lewis Signature Classics*, 153-154 ; C. S. 루이스, 『스크루테이프의 편지』, 김선형 역, 홍성사.
5) Timothy Keller, *The Freedom of Self-Forgetfulness: The Path to True Christian Joy* (Leyland, England, UK: 10Publishing, 2012) ; 팀 켈러, 『복음 안에서 발견한 참된 자유』, 장호준 역, 복있는사람.
6) C. S. Lewis, *Mere Christianity*, in *The Complete C. S. Lewis Signature Classics*(San Francisco: HarperSanFrancisco, 2002), 72 ; C. S. 루이스, 『순전한 기독교』, 장경철, 이종태 역, 홍성사.

7) J. R. R. Tolkien, *The Hobbit*(New York : Houghton Mifflin, 1982), 305 ; J. R. R. 톨킨,『호빗』, 이미애 역, 아르테.

1. 복음이 정의하는 겸손

1) 하나님의 겸손에 대한 변론은 다음을 보라. Matthew A. Wilcoxen, *Divine Humility: God's Morally Perfect Being*(Waco, TX: Baylor University Press, 2019).
2) 나는 뒤이어 떠오른 몇 가지 생각을 개인 블로그에서 다루었다. "What Amazed Me This Year about Christmas", Truth Unites, 2014년 12월 13일, https://gavinortlund.com/.
3) 웨스트민스터 소요리문답 제27문, in *The Westminster Confession of Faith* (Glasgow: Free Presbyterian, 1966), 294.
4) D. A. Carson, *Basics for Believers: An Exposition of Philippians* (Grand Rapids, MI: Baker, 1996), 58 ; D. A. 카슨,『D. A. 카슨이 말하는 그리스도인의 정의』, 송영의 역, 국제제자훈련원.

2. 복음이 키우는 겸손

1) C. S. Lewis, *The Screwtape Letters*, in *The Complete C. S. Lewis Signature Classics*(San Francisco: HarperSanFrancisco, 2002), 153 ; C. S. 루이스,『스크루테이프의 편지』, 김선형 역, 홍성사.
2) C. S. Lewis, *Mere Christianity*, in *The Complete C. S. Lewis Signature Classics*, 72 ; C. S. 루이스,『순전한 기독교』, 장경철, 이종태 역, 홍성사.
3) Francis Schaeffer, The *God Who Is There*, in *The Francis A. Schaeffer Trilogy: The Three Essential Books in One Volume* (Wheaton, IL: Crossway, 1990), 146 ; 프란시스 쉐퍼,『거기 계시는 하나님』, 김기찬 역, 생명의말씀사.
4) "And Can It Be That I Should Gain" by Charles Wesley, 1738.
5) John R. W. Stott, *The Cross of Christ*, 20th anniversary ed. (Downers Grove, IL: InterVarsity Press, 2006), 63, 강조는 원문의 것 ; 존 스토트,『그리스도의 십자가』, 황영철, 정옥배 역, IVP.
6) Jonathan Edwards, *Charity and Its Fruits: Living in the Light of God's Love*, ed., Kyle Strobel (Wheaton, IL: Crossway, 2012), 152 ; 조나단 에드워즈,『사랑』, 서문강 역, 청교도신앙사.
7) C. S. Lewis, *That Hideous Strength : A Modern Fairy-Tale for Grown-Ups* (New Work: Scriber, 2003), 358 ; C. S. 루이스,『그 가공할 힘』, 공경희 역, 홍성사.
8) Lewis, *That Hideous Strength*, 379 ; C. S. 루이스,『그 가공할 힘』, 공경희 역, 홍성사.

3. 자만을 없애는 열 가지 방법

1) 이 주제에 대해 도움이 될 만한 책은 다음을 보라. Sam Allberry, *What God Has to Say about Our Bodies: How the Gospel Is Good News for Our Physical Selves* (Wheaton, IL: Crossway, 2021) ; 샘 올베리, 『하나님은 우리 몸에 대해 뭐라고 말씀하실까?』, 황영광 역, 생명의말씀사.
2) C. S. Lewis, *The Chronicles of Narnia* (New York: HarperCollins, 2001), 299 ; C. S. 루이스, 『나니아 연대기』, 햇살과나무꾼 역, 시공주니어.
3) Basil the Great, Homily 20.1, "On Humility", http://www.lectionarycentral.com/trinity11/Basil.html.

4. 겸손한 리더십: 자유의 문화 만들기

1) 이 단락과 다음 장의 일부는 내가 쓴 다음 글에서 가져왔다. "Keep Learning to Lead: Five Practical Lessons", Desiring God, 2017년 2월 23일, https://www.desiringgod.org/articles/.

5. 동료 사이의 겸손: 시기심과 경쟁심 극복하기

1) C. S. Lewis, *Mere Christianity*, in *The Complete C. S. Lewis Signature Classics* (San Francisco: HarperSanFrancisco, 2002), 103 ; C. S. 루이스, 『순전한 기독교』, 장경철, 이종태 역, 홍성사.
2) *The Works of Jonathan Edwards*, ed. Edward Hickman (Edinburgh: Banner of Truth. 1979), 1:398-399.
3) Thomas Aquinas, *Summa Theologica* II, Q. 36, trans. Fathers of the English Dominican Province (Notre Dame, IN: Christian Classics, 1948).
4) Derek Kidner, *Psalms 73-150* (Downers Grove, IL: IVP Academic, 1975), 291 ; 데렉 키드너, 『키드너 시편 주석 하권』, 김경태 역, 다산글방.
5) Charles Swindoll, "Playing Second Fiddle", Insight for Today, 2021년 1월 14일, https://insight.org/resources/daily-devotional/individual/playing-second-fiddle.
6) Dane C. Ortlund, *Gentle and Lowly: The Heart of Christ for Sinners and Sufferers* (Wheaton, IL: Crossway, 2020) ; 데인 오틀런드, 『온유하고 겸손하니』, 조계광 역, 개혁된실천사.
7) 이 질문은 코리 텐 붐이 받은 것으로 알려졌지만 정확한 출처는 파악할 수 없다.
8) C. S. Lewis, *The Chronicles of Narnia* (New York: HarperCollins, 2001), 275 ; C. S. 루이스, 『나니아 연대기』, 햇살과나무꾼 역, 시공주니어.

6. 리더를 향한 겸손: 순종의 참뜻 이해하기

1) "The 95 Theses", https://www.luther.de/en/95thesen.html.
2) 이 장의 결론은 내가 쓴 다음 글에서 가져왔다. "How Not to Help a Sufferer", The Gospel Coalition, 2017년 2월 18일, https://www.thegospelcoaltion.org/.

결론

1) Basil the Great, Homily 20.7, "On Humility", http://www.lectionarycentral.com/trinity11/Basil.html.
2) Augustine, *The City of God* 14.13 (New York: Random House, 2010), 461 ; 아우구스티누스, 『하나님의 도성』, 조호연, 김종흡 역, CH북스.
3) Jonathan Edwards, *Charity and Its Fruits: Living in the Light of God's Love*, ed. Kyle Strobel (Wheaton, IL: Crossway, 2012), 159 ; 조나단 에드워즈, 『사랑』, 서문강 역, 청교도신앙사.

부록

1) 부록의 일부는 내가 쓴 다음 글에서 가져왔다. "3 Ways to Keep Social Media from Stealing Your Joy", The Gospel Coalition, May 2, 2020, https://www.thegospelcoalition.org/.
2) Charles H. Spurgeon, "Hands Full of Honey", a sermon preached at the Metropolitan Tabernacle on January 28, 1883, www.spurgeon.org.

사명선언문

너희가 흠이 없고 순전하여……세상에서 그들 가운데 빛들로
나타내며 생명의 말씀을 밝혀 _ 빌 2:15-16

1. 생명을 담겠습니다
만드는 책에 주님 주신 생명을 담겠습니다.
그 책으로 복음을 선포하겠습니다.

2. 말씀을 밝히겠습니다
생명의 근본은 말씀입니다.
말씀을 밝혀 성도와 교회의 성장을 돕겠습니다.

3. 빛이 되겠습니다
시대와 영혼의 어두움을 밝혀 주님 앞으로 이끄는
빛이 되는 책을 만들겠습니다.

4. 순전히 행하겠습니다
책을 만들고 전하는 일과 경영하는 일에 부끄러움이 없는
정직함으로 행하겠습니다.

5. 끝까지 전파하겠습니다
모든 사람에게, 땅 끝까지, 주님 오시는 그날까지
복음을 전하는 사명을 다하겠습니다.

서점 안내

광화문점 서울시 종로구 새문안로 69 구세군회관 1층
           02)737-2288 / 02)737-4623(F)

강남점   서울시 서초구 신반포로 177 반포쇼핑타운 3동 2층
           02)595-1211 / 02)595-3549(F)

구로점   서울시 동작구 시흥대로 602, 3층 302호
           02)858-8744 / 02)838-0653(F)

노원점   서울시 노원구 동일로 1366 삼봉빌딩 지하 1층
           02)938-7979 / 02)3391-6169(F)

일산점   경기도 고양시 일산서구 중앙로 1391 레이크타운 지하 1층
           031)916-8787 / 031)916-8788(F)

의정부점 경기도 의정부시 청사로47번길 12 성산타워 3층
           031)845-0600 / 031)852-6930(F)

인터넷서점 www.lifebook.co.kr